传统中国法叙事

张守东 著

人民东方出版传媒
People's Oriental Publishing & Media
东方出版社
The Oriental Press

献给我的父母与岳父母

序言一

　　在其新近的佳作《传统中国法叙事》前言结尾之处，张守东引用康熙皇帝的箴言，大意是说书籍可以成为跨越时代与距离的桥梁。就此不妨加上一句：构思巧妙、研究详尽、行文优美如张教授所写的这类著作，也有能力打破学科壁垒、打通信条和意识形态、沟通理论与实践、贯穿（法史研究中）一些主要的争点。

　　以往人们讲述中国法律史，时常囿于较窄的视角，尽管仍然是值得关注的视角，比如从法律条款的角度，或是从严格区分正规法律本身与诸如儒家礼仪体现的信仰体系的角度。结果，在西方（包括在学术共同体内外），甚至包括在中国，20世纪末以前所描述的主流形象是：中华帝国的法律大体上是刑法，与儒家礼仪适成对比，而且基本上严厉苛刻（尽管个别地方官及其他官员执行时也会为民众着想）。诚然，像黄宗智、梁治平、爱德华、梅利莎·麦考利、陈利等先行一步的学者已为矫正并深化（中国法律史的）描写贡献良多。

　　《传统中国法叙事》将这一贡献提到一个新的水平。有时，有的学者，比如黄宗智，甚至包括梁治平，当其就中华帝国法律的独特属性做出正面评价，似乎也总是专心致志于驳倒早期被歪曲的形象。张守东引用瞿同祖著作的内容，将其铺展开来，并以中国法律史中某些声名卓著的事件为例，呈现丰富、细腻且最终看来令人信服的画面，借以展示儒家道德如何既提示又丰富法律的内容，展示法律解释的运作方式，展示财产的制度等等，不一而足。举例而言，无论是司马光与王安石之间的区别，还是钦差大臣林则徐尽力依法应对西方入侵，张守东的"厚描写"都引人入胜且富于启发。由此而形成的是一本里程碑式的著作，既在法律史领域有所创新，而又同时让愿受激发的广大读者易于阅读。

张教授在本书前言提及我 20 世纪 80 年代的作品，荣幸之余，更乐意看到他深入的研究成果有裨于增进人们理解中国悠久而又复杂的法律史。我推荐这本令人印象深刻的著作并为此祝贺他。

安守廉

坎布里奇，马萨诸塞

2021 年 6 月 29 日

PREFACE I

Zhang Shoudong concludes the preface to his wonderful new study Narratives on Traditional Chinese Law by quoting an admonition from the Kangxi Emperor to the effect that books have the capacity to bridge ages and distances. To that one might add that brilliantly conceived, exhaustively researched, and beautifully written books such as Professor Zhang's also have the capacity to bridge disciplines, doctrine and ideology, theory and practice, and major debates.

The history of Chinese law has, too often, been told from more constrained, if nonetheless noteworthy, perspectives, such as that of the letter of the law or of a sharp dichotomy between the formal law itself and belief systems, such as those embodied in Confucian ritual. As a consequence, the prevailing image in the West (both in and beyond the scholarly community) and even in China prior to the late 20th century was that imperial Chinese law was largely penal, stood in contrast to Confucian rites, and in general was harsh (even if some individual magistrates and other officials implemented it with concern for the populace) . To be sure, pioneering scholars such as Philip C.C. Huang, Liang Zhiping, Randle Edwards, Melissa Macauley and Chen Li, among others, have done much to temper and add depth to those portrays.

Narratives on Traditional Chinese Law takes this to a new level. At times, some scholars, such as Huang and even Liang have seemed to have been straining almost too much to counter earlier distorted portrayals of imperial Chinese law in their assertions of its distinctive attributes. Taking a page from Qu Tongzu, but going much further, Zhang draws on some of the most famous events in the history of Chinese law to present a rich, nuanced and, ultimately, convincing picture of how Confucian morality not only informed but enriched the law, of how interpretation worked, and of institutions of property and much more. Whether it be, by way of example, about the differences between Sima Guang and Wang Anshi or Commissioner Lin Zexu's efforts to use the law to deal with western incursions, Zhang's thick description is both engaging and enlightening. The consequence is a landmark book, at once both breaking new ground for the field and accessible for a more general audience wanting to be stimulated.

I am honored that Professor Zhang speaks of my work from the 1980s in introducing his book and even more pleased at how much further he has advanced understanding of China's long and complex legal history. I commend this very impressive work and congratulation him on it.

William P. Alford

Cambridge, Massachusetts

June 29, 2021

序言二

　　大学时代，张守东老师是我中国法制史课程的讲员。本书的部分内容，我曾在他的课堂上听闻，眼前这个亦新亦旧的叙事似曾相识而又新意迭出，读来既亲切又富于旨趣，使我想起他曾说：法律学者不仅需要广泛涉猎，还需要生活阅历，因此法律学者满意的著作，恐怕要到50岁之后才有可能。如今，本书作者终于把多年所学所思形诸文字。十年一剑，霜刃发硎。作为最早的读者，我也希望和读者诸君分享阅读心得。

　　传统中国法律，在韦伯以来的诸多西方学者眼中，是一套落后的、不适应现代社会的制度体系。不少当代中国学者往往也采纳此视角，或未经反思轻易使用该视角下发展出的理论成果。在学术文献中，传统中国法不免蒙上各种面纱。蕴藏于视角中的缺陷最难认识，当代中国的法学研究，也因此与传统断裂，更不要说从中汲取智慧了。当然，传统与现代一直是历史研究中的主要视角之一。传统社会的脉搏跳动之中，有无现代生长的端倪？现代社会的大厦，是否有传统的砖瓦？无论是制度史还是思想史，学者对这些问题都兴味盎然。这些兴趣是出于对现代性的反思：启蒙运动以来，着力瓦解传统的现代性，遭遇了自身难以解决的问题。重启对传统的理解，一方面是纠正现代性这一社会工程的偏差，另一方面也是为了寻求解决现代法上难题的启发。

以往对传统中国法的看法，往往是以韦伯式的"传统－现代"视角为基础，对儒家法律思想本身缺乏同情的理解。不仅儒家思想的内部更迭被忽视，传统儒学在法律上的真正主张也未被阐明。本书在娓娓道来的故事中，提出传统中国法包括的两个"中国"，即"夏商周陈陈相因而又像孔子所言有所'损益'的礼治中国，以及秦汉到明清的帝制中国"，为理解传统中国法建立了基本框架。从儒学传统出发的礼与律的内容及相互关系的诸多理论，在本书中依次展开，如从三代传承至帝制中国的法律，其间礼与刑共同的合法性基础、礼与刑各自的含义和关系、法律的儒家化、法的不变（唐律）与变（以礼释法和以敕释律）、儒家法官的正义观和法律解释方法论、法的神圣之维、法与发展（财产权利）、法律职业的角色（讼师）、中国法与异域法观念体系之间的冲突等。

在传统中国法的真实事件和思想争议中，我们看到了"传统－现代"视角的不足。例如，对神明的依赖，向来被看作传统法不够理性的表现，本书对传统法"神圣之维"的描述和展开，则让我们看到其理性的一面（第十三章）。再如，"天理、国法、人情"作为古代中国法最知名的解释原则，一直被诟病。一方面，法律的确定性受了损害；另一方面，它似乎也为权力的干预大开方便之门。本书对传统中国的情理释法的探讨，提醒我们反思，仅仅着眼于防止法官的恣意裁判是否妥当。这些讨论均别开生面、引人深思。

西方现代性的开端，在法律上体现为与政教分离相对应的实证法与道德等其他社会规范的区分。在此基础上，悬置对法律的道德判断、区分道德与法律规范的内容，让法律规则体系本身约束社会成员，是现代法治的一项基本特征。然而，20世纪特别是二战的历史，不啻对这项工作的重重一击。在纳粹统治之下，诸多恶行，都在光天化日之下合法进行。战后的纽伦堡审判中，面对纳粹分子依据实证法的抗辩，法庭不得不回应一个基本挑战：法律规则体系是否可以构成人类美好生活的保障？如何应对"恶法"的问题？《魏玛宪法》作为德国实证法的优秀成果，却未能防止纳粹通过法定选举程序获胜，也因此被反思。致力于保护个人的人格、财产和合同权利的德国民法典，在犹太人没有被屠杀之前，也未保障犹太人基本的尊严和生活。这让今天致力于法典化工作的法学人难以安心。

在进入传统中国法的内部理路的基础上，也许我们可以开始重新思考传统中国法究竟为世界提供了何种思想资源的问题。西方法律学人在战后的反思，除了富勒和德沃金对法律与道德问题的持续讨论之外，法律社会学、法律经济学的兴起，也可看作对上述挑战的回应。如果人类美好生活的保障有赖于法律规则体系，而法律中无可避免的模糊、空白和冲突导致在遇到具体、重大的问题时缺乏确定性，如何应对？哈特和德沃金持续数十年的著名论战，就是针对这个问题。在此背景下，我们可以理解法律经济学、法律社会学兴起的原因。法律在处理疑难案件时受挫、不得不诉诸别的领域，而经济、社会考量都是寻求确定性的方向。法律经济学、法律社会学等都纷纷兴起，延续至今。但是，这些似乎都无法提供法律所需的真正的确定性。不得不直接做出关乎个人利害甚至关于个人生死决策的法律人，不得不诉诸政治——在批判法学看来，诉诸政治，是唯一诚实、正直行事的路径。在这个意义上，批判法学让实证法的支持者们不得不回到一个更为基本的问题：缺乏道德、政治的价值主张，能否支持一个约束全体社会成员的法律规则体系？

在本书的传统中国法叙事中，我们看到的法律有相当的确定性。传统中国的立法并非恣意决定的。被后世包括宋、元、明、清奉为模范法典且广泛影响日本、朝鲜、越南的《唐律》，是在唐高宗李治的治下制定颁布的，但唐高宗并不认为自己或者当朝臣子是实证法意义上的立法者。唐高宗宣告："律、令、格、式乃天下通规，非朕庸虚所能创制。"（《旧唐书·刑法志》）尊重法律内在的确定性，自觉地满足于整修与翻修"华夏刑统"这一"正义与怜悯的大厦"，反映出中国历代明智的立法者的自知之明（第八章"天下通规"）。就规则的确定性而言，以董仲舒提出的"春秋决狱"为典型代表的方法解决了规则空白、模糊和互相冲突的问题。从汉至唐的7个多世纪里，历代儒家学者接力工作，到公元653年带有立法解释的《唐律疏议》颁布，打磨出一部模范法典（第五章"谁是父亲"）。儒家化的中国法不是一套规则体系而已，而是需要天理、人情来共同作用、内嵌于社会环境之中才能促成正义的实现（第十章"原因之罪"）。

现代法建立在某种个人隔离于社会环境的神话基础之上。社会成员需要按照法律确定的利害关系理性行事，而法律制度则完全来自主权者的意志。一旦民主为基础的立法过程出现问题，社会成员与主权者意志失去关联，法律就可能沦为恶法。与此形成对比的传统中国法，不但立法有内在确定性，并且司法可因情势不同而展现出法律本身的意志。传统中国法并非立法机构、专家甚至全体社会成员所能制定和修改，它立于儒家道德规范和普通人的感受的根基之上，可以在不同处境下"自主决策"。这是传统中国法历经多个朝代却持续、稳定的基本原因。

现代法学面临诸多难题，有学者反思当代法学缺乏"制度想象力"。这个制度想象力从何处寻找？尽管这个问题是哈佛大学昂格尔教授提出的，但如安守廉教授对昂格尔教授所著《现代社会中的法律》处理中国法问题的批评所言，简单、武断地提出传统中国法与现代法律的对比，恰恰是制度想象力缺乏的表现。对传统中国法的有意无意的歪曲，让我们重新认识、创造法律的机会丧失殆尽。回归真正的传统中国法，不满足于对历史的简化和模式化理解，是安守廉教授的金玉良言，也是本书的价值所在。本书作者看到，对传统中国法的深描（人类学家吉尔茨的概念），是应对我们浮云遮望眼导致的视觉缺陷的必要前提。

书中虽无明言，却处处可见的，是作者对中国文化的温情。张老师早年翻译西方法学著作，惠泽学林，当然对传统中国缺乏民主制度、自由思想的缺陷了然于胸。但作为传统文化所滋养和润泽的中国人，他自有一种对中国文化的担当。中国传统思想，特别是儒家思想，是本书作者少年时代就勤于用功的学问，但他对西学也是勤于阅读、广泛涉猎。20世纪90年代，守东老师是最早译介哈耶克的中国学者之一。当然，尽管守东老师在校园学生讲座中多次点评解析、帮助学生把握哈耶克思想脉络，但他自己绝不滥引，也从不为发表而生搬硬套。惜墨如金，在当时和现在，都可谓学界特立独行之举。除了对哈耶克的翻译研究，守东老师还广泛涉猎西方法学、政治哲学、伦理学。多年以后，在对中西正义观念的辨析中，他对这些理论得以信手拈来。西学的根基，当然最终都会回溯到两希（希腊和希伯来）文明。守东老师对希腊哲学和犹太－基督教神学的整体理解，是书中平实文字之下的磐石根基。也正因有更大的悲悯和关怀，他才对我们这不无缺陷的传统充满热爱。

　　本书对传统中国法的叙事，以舜和皋陶的故事为开端。书中提到其中缘由："既是因为他的历史地位，也是因为关于他本人的传说触及中国法律史的关键问题，比如像'罪'这样至关重要的中国法的基本概念的定义、法官的角色以及政治与法律的关系。"在我看来，这个开头，还有一层深意。从现代历史学的标准看，舜和皋陶并非真实的历史人物。但是，他们在传统中国法上意义却不同寻常。正如英国作家托尔金，毕生致力于发现古老的语言和传统，通过写作《魔戒》重新创造了英国神话传统，本书作者对传统中国法的重新发掘和阐发精微，也是对中国法律传统的重新创造。

　　寻找现代法的出路，需要我们回到历史中——让我们从理解传统中国法叙事开始。

郭　锐

2022 年春于北京

前　言

　　早在 1986 年，哈佛大学法学院东亚法律研究中心主任安守廉教授就批评昂格尔等西方学者对中国古代法律与文明存在误解，他认为，"在考虑建立新的和更人道的社会共同体时，需要将中国和其他悠久的民族历史纳入我们的思考之中。最终，除非现在我们能够暂时或以其他方式与长期分离的其他文明达成一种真正的共同理解，我们便不可能获得这样的社会共同体"①。的确，建立人类命运共同体需要人类彼此理解，从而达成共识，赢得信任。安守廉教授多年来致力于对中国法律传统与现状的研究，并给予同情和理解。同时，也有越来越多的西方学者与其他国家和地区的研究人员参与同样的研究。近年来，更多的外国学者经过研究包括原始档案在内的资料与文献，逐步建立起来这样的共识：总体来看，中华帝国的法律是精致的，官员是称职的，判决也是公平的。

　　本书的初衷，也是还原并在此基础上理解传统中国的法律制度及其文化。作为中国学者，无论我们赞美还是批判自己的传统，都需要首先去试图触及自己历史文化的实况。当然，每个人对于自己尝试理解的东西都必然有前理解，即个人的学识与见解，其中既有学识的不足，也不免成见乃至偏见。

---

① ［美］安守廉：《不可思议的西方——昂格尔运用与误用中国历史的含义》，引自高道蕴、高鸿钧、贺卫方编：《美国学者论中国法律传统》增订版，清华大学出版社 2004 年，第 51 页。

对于达成理解，虽往往心有余而力不足，但毕竟，虽不能至
而心向往之。为此，我在多年教学与研究的基础上，吸纳诸
多学者的研究成果，试图为理解传统中国法的整体面貌而以
叙事的方式将其表述出来。

本书采用的所谓叙事，是指在总体上叙述传统中国法
的产生与演变的过程，因此也可以说是"大叙事"（grand
narrative）。这一叙事以历朝历代先后发生的一些案例故事为
线索，紧扣案例中涉及的法典与法条的解释，借以铺陈思想
与制度、道德与法律、法律与信仰、政治与司法之间互动、
冲突与调和的情节，并试图通过这些情节的首尾一贯、前后
照应，给读者提供整体理解传统中国法的一个备选方案。这
一大叙事也时常体现在局部的厚描写（thick description）之中。
厚描写或称深描，是人类学家吉尔茨（Clifford Geertz）借用英
国哲学家赖尔（Gilbert Ryle）的词，指的是将诸如"眨眼"这
样的动作置于特定文化语境中解释，以便揭示行为人所要表
达的意思，从而使一个人眨眼这样的生理动作能够在韦伯所
说的文化这个"意义之网"中得到恰当理解。① 因此，本书的
厚描写实际上就是对案例进行深入的政治、哲学、文化解释，
使其在法律与政治、道德、信仰的互动所产生的意义之网中
得到适切的理解。当然，这些案例本身也是传统中国法律文
化的"意义之网"的组成部分。

本书所说的"传统中国"是指形成了文化传承与文化传统

① 关于吉尔茨对"厚描写"与"意义之网"这两个词的借用与解释，参见
Clifford Geertz, *The Interpretation of Cultures:Selected Essays*, New York:Basic
Books, 1973, pp.1–30.

的中国，其中包括远古神话时代，因为那也是文化中国的一部分。所谓"传统中国"，最重要的是两部分，即夏商周陈陈相因而又像孔子所言有所"损益"的礼治中国，以及秦汉到明清的帝制中国。因此，本书说的"传统中国法"是一个比较宽泛的概念，用它指称有史以来直至1902年清帝国仿行西方法律之前的中国法。当本书提及中华帝国的法律时，意指从秦帝国到清帝国的中国。在本书中，我会提到中国历史上产生过两个成熟的规则系统，即夏商周的礼治与秦至清的法制，它们是本书关于"传统中国法"叙事的主要内容。

在那"礼坏乐崩"的年代，孔子惊叹西周礼制丰富多彩，"郁郁乎文哉"，那是因为"周监于二代"，即周以夏商二代的礼为基础而加以改进才得以拥有光辉灿烂的礼乐文明。① 孔子认为，熟悉礼的历史，足以预知未来。当他的学生子张问"十世可知也"？孔子正是从夏商周礼制的沿革过程得以确信未来："殷因于夏礼，所损益可知也；周因于殷礼，所损益可知也；其或继周者，虽百世，可知也。"也就是说，如果按照西周礼制的模式发展下去，不用说"十世"，就是"百世"之内

---

① 关于孔子时代礼的发展变化及其考古学依据，罗泰（Lothar von Falkenhausen）依据考古资料总结出周代两次礼制改革，先是"西周晚期礼制改革"，后是"春秋中期礼制重构"，他进而得出结论："孔子及其同时代的人根本不是在还原一个遥远的过去，他们的思想在当时也不是多么惊人的创新。当时大规模革新的浪潮已持续了近百年，并且充分体现在当时的礼乐活动中。孔子他们无非是通过反思，给当时的历史变革以哲学的表述。基于这种认识，我们有必要重新评估所谓早期儒家思想创新的本质，尤其是其创新的程度。"参见［美］罗泰：《宗子维城：从考古材料的角度看公元前1000至前250年的中国社会》，吴长青等译，上海古籍出版社2017年版，引论，第3页。

的情形也可以推断出来。不妨说，孔子在评论西周前后的礼制时，实际上是在总结以礼为线索的历史规律。而且从汉唐到明清的儒家帝国也的确是按照礼的模式治国理政。至于礼所扮演的角色，可用《左传》中"经国家，定社稷，序民人，利后嗣"来概括，意思是，礼涉及治理国家、协调宗教、安顿民众、造福子孙等治国理政的各个方面。从某种意义上来讲，除了战国到秦朝这段法家崛起与兴盛的时间，一部中国史就是一部礼治史，而汉朝到清朝的法制也只能说是礼治之下的法制。因此，大体上，如果说夏商周是礼治一元规则时期，战国到秦朝是法制一元规则时期，那么汉到清则是礼治－法制二元规则时期，即礼－律双峰并峙的时期，正是在此期间，陈寅恪所说的"华夏刑统"得以形成并传承。同时，如果说夏商周一元规则时期的顶峰是周礼，那么自汉至清的二元规则时期则以唐律为代表。二元规则时期的主要特征是，一方面，礼、律并立，以礼为尊；另一方面，律本身也"一准乎礼""援礼入法"，可以说，礼治－法制的二元规则体系乃是华夏刑统的 DNA 双螺旋结构。

总之，礼治、法制、礼治－法制的兴衰乃是本书的基本历史脉络与叙事框架。为了让这个大叙事脉络与框架丰满、充实，本书的主要内容是对案例进行厚描写。或者说，本书的传统中国法叙事，乃是以礼治－法制二元规则体系为骨架、以司法案例为血脉的华夏刑统（或叫"中华法统"）的厚描写。

本书的案例及其主旨大致如下：

第一章通过"皋陶执法"的假想案例讨论儒家如何通过书写早期中国历史来表述自己的政治、法律思想，特别是儒家对法律公共性的认识，为后来儒家帝制限制君主权力埋下伏笔；第二章主要讲述史学家称之为"青铜法典"的牧牛案所见西周司法中誓言与刑罚的作用，并由此论述儒家自律社会与法家他律社会的区别，同时，该章也会综述周易与法律有关的各卦如何从哲学角度看待诉讼与司法，以便读者理解儒家思想中法理与哲理之间的关系；第三章"导之以礼"以孔子关于礼的理论与实践为线索，介绍春秋时代礼在内政外交方面的运用及其当代意义。

第四章"法令一统"的叙事中主角是名叫"喜"的秦国南下官员，他的墓中随葬的竹简即"云梦秦简"，为我们展示秦国到秦朝的军事统一过程中法律扮演的角色，而张家山汉简所载盗牛案则为我们提供了一个有趣的汉朝指导案例，它实际上是引用当年秦国的判例，该案例让我们看到秦国因刑讯合法而造成的冤案又是如何通过其上诉程序得以平反；第五章以"谁是父亲"为主题，论述董仲舒的经学及在其所判涉及父子关系及夫妻关系的案件中的应用，由此探讨儒家化司法解释及其在汉代家庭、社会重建中的作用；第六章"刑罚何为"通过汉文帝刑罚改革的思想背景、具体措施、历史影响讨论古代中国刑罚与政治、法律、伦理的关系，兼及此后有关肉刑存废的争议。

本书第七章"律意玄思"分析张斐的律学在界定法律概念、构造严谨法律体系方面的作用及张斐律学与经学的关系，然后讨论"例分八字"在古代法典中的作用及其所体现的古代律学成就；第八章题为"天下通规"，介绍唐律以官治民、官民兼治的法典结构及其体现的帝制时代法律与政治的互动，接下来以唐律斗殴条款为例揭示唐律疏议精密的立法解释体系；第九章以唐代复仇案件为线索，描述唐代礼律合一的体制下引起的礼、律背反问题，分析陈子昂、韩愈、柳宗元、王安石等唐宋文豪相持不下的复仇理论，进而讨论儒家伦理与法制各自的逻辑为什么会在复仇的问题上形同冰炭，并回应了瞿同祖先生在古代律典有关复仇问题上值得商榷的判断。

第十章"原因之罪"试图把备受中外学者关注的阿云之狱的研究推进一步，在全面介绍该案前因后果的基础上，仔细检索、评析相关法律与敕令，进而讨论司马光、王安石有关"原因之罪"的是非曲直，从体系解释的角度寻找批评王安石法律解释更令人信服的理由。如果说第九章呈现的是儒家帝制时代礼与法在立法上不免有价值观带来的冲突，那么第十章揭示的就是礼与法在司法方面还会给人预设不同的法律解释立场。针对法史学对"法官朱熹"着墨不多的现状，本书第十一章"法官朱熹"详细叙述朱熹处理过的案件，力图通过对其司法实践的"厚描写"来展示中华帝国的儒家法官如何将其理学运用于道德共同体的建构，从而使读者通过一位法官的思想与实践管窥中华帝国整体的司法图景。随后第十二章"准情酌理"又以南宋胡颖、叶岩峰、蔡久轩等法官群体办理的遗产继承、房产纠纷、砍伐墓林等案件为线索，揭示情理如何作为释法规则指导法官在具体案件中做出合宜的司法判决，以便读者从整体上理解："一准乎礼"的唐代立法如何在宋代司法中通过天理人情的演绎，而使礼的原则适宜于民间纠纷的排解。

在明清这一时段，本书的叙事从司法过程中法官的情理释法转向法律的神圣之维，在第十三章讲述明清时期带有传说色彩的"阴阳太守"的故事，所涉及的案例聚焦城隍神成为司法正义之神的历史过程及构造原理，并为法律与信仰该如何结合，提供来自传统中国历史经验的反思。

关于中华帝国后期的法律叙事，本书第十四章"财产细故"以清朝道光年间重庆蔡世德案为例，说明财产纠纷如何导致人命案，并以此为起点，讨论黄宗智的"第三领域"即在民间调解与官府正式裁判之间运作的纠纷解决机制，以及步德茂所谓"第四领域"，即为什么民间财产纠纷往往酿成人命案，即使有称职的官员、公平的裁判也不能避免？随后还会叙述与传统中国财产制度有关的民间契约的基本情况，以及由此形成的产权保护机制，且以典卖与一田两主制度为线索探讨传统中国的产权归属与流转的基本情况，最后概述传统中国的产权结构。

为了使传统中国"活法"秩序图景更加完整，本书接下来在第十五章以"疙瘩老娘"为题，从法官司法转向民间诉讼代理，讲述清代"非法律师"提供的法律服务，通过"疙瘩老娘"等几个讼师办理的案件说明这些"非法律师"往往能够为当事人提供称职的服务，甚至得到官员的认可。此外，还会以麦考利的研究为例，从社会学的角度解释讼师在地方权力角逐中扮演的救助弱者的"男人"角色。

随后，本书第十六章"中国话语"以清代崔得溃抵命案为例，说明清政府在执法过程中如何通过解释例文即律文的实施细则，而使法律既保持稳定性又不失适应性，并由此说明"礼治－法制"的二元规则体系为南宋以来司法过程中的情理释法提供了制度背景，从而完善传统中国法以例释律、情理释法的"活法"秩序图景。在以崔得溃案呈示帝国政府秉持报应正义的严格执法理念的同时，又以儒家帝国时代普遍存在的赦免制度与数据展示怜悯对正义的平衡，从而使读者了解中华帝国的司法乃是正义与怜悯的双重机制相互为用。

本书最后的案例是林维喜命案。林则徐与英国驻华商务监督义律二人围绕该案产生的争议体现了中华帝国与大英帝国的法律与价值观的冲突，该案也有助于读者从法律角度理解两个帝国何以最终干戈相向，特别是抵命与甘结的法律制度在林则徐禁烟中扮演的特殊角色。希望本书第十七章"法辨中外"有关该案来龙去脉的叙事可为当今人类命运共同体构建中法律应有的角色提供经验与教训。

本书大叙事与厚描写的叙事策略因其整体之"大"与局部之"厚"而需要增强其系统性与一致性。有鉴于此，本书最后一章以"中华法统"的名义试图对本书内容作简练的概括，并提炼全书案例及主题所揭示的"中华法统（刑统）"的精髓。正是这些精髓维系着传统中国法的"意义之网"，也正是这个意义之网维系着中国法的文本与语境、传统与更新之间的解释学循环。

不言而喻，只有在中华法统的意义之网中，传统中国法的关键概念与主要制度才能得到恰切的解释与理解。本书以大叙事与厚描写的叙事手法，呈现礼治－法制二元规则为主体的华夏刑统中礼、刑、法、律及人身、人命等关键概念的含义，以及这些概念的相互关系，分析法典的结构，展示法律的解释体系及其运作方法，也通过案例还原帝国的司法程序，包括皇帝与官员在其中的互动，刑讯在其中的作用及其限制，讼师与城隍的角色，正义与怜悯的交替使用。在试图还原传统中国法原貌的同时，本书也从传统中国法的立场回应了现代人关心的重要法律与法理问题，如经学与律学的关系（第二章）；法律的稳定性与适应性、法律解释的方法与逻辑（第十、十六章）；法官的自由裁量权与司法责任（第四、十一章）；律师执业的合法性与正当性（第十五章）；契约与财产权的保护（第十四章）；法律与信仰的关系（第十三章）。

需要特别指出的是，本人由于学识的局限，不懂少数民族语言，未能把帝国时期少数民族地区特殊的法律与习惯纳入本书的叙事。因此，本书的传统中国法叙事在很大程度上是受儒学影响的汉民族法律思想与制度的叙事。而且，大叙事与厚描写的写作方案也带有本人学术旨趣的个性，但我祈盼这种个性不至于曲解传统中国法的本来面目，为此，本书也尽量将法学、政治学、史学、社会学方面的相关研究成果纳入叙事与描写中。

此外，我会在本书后记中表达自己对多年来支持我的亲友与师友的感谢。独学而无友，则孤陋而寡闻。一生好学的康熙大帝惊叹图书文字"能令古今人隔千百年觌面共语，能使天下士隔千万里携手谈心"，因此是"天地间之至宝"。本书的写作，正是在与古今仁人志士共语与谈心的过程。在学习与互相学习、分享与交流的过程中，我们理解了自己的历史文化，也达成了相互的理解。在自我理解的同时，当然也有助于理解他人，其他的民族与文明。这也正是我们参与构建人类命运共同体的心路历程。

目 录

第一章　法官皋陶　/ 001

　　一、舜帝执法　/ 002

　　二、法官皋陶　/ 003

　　三、案例研讨　/ 005

第二章　青铜判例　/ 009

　　一、儳匜奇铭　/ 009

　　二、誓与程序　/ 012

　　三、明德慎罚　/ 013

　　四、《周易》法理　/ 016

第三章　导之以礼　/ 021

　　一、何为婚姻　/ 021

　　二、夹谷会盟　/ 024

　　三、哈佛孔子　/ 029

第四章　法令一统　/ 031

　　一、刑鼎大法　/ 031

　　二、法官之"喜"　/ 036

　　三、盗牛冤案　/ 039

第五章　谁是父亲　/ 049

　　一、法逼民反　/ 049

　　二、阴阳法学　/ 052

　　三、原心定罪　/ 054

第六章　刑罚何为　/ 063

一、缇萦救父　/ 064

二、赵高身世　/ 065

三、刑罚何为　/ 066

四、文帝改制　/ 069

五、存废之争　/ 071

第七章　律意玄思　/ 075

一、张杜律注　/ 076

二、法律之体　/ 078

三、经、权、常、变　/ 080

四、辨名析理　/ 088

五、例分八字　/ 090

第八章　天下通规　/ 097

一、沿波讨源　/ 098

二、一准乎礼　/ 100

三、律令格式　/ 108

四、官民兼治　/ 109

五、句推字解　/ 111

第九章　礼、律背反　/ 117

一、杀人者死　/ 119

二、推刃之道　/ 121

三、个案正义　/ 124

四、乱世私刑　/ 126

五、礼（经）进法（律）退　/ 128

第十章　原因之罪　/ 133

一、特殊程序　/ 135

二、"于人损伤" / 138

三、"原因之罪" / 142

四、体系解释 / 149

五、君主执法 / 155

第十一章　法官朱熹 / 161

一、朱熹执法 / 162

二、法律滥用 / 175

三、罚当其罪 / 176

四、朱熹蒙冤 / 177

五、"公共道理" / 180

第十二章　准情酌理 / 185

一、殊未合法 / 185

二、理所当然 / 188

三、参酌人情 / 193

四、原情定罪 / 196

五、君子之约 / 203

六、超级法官 / 206

第十三章　阴阳太守 / 209

一、正义化身 / 209

二、城隍破案 / 213

三、阴律何为 / 216

四、神圣之维 / 219

第十四章　财产细故 / 223

一、"第四领域" / 223

二、"民有私契" / 233

三、一田两主 / 244

四、产权结构 / 248

第十五章　疙瘩老娘 / 253

一、讼师何为 / 253

二、情真理确 / 256

三、智能之士 / 261

第十六章　中国话语 / 267

一、"必藉有例" / 267

二、情理释法 / 271

三、二元规则 / 278

四、赦过宥罪 / 283

第十七章　法辨中外 / 293

一、尖沙命案 / 293

二、"乾隆规则" / 299

三、"法官"义律 / 306

四、甘结难结 / 313

五、治外法权 / 320

第十八章　中华法统 / 323

一、礼、法叠兴 / 323

二、礼律合一 / 325

三、情理释法 / 328

四、多维正义 / 331

五、情通中外 / 335

后　记 / 339

第一章　法官皋陶

大明正德五年（1510 年），王阳明 39 岁，在江西庐陵县当知县。有父子到他那里打官司，他就开导他们，话没说完，父子俩相拥而哭，随即离去，不再打官司。王阳明的学生柴鸣治很好奇，进门去问老师如何能够如此迅速止息父子之间的争讼，王阳明在《传习录》里的回答出乎预料："我言舜是世间大不孝的子，瞽瞍是世间大慈的父。"

王阳明是中国历史上有名的士大夫之一。他既是官僚，也是大儒。他发扬光大南宋陆九渊开创的心学，使陆王心学成为与程朱理学双峰并峙的国学胜境。王阳明在为官过程中，把自己的儒学与司法实践结合起来，为儒学平添进入寻常百姓家的活力。这次他用儒家喜欢引述的舜的故事，解开了父子兴讼的心结，起到立竿见影的作用。

其实，在儒家津津乐道的传说中，舜生活在不利于其成长的原生家庭中，父母愚顽、兄弟不道。但这没有妨碍舜成为孝顺的儿子、仁爱的长兄。之所以如此，是因为舜善于反躬自问，严于律己，宽以待人，这样就能够在不失自己美德的同时，启发他人良心发现，改过自新。当王阳明对父子说舜是最不孝的儿子，其父瞽瞍是最慈爱的父亲的时候，他说的与传说中这对父子的形象恰恰相反。但王阳明就是要这样反过来说，以便启发眼前这对打官司的父子，让他们紧扣父慈子孝的伦理道德去处理彼此关系，只要做到父慈子孝，自然不会沦落到打官司的地步。如果只是论断官司本身的是非曲直，那么不管谁胜谁负，父子关系必然破裂。就父慈子孝而言，如果舜那样孝顺的儿子都还不算孝顺，那么前来与父亲打官司的儿子又算什么呢？王阳明让儿子先从自己身上找问题。如果儿子能深刻认识自己的不足，首先要求自己做个孝子，那么父亲自然会逐渐意识到自己对儿子的慈爱也有改进的空间，如此一来，父慈子孝的良性互动也就建立起来，将来良好的父子关系不难发展。

无论关于舜的故事是真是假，反正他在中国历史上的确发挥了强大的影响力。我们的中国法律史叙事，就以他为传统中国法的起点。这既是因为他的历史地位，也是因为关于他本人的传说触及中国法律史的关键问题，比如像"罪"这样至关重要的中国法的基本概念的定义、法官的角色以及政治与法律的关系。

一、舜帝执法

目前所知我国历史上最具代表性的早期执法故事与舜有关，内容出自我国最早的史书《尚书·舜典》："（舜）流共工于幽州（今北京密云），放驩兜于崇山（今张家界），窜三苗于三危（甘肃、青海两省交界处），殛鲧于羽山（今江苏东海县和山东临沭县交界处），四罪而天下咸服。"作为儒家建构的中国早期历史的重要角色之一，舜以其美德获得"四岳"等地方领袖的举荐，接受尧帝的禅让，成为"天下"万国的领袖。他借以巩固其作为"天下共主"地位的重要举措就是对共工、驩兜、三苗、鲧的不当行为分别予以诛杀、流放，这一系列行动被《尚书》用动词"罪"予以概括，即加罪、定罪、罚罪。从这一传说来看，罪字的早期用法与维护天下共主的政治行动有关。此后，在《史记·舜本纪》中，舜惩罚共工、驩兜、三苗、鲧的行为，被赋予整顿四方蛮夷秩序、使其进于文明的意义："流共工于幽陵，以变北狄；放驩兜于崇山，以变南蛮；迁三苗于三危，以变西戎；殛鲧于羽山，以变东夷：四罪而天下咸服。"

在《尚书》与《史记》的历史叙事中，舜惩罚的这些人都是部族领袖，他们受惩罚，减弱了华夏文明秩序受到挑战的可能性。地方领袖因挑战或威胁天下共主的权威而被舜定罪，使得政治上的权力争夺转化为罪的概念演绎。政治的较量转换到法律场域。至于商汤伐夏桀，"罪"的法律概念更是把政治与宗教联系在一起。《尚书·汤誓》所谓"有夏多罪，天命殛之"，把宗教维度引入政治范畴，改朝换代的政治革命由此获得来自"天命"的正当性授权。于是，政治、法律与宗教在"罪"的概念上成为三位一体的结构，透露了早期中国法的部分真相。

二、法官皋陶

舜的传说还为我们带来有关中国法官的有趣故事。在儒家塑造的早期中国史中，法官也在文明秩序构建过程中发挥了积极作用，这位法官就是后来成为中国"狱神"的皋陶。他是"东夷"首领，却成为舜的得力干将，堪称中华民族融合的典范。皋陶的故事也说明华夏民族重视的是文化认同，而不是种族差别。

《尚书·舜典》记载，舜命皋陶作"士（法官）"的原因是"蛮夷猾夏，寇贼奸宄"，即外有蛮夷侵扰、内有杀人越货，所以需要法官惩罚华夏与蛮夷中的违法犯罪者，从而维持华夏秩序。舜要求皋陶执行的刑罚主要内容是"五刑有服，五服三就；五流有宅，五度三居"。五刑一般认为是墨（刺面或额，染上黑色，作为标记，又叫黥）、劓（yì，割鼻子）、剕（fèi，砍脚）、宫（阉割、毁损男女生殖器，使之不能生育）、大辟（bì，死刑）。《舜典》也有"象以典刑"的说法，朱熹认为：表现的描述第十六章关于关节下列的"其刑也必曰象以典刑者，画像而示民以墨、劓、剕、宫、大辟五等肉刑之常法也"（《朱子全集·舜典象刑记》）。朱熹不同意把"象以典刑"解释为象征性刑罚，而是解释为"示民以……常法"，即通过画像向民众展示执行五刑的样式，让百姓知而畏惧。正因为五刑是实际执行而不是象征性的刑罚，所以舜特别提醒皋陶，执法要格外慎重，即"钦哉，钦哉，唯刑之恤"。因此，对于罪证并不确凿的疑难案件，就以"五流"的流放刑代替五刑。

"三就"指五刑的三种执行地点，裴骃在《史记集解·卷一·五帝本纪第一》中说是"大罪陈诸原野，次罪于市朝，同族适甸师氏"，即异族犯下的大罪要通过发动战争对其讨伐；次一等的罪行在集市或宫廷执行，君王的同族则受优待，由专门负责执行王的同族或贵族死刑的官吏"甸师"在隐秘处执行，使其不因被公开行刑而受到羞辱。对于改判"五流"的"五刑"罪犯，就像五刑的执行有所谓"三就"一样，也是"五三"节奏，适用"三居"：大罪投四裔，次九州之外，次中国之外。"四裔"指幽州、崇山、三危、羽山，即舜诛杀、流放共工、驩兜、三苗、鲧的四个边远地区。四裔、九州、中国指由远及近的流放地。[①]

执法的难点在于锁定真凶。对于善于伪装的罪犯，法官的智慧常常显得捉襟见肘，稍有不慎，就有可能冤枉无辜，凶手反而逍遥法外。为此，人类早期借助于"神判"，所在多有。后世学者也以皋陶为主角构思中国的神判故事，使有关皋陶的传说更具神话色彩。比如汉代王充《论衡·显应》说："皋陶治狱，其罪疑者，令羊触之。"此"羊"即神兽"獬豸"，它只有一只角，能用角触嫌疑犯，帮助识别罪人。神判思想与故事转而成为现实的制度：自战国时期楚王以獬豸形象制作王冠开始，一直到明清，都有官员特别是与执法有关的官员佩戴獬豸冠或在官衣上制作有獬豸形象的"补服"。

三、案例研讨

作为皋陶传奇的一部分，孟子和他的学生在以舜和皋陶为主角的假想案例中，探讨舜作为君主与人子可能在法官执法中存在的角色冲突问题，进而讨论政治、法律与伦理之间的关系，这是中国法史上相当有趣且意义非凡的案例讨论。据《孟子·尽心章句上》：

---

① 关于皋陶为士的历代解释汇编，参见《钦定古今图书集成·经济汇编·祥刑典·祥刑总部汇考一·帝舜命皋陶为士》。

桃应问曰："舜为天子，皋陶为士，瞽瞍杀人，则如之何？"孟子曰："执之而已矣。""然则舜不禁与？"曰："夫舜恶得而禁之？夫有所受之也。""然则舜如之何？"曰："舜视弃天下犹弃敝屣也。窃负而逃，遵海滨而处，终身沂然，乐而忘天下。"

孟子的学生桃应问，如果舜的父亲瞽瞍杀人，皋陶是否照常执法？孟子作了肯定回答。桃应又问，舜难道不制止吗？孟子说人家皋陶有不受干涉的执法权。桃应觉得不可思议，又追问孟子，舜在父亲被拘捕的情况下该怎么办？此时孟子的回答或许会让桃应更加错愕。孟子认为，舜应该悄悄行动，私带父亲跑到世外桃源，过上"面朝大海，春暖花开"的生活，与父亲共享天伦之乐。在孟子心目中，即使贵为君主，也不能干涉法官正常执法。但当舜作为儿子的角色与君主的角色发生冲突时，儿子的身份重于其君主的身份，他必须选择救父，为此甚至不惜放弃至尊的政治权力。

这个有趣的假想案例与其说帮我们了解了舜时代的中国法律，还不如说展示了影响中国法律史至为深远的儒家思想在政治、法律与伦理相互关系方面的观点。至少对于孟子这样早期的大儒来说，一方面，君主不应因其家人犯罪而干涉司法；另一方面，父子至亲，一个人担当的政治责任不应妨碍其作为孝子的伦理义务。

孟子课堂上经典的假想案例，也在南宋大儒朱熹的课堂上再次被认真讨论。为了让读者对本书的叙事脉络有系统的了解，在此不妨让历史的视线暂时越过漫长的岁月，先去听朱

熹的课堂讨论。朱熹的学生对孟子关于伦理责任大于政治义
务的解答并不能完全理解，在《朱子语类·孟子十·尽心上》
中，他和朱熹问答如下：

> "瞽瞍杀人，在皋陶则只知有法，而不知有天子
> 之父；在舜则只知有父，而不知有天下。此只是圣贤
> 之心坦然直截，当事主一，不要生枝节否？"
> 曰："孟子只是言圣贤之心耳。圣贤之心合下是
> 如此，权制有未暇论。然到极不得已处，亦须变而通
> 之。盖法者，天下公共，在皋陶亦只得执之而已。若
> 人心不许舜弃天下而去，则便是天也。皋陶亦安能违
> 天！法与理便即是人心底。亦须是合下有如此底心，
> 方能为是权制。今人于事合下无如此底心，其初便从
> 权制去，则不可。"

对于孟子设想的舜与皋陶各自围绕"瞽瞍杀人"的假想案
例所应采取的应对，朱熹的学生觉得难以理解：难道皋陶就
直接把君主的父亲抓走，而舜又只能"窃负而逃"，让天下为
此失去英明领袖？难道没有变通的办法？朱熹的回答让我们
看到儒家的主流思想确认法律作为"天下公共"的性质，这
是我们了解儒家法律思想很好的视角。在中国历史上，虽然
法家首先建立起法律体制，并强调法律作为天下公器的属性，
但儒家也是如此看待法律的，从孟子到朱熹，两位大儒都认
定皋陶不能因为瞽瞍杀人而网开一面，唯一的解决方案只能
是舜在不干涉皋陶执法的前提下以极具私人色彩的方式化解

君主父亲面临的死刑危险。在朱熹看来，"圣贤之心"认准的是"做正确的事情"，至于如何变通，那是另外一回事，要看天下"人心"向背，仅当世人普遍不同意舜为救父而弃天下于不顾，才能"变而通之"，让皋陶在"人心"形成的"天意"之下放过瞽瞍，以便舜能继续履行天子职责。否则，皋陶和舜只能各自做自己该做的事情：皋陶拘捕瞽瞍；舜则"窃负而逃"。如果说司法权从行政权的分离是英国走上现代宪政的路径，[①] 那么从孟子与朱熹对皋陶执法的假想案例的讨论中，我们发现至少儒家的主流也对法官自主执法的角色有相当清醒的认识与认可。

总之，舜的传奇故事塑造了一位身处逆境但始终严于律己、宽以待人的圣贤形象。在家庭中，他是孝顺的儿子、友爱的兄长；在天下的治理中，他知人善任，并不滥用权力，但也不会对罪恶袖手旁观。或许舜的形象在很大程度上是儒家的虚构，但他至少反映了主导中国千百年历史文化的儒家对政治、法律与伦理及其相互关系的认识。

---

① 参见 Charles Howard McIlwain, *Constitutionalism, Ancient and Modern*, Cornell University Press, 1940, Chapter 4 关于 jurisdictio（jurisdiction）与 gubernaculum（government）之间的区别的论述。

第二章　青铜判例

早期中国法最为可靠的资料无疑是青铜器等出土文物上的铭文。与法律有关的西周青铜器，有反映刑事案件的师旂（qí）鼎、师袁（huán）簋，反映民事案件的曶（hū）鼎、琱（diāo）生簋、裘卫鼎、裘卫盉、佣（péng）生簋、永盂（yú）等，其中学界研究最多的是亻朕匜（yìng yí），其铭文内容曾被学界称为"青铜法典"。其实，叫它"青铜判例"更为恰当，因为它记载了一个叫牧牛的小官与其上司打官司，胜诉的上司用牧牛提交的罚金制作这件青铜器的故事，青铜器上的铭文叙述了审判的整个过程。这位上司叫亻朕，他称这件器具为盉（hé），也就是后来的匜，所以该青铜器被考古专家命名为"亻朕匜"，因其字数多且记载的是目前所知最为完整的刑事案例而被列为"国宝"。

一、亻朕匜奇铭

1975 年 2 月出土的亻朕匜，属陕西省岐山县董家村的西周铜器窖藏，那里是西周王朝的发祥地"周原"的一部分。学界一般认为其时代属西周中晚期。铭文位于器腹和盖内，内容连属，器铭 6 行，盖铭 7 行，共 157 字（内含合文即两个字合在一起的 3 字）。此器现藏陕西省博物馆。铭文拓片如图 2-1 所示：[①]

---

① 刘翔等编著：《商周古文字读本》，语文出版社 1989 年版，第 129 页。

图 2-1　儠匜铭拓片

　　研究青铜器铭文最大的困难就是释读。学界对此铭文个别字句的释读众说纷纭。在比较各家解读之后，我选择刘翔等人编著的《商周古文字读本》的释读与翻译作为解读牧牛案的基本依据。释文如图 2-2 所示：①

图 2-2　儠匜铭拓片释文

----

① 刘翔等编著:《商周古文字读本》，语文出版社 1989 年版，第 128 页。

铭文内容大致翻译如下:

三月既死霸期间的甲申日,周王在菜地的上宫。伯扬父于是定下判词。伯扬父说:牧牛,你要承担诬告之罪,你竟敢把你的官长告上来。

你以前改变了原来的誓言,现在你也已经有了诚信的誓言。尃、趞、啬、□、儳出庭作证,这五个人也已经认为你的誓言诚实可信。你也已经服从判决遵守誓言,始被认可。我本该鞭打你一千下,对你施犊剧之刑,现在我宽赦。我本该鞭打你一千下,对你施黜剧之刑,现在大大宽赦你,鞭打你五百下,总计折算罚你三百锊。伯扬父于是再次让牧牛立誓说:从今往后我不敢扰乱你任何事情。

你的官长再把你告上来,就对你实施鞭打一千和犊剧之刑。牧牛就立了誓,将此案件结果告知官吏□、智去登入计簿。牧牛在判决和誓词定下来后,罚了金三百锊。儳因而制作了宗旅之盉。①

根据以上内容,似乎可以把牧牛视为一个小官,他与上司儳有两次官司,这是第二次。他的"罪"似乎只是"告"了上司,铭文中有"五夫"二字,有的专家据此认为牧牛需要归还儳五个奴隶。从众多专家学者众说纷纭的释读中,不能确定是否因为牧牛和儳因"五夫"的归属而打了官司,牧牛又是否因为迟迟不还五个奴隶并反诉儳而被伯扬父认定为"诬告"。

---

① 刘翔等编著:《商周古文字读本》,语文出版社1989年版,第128—132页。

二、誓与程序

无论诉讼因何而起，该案依然因其展示的审判程序与刑罚的适用而为我们了解西周的"活法"提供了宝贵的第一手材料。就程序而言，牧牛的"誓"与伯扬父的"赦"形成呼应与互动。审判过程可以说是围绕牧牛的誓展开，印证了《周礼·秋官·司盟》所谓"有狱讼者，则使之盟诅"。此案中，牧牛被伯扬父指责违背誓言兴讼，似乎此前牧牛与儦曾有过争讼且牧牛当时发誓不再与儦打官司。被告人需要立誓表示服从判决，法官也因被告的誓言而减轻发落。一个被指控曾违背誓言的被告人仍然要立誓表示将来信守誓言，这再好不过地说明誓言的重要性。"誓"意味着以庄严的仪式表示自己信守承诺，有时伴随着象征性动作，比如"折箭为矢（或为'誓'）"，否则自愿接受来自神或人的惩罚。与誓相关的"盟誓""盟诅"曾是春秋时期诸侯国建立"国际"秩序的主要路径，待本书下一章"导之以礼"申述。

从誓在诉讼中的作用，我们可以想象牧牛所在的时代是注重个人自律的社会。由于牧牛可能是因为五个奴隶的归属而与其上司儦争讼，所以牧牛或许是一个低级官吏，与儦同属贵族，而"刑不上大夫"的规则也因此适用于牧牛。可以相信最终没有一鞭落到他身上，虽然伯扬父借以逼迫牧牛就范的墨刑、鞭刑很可怕，但牧牛还是被期待通过信守诺言不与上司争讼而维护礼的名分秩序，此乃贵族的自律。誓言成为司法程序的核心，说明当事人的自律才是构建社会秩序真正被信赖的资源，刑罚只是备而不用的手段。只要被告愿意以"誓"

表示自律，即可获得"赦"的回报，即不受肉刑（墨刑）和体罚刑（鞭刑）的惩创和羞辱。

在牧牛一案中，身份高低贵贱乃是判断是非曲直的关键因素之一。这说明案件的裁决是在礼的框架中进行的。礼在本案中发挥双重作用：它既是牧牛败诉的原因之一，也使牧牛最终仅被罚款而未受墨刑或鞭刑处罚。牧牛案是在礼的框架中以誓为关键程序的审判，因为礼是贵族社会日常生活中的自律行为规范，正如誓是审判过程中唤起自律意识的必要程序一样，都是贵族社会的表征。这也可以解释为什么在春秋战国时期逐渐兴起的法治体系中，誓不再成为审判程序的组成部分：礼治体系的瓦解意味着自律社会的终结，誓作为自律社会的审判程序已失去其唤起当事人以礼仪自律的价值。

三、明德慎罚

关于刑罚的适用，从本案中也可以看出，西周尚无"某罪或某行为当受某罚"的罪刑相应规则。这个时候的法律规范体系只有刑罚相对确定，即墨、劓、剕、宫、大辟（bì）构成的"五刑"。"五刑"的前四种属于切割身体器官，古代称为"肉刑"，第五种是死刑，即剥夺生命。"五刑之属三千"，似乎是说可以适用五刑的犯罪共有三千种。但我们现在看不到这三千种罪的清单。至于《周礼》所说"正月布刑象"究竟什么意思，众说纷纭。我认为是把受到法定刑罚处罚的样式画出来，张贴在城门口，让人看到后知道刑罚处罚是可怕的事情，从而达到震慑犯罪的效果。西周是刑罚（即"五刑"）法定且公布的时代，这意味着"五刑"之外的刑罚都是不合法的酷刑。就中国法史自身的历史进程而言，刑罚的确定是汉文帝时期刑期确定之前，甚至可以说，在唐律中基本实现的罪刑法定出现之前，它都是最重要的法律成就。至于"某罪或某行为当受某罚"的法律规范作为成文法公布，则要等到子产"铸刑书"的春秋时代。所以，我国历史上先有刑罚法定，后有罪刑法定——罪名与相应刑罚之间通过明确法律规范实现的匹配。

伯扬父让牧牛通过立誓换取墨刑、鞭刑的赦免。那么，他作为此案法官又是依据什么定罪量刑？这里有必要引用中国最古老的史书《尚书》中著名的《吕刑》篇。《吕刑》就如何公正裁决案件等问题为法官提供了类似于办案手册的指导。《吕刑》等讲述西周司法经验的典籍或传说留下来的重要司法原则是"明德慎罚""两造（被告、证人）具备""疑罪从赦"。

《吕刑》注重诉讼当事人包括证人的面对面对质，拒绝一面之词，即"两造具备，师听五辞"，也称之为"五听"，即《周礼·秋官·小司寇》所谓"辞听、色听、气听、耳听、目听"，就是说，法官（当时叫"士师"）需要根据当事人说话是否顺畅、表情是否自然、呼吸是否急促、听觉是否灵敏、眼睛是否直视等五种外在表征确认被告是否有罪。这一"察言观色"的审判心理学技巧一直使用到清朝，是官员办案的辅助手段。

虽有"两造具备"的对质程序和"五听"的审判方式，但在没有罪刑相应的刑法典作为定罪依据和量刑标准的情况下，司法人员的道德自律显得格外重要。牧牛案中伯扬父法官就是例子。牧牛是否有罪，如果有罪究竟又该受到怎样的惩罚？完全由伯扬父一人说了算。《尚书》的《多方》与《康诰》两篇和贯穿于《吕刑》篇的"明德慎罚"中的"明、慎"二字，道出了法官的全部责任：法官须提升自己的美德，谨慎使用刑罚。这句箴言的司法哲学是，法官的美德的明暗深浅，与他是否能够适当适用刑罚息息相通。

西周的法官需要根据个案自行匹配罪与刑，这就是后来叔向在春秋时期所说的"先王议事以制，不为刑辟（bì）"（《左传·昭公六年》），意思是说，以前的英明领袖遇到案件，需要具体问题具体分析，不事先公布成文法。牧牛案中法官伯扬父正是如此办案。在没有成文法指导的情况下，法官是否能够在罪与刑之间恰如其分地配置，也只能取决于他个人公平、审慎执法的美德。

其实，《吕刑》对法官道德的强调还跟它所讲述的一个关于刑罚起源的有趣故事相关。为了解释法官何以需要通过提升美德保障司法公正，《吕刑》以"苗民"为反面例子，把刑罚的起源归因于苗民，说苗民的官长道德有亏，带坏了社会风气，致使整个民族杀人越货，无恶不作。为了恢复社会秩序，统治者不得不诉诸酷刑，但效果并不好，因此"上帝"出面干预，灭了苗民。负责编写《吕刑》的吕侯借周穆王之口讲述了这个抹黑"苗民"的故事，用意在于提醒西周官员加强道德自律，谨慎用刑，免得重蹈"苗民"覆辙。元代陈栎在注释《吕刑》"罔不惟德之勤，故乃明于刑之中"时指出，"刑之本必主于德，而刑之用必合于中。德与中为《吕刑》一篇之纲领"。换言之，法官以其美德保障刑罚轻重得当，乃是《吕刑》的要旨所在。纪昀评价唐律时说，"论者谓唐律一准乎礼，以为出入得古今之平"（《四库全书总目·史部·政书类二·唐律疏议提要》卷八二）。可以说，"中"与"平"，都是传统中国刑罚适用的标准，其意思也没有什么差别，都是致力于罪刑相应的正义的实现。

作为西周法官必备的素质，美德更有其历史渊源和革命意义。这就需要将其与西周王朝的创建过程联系起来。西周国家的建立始于一个附庸于大国的"小邦"取而代之的革命。如果说舜是因为以"四岳"为代表的各地方首领的推举而获得"天下共主"的身份，那么周文王则因其高尚的美德和公正的裁决赢得临近邦国的信赖而增强了武力推翻商王朝的信心，至其儿子武王终于革命成功。为了论证革命的正当性，西周政权把商朝主要强调"天命"的政治神学转换成注重统治者个人美德的政治哲学，认为只有"以德配天"才能享有自天而来的授权，获得统治百姓的正当性。

如上所述，西周统治者强调"明德慎罚"，即通过砥砺自身道德修养进而实现对刑罚明智的应用。春秋战国时期法家的变法，特别是在秦朝官僚体制的建立，使得成文法既是官员治民的工具，也是皇帝据以治官的手段，即官员要对自己执法是否合乎政府所颁布的成文法承担法律责任。那时，像伯扬父这样在礼治的框架中凭自己的美德审慎地自行决定刑罚轻重的做法，就再也不可能了。

四、《周易》法理

在本章最后，让我们再从形而上的角度把法官的美德、程序的构造、刑罚的适用等要素综合起来考察，以便为认识西周社会的秩序原理提供一个具有哲学高度的理论框架，即中国最早的哲学经典《周易》及其中与法律有关的两个卦。为此，让我们简要回顾周人写就的革命历史，其中对商朝统治者最强烈的控诉就是司法不公、滥用酷刑。殷纣王剖比干的心并用"炮烙之刑"（让人从烧红的铜柱上走过，任其跌落在下面的火炭里烧死），使他成为后来中国历史上标准的恶王之一。周文王自己就是受害人。有趣的是，《周易》这一经典恰是文王在被商王囚禁在"羑（yǒu）里"（在今河南省安阳市汤阴县有羑里城遗址）时发扬光大的儒家经典，即所谓"文王拘而演周易"。伏羲创始的八卦在周文王那里被演绎成六十四卦并为每一卦写了卦辞，用以解释卦象的意义。卦辞是周易的"经"，周公、孔子等人续写的各种层次的解释，即为"经"写的"传"，如象传、象传等，构成"十翼"，即十种帮助理解周易的解释方案，构成理解周易的基本理论体系。[①]

诸卦中卦辞直接提到法律的有两个，即讼卦☰（第六卦）与噬嗑（shì hé）卦☲（第二十一卦），我们不妨称之为"法律卦"。先就卦象而言，讼卦的卦象是"天水卦"，即下卦（☵）的卦象是水，而上卦（☰）的卦象是天，天与水不相交接，就像人之间不能对话、协调、和解，所以必有诉讼。噬嗑卦的卦象是"火雷卦"，即下卦（☲）的卦象是火，上卦（☳）的卦象是雷，仿佛电闪雷鸣，这是适宜使用刑罚的卦象。该卦提到了桎梏手脚、割除耳鼻的刑罚。

[①] 关于《周易》的简介，参见傅佩荣：《乐天知命：傅佩荣谈易经》，东方出版社2013年版，"引言：进入《易经》的世界"，第3—20页。关于本章所引各卦的内容，亦可参考该书的相关解释。

再从卦辞来看，讼卦与噬嗑卦的卦辞与法律有关的内容分别是："讼，有孚，窒惕，中吉，终凶。利见大人，不利涉大川""利用狱"。讼卦卦辞的大意是，即使有证据，对方也未必信，因此人们会有争讼。如果打官司的过程中能够和解，就是吉祥的事情。倘若坚持打到底，吉会变为凶，因为争讼毕竟是一个劳神、破财、伤感情的过程。而且，争讼也需要遇到公正严明的法官才好。噬嗑的意思是"咬断"，卦象又是代表光明的火与表征行动与决断的雷，所以适合实施审判（利用狱）。

从卦辞来看，讼卦主要是从诉讼当事人的立场看待争讼，认真分析诉讼各阶段应采取怎样的对策才能逢凶化吉，以及如何看待诉讼结果才合乎中道。噬嗑卦的卦辞与象传则从执政者的角度表示立法与司法的正当性。如果说利益的冲突与证据的虚实等因素使得人们不免兴讼，那么自然界雷鸣电闪的声音与形象也在印证旨在实施正义的司法审判也是掌权者义不容辞的责任。

其实，周易还有另外四卦的"大象传"直接提到司法。作为"十翼"的"象传"，分大小两种，分别是对卦象和六爻各爻象的解释。贲（bì）、丰、旅、中孚的"大象传"中有关司法的内容分别是："明庶政，无敢折狱""君子以折狱致刑""明慎用刑而不留狱""君子以议狱缓死"。归纳起来，这些象传的意思是执法要慎重，只有当案情明了的时候才能实施适度的刑罚，但也不能让案件久延不决。此外，噬嗑卦"大象传"是"雷电，噬嗑。先王以明罚敕法"。这是强调立法、执法的必要性与正当性。

　　总体来看，周易通过总结占卜的宗教经验，为理性分析为人处世的原则、策略提供了试图囊括各种处境下采取恰当行动方案的分析框架。就讼卦与噬嗑卦而言，其对于诉讼及司法审判的基本认识可概括如下：第一，饮食等物质需求使得人们必然因为利益分配问题产生诉讼——牧牛案就是一个例证，牧牛案发生的时代是西周中晚期，贵族之间会因为争财产（包括奴隶）而引起诉讼；第二，参与诉讼未必是坏事，但要适可而止，特别是注意避免与权贵争讼到底，免得吃亏；第三，诉讼过程中遇到贤明的官吏再好不过，因为诉讼中最宝贵的资源就是称职的仲裁者；第四，小人物犯小过而受到刑罚制裁并非坏事，可以防微杜渐，使其不至于将来犯大错而遭受更重的惩罚；第五，即使争讼、审判不可避免，甚至还值得参与，但无论如何也不该追求、享受由诉讼得来的好处。

　　作为应对诉讼与刑罚处境的方略，周易的法律卦在为诉讼与刑罚提供必然性与必要性的同时也发出"终凶"的警告，可以说是从哲学的角度为理解与法律相关的问题提供了基本依据。讼卦中关键的一爻居于九五的位置，既中且正，使得诉讼能够得到公正的结果，这与西周"明德慎罚"的司法原则遥相呼应，也在贲、丰、旅、中孚四卦强调执政者适度执法的象传里得到明确的回应。文王因善于判断案件的是非曲直而获得了邻近地区商朝诸侯和百姓的拥戴，既说明法官的美德对于公正的裁决不可或缺，又为"小邦周"革商王朝命提供了正当性，也成为春秋时期曹刿论战把公正司法（"小大之狱，虽不能察，必以情"）视为打赢战争的先决条件的历史先声。

第三章　导之以礼

一、何为婚姻

2015 年 6 月 26 日，美国联邦最高法院在奥伯格菲尔案〔Obergefell v. Hodges, 576 U.S.644（2015）〕依据联邦宪法第十四修正案"平等保护"条款要求各州批准并彼此承认同性伴侣在他州缔结的同性婚姻。在其执笔的多数意见中，肯尼迪大法官引用孔子的话，借以强调古今各文明国家普遍承认婚姻的重要性：婚姻是治理的基础（Marriage lies at the foundation of government）。美国联邦最高法院引用孔子为同性婚姻加持的消息在中国引起强烈反响，特别是蒋庆、张祥龙等学者认为同性婚姻不符合儒学阴阳互补、男女为婚的立场。经过查证，人们认识到肯尼迪大法官系误引牛津大学首位汉学教授理雅各（James Legge，1815—1897）的译文："（This）ceremony of the marriage lies at the foundation of government。"①此语出自《礼记·哀公问》："礼，其政之本与？"意思是，治理国家的根本在于礼（包括婚礼）。

从肯尼迪大法官引用的孔子原话的出处来看，孔子是说，作为治国之本，礼包括但不限于婚礼，而不是说婚姻本身是政治的根本。了解孔子思想的人都知道，"克己复礼为仁"乃是孔子

---

① 2 Li Chi: Book of Rites 266（C. Chai & W. Chai eds., J. Legge transl. 1967）.

思想的主线。礼与仁两个字是孔子思想的关键词和核心价值观。

孔子说这句话时是在与鲁哀公讨论婚礼的重要意义。哀公不同意孔子要求像他这样的国君也要"冕而亲迎",即衣着庄重,亲自迎娶新娘,他怀疑是否有此必要。孔子听了很不高兴,因为哀公竟然不知道君主的婚姻意味着缔结两个家族的联盟,为祖宗传宗接代,使世世代代都有人为天地、宗庙与社稷行祭拜之礼。在孔子心目中,像哀公这样作为周公后代的鲁国君主,担当着为周公传宗接代的重任。因此,一方面,他作为君主有爱人的道德责任,爱人要从爱自己身边的人特别是妻、子开始;另一方面,妻子作为与他一道为周公传宗接代的配偶,理应受到尊敬,而爱与敬,在孔子看来,堪称礼的行为规范的真精神。对妻子持爱与敬的态度,乃是做好君主的基本功。隆重的婚礼就是爱与敬最起码的表达方式,因此马虎不得。

孔子与哀公的问答,道出孔子重视礼治的原因:礼是通过口头与肢体语言规定的套路所表达出来的美德。从西周到清代,传统中国婚姻基本上都遵循纳采、问名、纳吉、纳征、请期、亲迎等"六礼",这就是礼作为口头与肢体语言经久不衰的例证。比如"纳征",即向女方家长送订婚礼物,其礼仪是:"纳征时的辞令说:'您有美好的命令,把妻室赐给某某。某某依先辈传授的礼节,备下两张鹿皮和五匹帛,派某人前来,请求纳征。'致辞的辞令说:'某某斗胆献上礼物。'主人一方的答辞是:'您遵循先辈的常法,赐某某以重礼,某某未得到您准予推辞的命令,岂能不服从?"①

---

① 彭林译注:《仪礼》,中华书局 2012 年版,第 66—67 页。

　　由此可知，"纳征"的礼数是以口头与肢体两种语言为婚姻的缔结提供相敬如宾的套路，使双方能在恰当的语言与动作所营造的友好氛围中结成儿女亲家。这样的婚姻礼仪千年不衰，自有其庄重又不失亲切的道理。

　　孔子对礼的重视不仅在于他认为婚礼具有宗教般的神圣，对他而言，礼还是一切文明行为不可或缺的规范。比如，他要求其弟子视、听、言、动均以礼为标准，不得违反，即"非礼勿视，非礼勿听，非礼勿言，非礼勿动"。

　　为什么孔子要在那个他自认为"礼坏乐崩"的年代坚持复兴礼的言行套路？因为他不相信还有别的规范可以像礼这样建造良好的社会秩序。礼依据每个人的身份为其量身定做合适的行为规范，只要人们都遵照执行，就可以形成和谐社会。荀子（公元前 313—公元前 238）关于礼的起源的论述亦可佐证孔子对礼不离不弃的立场。荀子的观点很有唯物主义的色彩，《荀子·礼论》中说："人生而有欲，欲而不得，则不能无求；求而无度量分界，则不能不争，争则乱，乱则穷。先王恶其乱也，故制礼义以分之，以养人之欲，给人之求，使欲必不穷乎物，物必不屈于欲，两者相持而长，是礼之所起也。"在荀子看来，礼起源于先王因为人欲泛滥导致社会失序而采取的"分"的举措，即根据人们的身份配置资源，使社会不至于因为资源稀缺、人欲无厌而崩溃。如果说荀子为礼找到了经济上的起因，那么孔子则是为礼的复兴提供"仁"的内在动力，使人们自愿以美德遏制无节制的欲望，从而恢复被破坏的秩序。

二、夹谷会盟

孔子不仅要求从君主到他的学生都要遵礼而行,他自己也是身体力行。而且,他还把礼用到外交方面,著名的例子就是齐鲁夹谷会盟。

据《左传·定公十年》记载,身为鲁国司寇即大法官的孔子在夹谷会盟出任鲁君相礼,即司仪。会盟之前,齐大夫犁弥告诉齐景公,孔丘知礼而无勇,如果让会盟之地被齐国征服的莱人士兵趁会盟之际劫持鲁定公,即可迫使鲁国在会盟中对齐国言听计从。当齐国让本属东夷的莱人士兵以乐舞为名舞刀弄棒,孔子一边让鲁定公后撤,一边让鲁国士兵准备迎敌,并质问景公:"两国友好会盟,却让这些夷狄来捣乱,您还怎么号令诸侯?外人不得图谋中原,夷狄不可扰乱华夏,俘虏不该干预会盟,兵卒不应逼人交好,否则对神不祥,于德有损,对人失礼,这一定不是您想要的!"景公听了这番话,急忙叫莱人避开。

即将举行盟誓时,齐人在盟书上写道:"一旦齐国军队出境作战,鲁国如果不派三百辆兵车跟随,即按此盟誓惩罚。"孔子让鲁大夫兹无还作揖回答说:"你们不归还我们汶水北岸郓、讙(huān)、龟阴之地,还让我们随齐国出征,也要按盟约受罚。"

景公准备设"享礼"款待鲁定公。孔子对齐景公的宠臣梁丘据说:"齐国和鲁国从前的典章制度,您没听说过吗?盟约已结,而又准备设享礼招待,等于给办事人员添麻烦。况且牺尊、象尊这样用于礼仪场合的酒器不可以出国门,需要使用钟、磬的乐曲也不适合在野外演奏。为举办享礼而备齐这些东西，不合礼仪；如果没有这些酒器和乐器就来招待国君，无异于用秕谷、稗草羞辱他，这样做既不合礼仪，名声也不好，您图什么呢？享礼，本是用来昭示德行的，如果达不到这个目的，那就不如不举办。"于是景公未行享礼。

又据《史记·孔子世家》记载，会盟之后，景公批评犁弥："鲁（孔子）以君子之道辅其君，而子独以夷狄之道教寡人。"结果，齐国归还以前占领的鲁地表示谢罪。

孔子在夹谷会盟的表现足以说明，对他而言，礼不仅是坐而论道的理论，也是活生生的行为规范，无论是个人的日常言行，还是婚姻等终身大事，乃至外交，都要以礼为准。面对不惜以夷狄的武力相要挟的齐国，孔子不卑不亢，以礼相抗，以礼之文胜蛮夷之武，彰显"孔子外交"的"和为贵"之道。结果，本想以武力逼鲁就范的齐国，反而被迫回到周礼的框架内处理与鲁国的关系。孔子以礼的唇枪舌剑，击败了齐国的刀枪剑戟，维护了鲁君的尊严，要回了鲁国的土地，保持了两国的和平。

夹谷会盟让我们看到，即使在那个"礼坏乐崩"的时代，礼仪也不等于就是迂腐的陈规，仍然可以被激活成"活法"，活生生的"国际法"，充当化干戈为玉帛的媒介。由此可见，"法律"的权威性固然系于白纸黑字，而其生命力却有赖于恰如其分的应用。

其实，齐国自己就曾以违礼为由讨伐另一个强国——楚国。根据《左传·僖公四年》，在离夹谷会盟一个半世纪前，即公元前656年春天，齐桓公率领齐、鲁、宋、卫、郑、陈、许、曹八国联军借讨伐蔡国之机逼近楚国边境，楚王派大臣屈完责问齐桓公：楚国与齐国一南一北，风马牛不相及，凭什么涉足我国领土？

管仲代表齐桓公回敬说："过去齐国姜太公受召公委托，为辅佐周王有权讨伐不服的诸侯。楚国已多年不向周王进贡祭祀用的包茅①。而且，从前周昭王南征没有回来②。现在我们就是为这两件事而来！"屈完答道："没有进贡包茅是我们君主的罪过，以后进贡就是；至于昭王当年淹死的事情，你们该到汉水边去打听，与我们何干！"然而齐国并未因此退兵。直到夏天，屈完再次奉差出使齐国联军，桓公以联军攻无不克相要挟，屈完则一方面规劝桓公"以德绥（安抚）诸侯"，另一方面表示楚国会以背水一战的决心抗击联军，警告桓公武力不能服人。齐国指责楚国亏礼，楚国规劝齐国以"德"服人，说明在那个还不能像战国后期强秦那样单凭武力一统天下的时代，德与礼仍然是强国之间和平外交的不二法门。何况，齐楚两国都知道，那时谁也没有武力征服对方的实力，于是双方以盟誓的法律手段彼此妥协。后来，楚王派屈完带包茅朝见周王，表示对王室的尊重。

夹谷会盟与包茅之贡的例子都说明，西周的传统礼仪与春秋时期盛行的盟誓制度在"国际"外交发挥了不可或缺的"国

---

① 包茅是楚国特产的香茅，用于过滤祭酒，使之成为可供敬神用的清酒。

② 史传周昭王南征楚国，途经汉水而亡，似遭楚人暗算。但据赵庆淼考证，昭王伐楚后并未辛于汉水，而是率众返回北方，继而发起伐虎方和南巡等军事行动，最终死于南巡途中。赵庆淼：《"昭王南征而不复"之蠡测——基于文本形成与历史地理学的研究》，《学术月刊》2015年第5期，第150-158页。

际法"作用。此外，盟誓（盟诅）作为春秋时期国际外交与国际法的基本工具，其具体内容再好不过地反映在齐楚会盟23年之后的践土之盟。公元前632年，晋文公以救宋为名与楚国战于城濮（今山东鄄城西南），晋军大胜，师归践土（在今河南省原阳县西南，武陟县东南）。晋文公请周襄王亲至践土慰问晋军，晋向襄王献俘，襄王策命文公为侯伯，作各诸侯首领，成为春秋时期挟天子以令诸侯的又一位霸主。为此，晋文公以周襄王的名义同齐、宋、鲁、蔡、郑、莒、卫等国结盟。此次结盟影响深远，根据《左传》记载，直到鲁襄公二十五年即公元前548年，郑国政治家子产还能记起其中"凡我同盟，各复旧职"的条款，而后来孔子也对此次晋文公"以臣召君"、要求周襄王莅临的非礼行为耿耿于怀。

吕静在《春秋时期盟誓研究》中根据《左传》的五处相关记载还原了盟约的内容，可以成为我们了解春秋时期"国际条约"和"国际法"的重要线索：

（序章）王若曰，晋重、鲁申、卫武、蔡甲午、郑捷、齐潘、宋王臣、莒期；

（契约条款）凡我同盟，各复旧职；同恤王室；皆奖王室，无相害也；

（自我诅咒）有渝此盟，神明殛之，俾队其师，无克祚国，及而玄孙，无有老幼。[1]

---

[1] 吕静：《春秋时期盟誓研究》，上海古籍出版社2007年版，第234页。

序章是表示盟约条款相当于周王对参与盟约的八国诸侯下达的命令（而非晋文公个人的意思）。三个契约条款分别是说同盟各国仍然履行各自在周天子的天下秩序里的职责；同盟各国一起救助王室；各国共同辅佐王室。自我诅咒部分是借助神明的力量保障各同盟国信守其对周王的责任及彼此之间互负的责任，背盟者将会受到神明的诛杀，其军队、国家、子孙也会灭亡。

春秋时期，中原各诸侯国无论是在国内关系还是"国际"关系方面都常用盟誓维持秩序。结盟时通过杀牲祭祀并将牲血抹于立盟者之口，然后宣读誓言，表示其在盟约中的言辞具有神圣不可违犯的意义，又将盟约条款以"载书"的书面形式与献祭的牺牲一起埋到地下，而把载书的副本收藏于"盟府"。这种带有宗教色彩的礼仪，在春秋时期普遍采用。这一点可以从考古发现的 15000 多件晋国盟书（其中侯马盟书 5000 余件）中看出来。而在《左传》所记春秋时期的 312 个年份中，属于诸侯国国内盟誓的情况也有 53 次。与本书第二章所揭示的西周时期司法审判以当事人立誓为主要程序的情况遥相呼应，说明盟誓在早期华夏社会的政治与法律秩序中充当不可或缺的角色，只不过司法审判中的立誓主要是个体性行为，而春秋时期诸侯国国内与"国际秩序"构建中的会盟则是群体性行为。这一切都印证了钱穆在其《国史大纲》中的评论："春秋五霸以尊王攘夷、维持华夏诸侯国国内秩序为旗号进行的结盟，维持了华夏国家两百年的和平。"[1]

---

[1] 钱穆:《国史大纲》上册，商务印书馆 1996 年版，第 71 页。

三、哈佛孔子

孔子不仅在"国际"外交场合以礼娴熟地维护鲁国的利益，也在日常生活中身体力行。《论语·乡党》说他"席不正不坐"。或许有的读者从中看到一个迂腐的老夫子的形象。但是哈佛大学普鸣（Michael Puett）教授却认为孔子在待客时是一个愿意从摆正席位的小事做起为客人营造一种友好氛围的主人。普鸣由此启发哈佛学生：那个你认为不可改变的自我，可能只是一些积攒起来的坏毛病罢了，如果你像孔子那样从自己做起，从小事做起，那么你不仅可以让自己越变越好，成为一个更为优秀的人，也可能由此赢得影响他人的机会，从而使社会变得更美好。[1] 以这样的方式讲授孔子等中国经典思想家的伦理观念，普鸣教出了一门哈佛最受本科生欢迎的课程。

孔子一生主张克己复礼的秩序重建、热心于有教无类的人才培养，这使他在古今中外具有广泛的影响力。他的影响力不仅表现在美国联邦最高法院的判决书中，更彰显在 1936 年落成的最高法院的大楼内外。在大楼东门的门楣中央，雕刻有孔子、摩西和梭伦的浮雕像，他们三位分别代表人类文明的教育、宗教和法律；楼内唯一的法庭中，其南墙与北墙上方共有 18 位人类历史上最有影响力的立法者（law-givers），孔子的浮雕在南墙——他旁听了美国联邦最高法院那时以来每一次口头辩论和宣判。

---

[1] 参见 Chapter 3, On Relationships: Confucius and As-If Rituals, in Michael Puett & Christine Gross-Loh, *The Path: What Chinese Philosophers Can Teach Us About the Good Life*, Simon & Schuster, 2017, pp.23–54.

孔子并不否认人间会有争讼，他也承认司法的必要，因为他毕竟出任过鲁国的首席大法官——司寇，只是他不相信通过争讼解决纠纷可以建造美好社会。他的名言是："听讼，吾犹人也；必也，使无讼乎！"听讼自有听讼的程序和规则，法官必须遵守。但满足于听讼是不够的，只有致力于无讼，帮助人们遵守礼仪的规范、砥砺廉耻的美德，才能实现社会的和谐、人生的完善。孔子理解"政"与"刑"对于维持社会秩序的价值，所以他并不主张废弃它，但他更在意"德"与"礼"的导引，使个人和社会得以超凡入圣，达到更高的境界："导之以政，齐之以刑，民免而无耻；导之以德，齐之以礼，有耻且格。"

以上关于孔子的故事和他的言论为我们展示了一个讲求实际又不失理想的学者兼政治家的形象。其实，孔子也是一个浪漫主义者。他因迷恋舜那个时候的古典音乐而"三月不知肉味"；他也因很长时间没有梦见自己在文化上的偶像——制礼作乐的周公，而知道自己不再年轻；更因梦见自己在大堂正中的两个柱子之间接受祭奠而意识到自己将不久于人世——因为那是殷人祭祀死者的礼仪。这位一辈子迷恋周人礼乐文明的儒生，当他毫不犹豫表明自己文化上的抉择——"郁郁乎文哉，吾从周"，并不意味着他忘记了自己的血脉。在孔子一生对周文化的孜孜以求中，他始终保持一种身份意识。那就是，在孔子内心深处，他从未忘记自己的血管里流淌的是殷人的热血——他是那个被周人推翻的王朝的后代。

第四章 法令一统

公元前 500 年的夹谷之会，孔子还能勉强用礼仪遏制强齐的霸凌，但他自己很清楚，礼仪正在被欺诈与暴力凿空。兄弟情谊与礼仪维系的周天子邦国天下正在崩溃，因为诸侯在僭越，他们用了天子才能使用的礼仪，而诸侯国内的权贵也在篡夺他们国君的权力，甚至将其杀害。诚如司马迁在《史记·太史公自序》中所言："春秋之中，弑君三十六，亡国五十二，诸侯奔走，不得保其社稷者，不可胜数。"天子、诸侯的权威沦丧，"封邦建国"的周朝礼治天下，在春秋五霸"尊王攘夷"的国际关系盟约下尚可勉强维持，但诸侯国内部的变革已在紧锣密鼓进行。其中影响最为深远的事件，在公元前 536 年的郑国拉开序幕，这就是中国法史乃至整个中国历史上具有划时代意义的事件——铸刑鼎。

一、刑鼎大法

从夏禹经殷商到西周，鼎曾是华夏国家代代相传的政治权威的象征，代表统治"天下"的正当性（legitimacy）。公元前 606 年，楚成王讨伐居住在河南宜阳的蛮夷（"陆浑之戎"），趁便到东周首都洛阳打听代表周王朝权威的九鼎所在。王朝使者王孙满知道楚王问鼎意在夺权，就提醒楚王，"在德不在鼎"。德曾是周人革殷命的理由，因此周人强调"以德配天"。王孙满暗示楚王，统治者的美德比其夸耀的武力更重要。从公元前 1046 年周武王率领诸侯联军伐纣，到楚王问鼎，仅过去 440 年，离当初占卜所得周人 700 年当政的"天命",还有两个多世纪的时间,所以在《左传》的记载中,王孙满告诉楚王:"周德虽衰,天命未改。"

鼎是王权的象征,也是祭祀祖先和自然神的主要器皿。把法律条款铸造在青铜器上显然是为了彰显法律的权威。礼器用于公布成文法,也可以视为权威的转移。作为华夏文明共同体的重要一员,晋国政治领袖叔向敏锐地意识到,此举会是影响深远的体制改革,"先王"(已故的各位伟大领袖)的治理模式因此会被颠覆,小民也会对成文法字斟句酌,并对判决本身是否合法提出质疑。如此这般,权贵的权威本身就会成为问题。叔向认为,"先王议事以制,不为刑辟(bì)"(《左传·昭公六年》),即根据具体情况具体分析和处理,不事先颁布成文法是有道理的,因为成文法的颁布未必会带来公正的执法,反而会诱使小民死抠字句、彼此相争,甚至与法官争执,这就不仅导致法官权威式微,而且也在民众中造成"锥刀之末,将尽争之"的乱象。

成文法的适用必然涉及对字句的文意、立法的宗旨、执法的社会效果等问题的解释,而解释往往因人而异,这也正是叔向担心并且也真的发生了的事。子产作为法家的先驱,公布成文法,在为人们争讼提供指南的同时,也为一门新职业的兴起提供了机会。邓析,中国最早的职业律师,他开办了法律学习班,根据案件大小不同,收取一件上衣或一条大裤衩儿作为培训费,教人如何处理纠纷或怎样打赢官司,生意红火。有人溺水身亡被人救起,捞尸体者勒索捞尸费,死者家属嫌贵,去请教邓析。邓析说,你们不必着急要回尸体,别人肯定不要,所以捞人者迟早得把尸体低价给你们。看到家属不着急要,捞人者急忙去请教邓析。邓析答道,你不用着急,因为也只有你这里有,家属迟早还得找你要。就这样,纠纷双方未从邓析的指教中得到任何好处,而邓析却从双方都得到了利益。整件事唯一得利的只有邓析自己。邓析不仅从其法律培训中获利颇丰，更严重的是造成了《吕氏春秋·离谓》所谓"以是为非，以非为是，是非无度"的混乱局面。

成文法的公布，使牧牛案中伯扬父法官的权威转移到原本作为礼仪象征的鼎上，而鼎上法律规范的权威，则实际掌握在邓析这些人手里。当法律出现不同的解释，"谁说了算"是必须解决的权威归属问题。无独有偶，美国法律史上最有名的判例之所以是1803年的马布里诉麦迪逊，就是因为马歇尔首席大法官在此案一锤定音："法律的最终解释权无疑属于司法部门的职权范围与义务。"[1]

子产只想通过向人们明确法律规范来挽救社会秩序，不想让法律成为邓析之流谋生的手段，也没想到律师行业对于法治的贡献。他杀了邓析，从此民间律师无论是在法家还是儒家政权下从未获得合法性。到了清朝，民间律师还是随时可能被整治的"讼棍"。直至大清国行将退出历史舞台的前夕，也就是1906年颁布的《大清刑事民事诉讼法草案》中，才首次确定辩护制度——凡律师俱准在各公堂为人辩案。但该草案因在清政府内部备受争议而始终未能通过。直到1910年颁布的《法院编制法》，律师出庭辩护才真正得到确认。其第64条规定："律师在法庭代理诉讼或辩护案件，其言语举动如有不当，审判长得禁止其代理辩护。其非律师而为诉讼代理人或辩护人者，亦同。"[2]

当然，在儒家帝国时期，办案的地方官可以聘请研习法律的

---

[1] Marbury v. Madison, 5 U.S.（1 Cranch）137（1803）.

[2] 关于近代中国律师制度的建立过程，参见蔡永明：《中国近代法律职业的生成及其影响》，《南开学报》（哲学社会科学版）2018年第1期，第44—50页。

专家充任"刑名师爷"。关于非法执业的民间律师的故事，本书会在第十五章"疙瘩老娘"中讲述。

其实，早在鲁庄公十年（公元前684年）齐鲁两国的长勺之战中，曹刿就已经启发庄公，使其认识到公正司法乃是治国理政的根本，甚至打赢一场战争也必须以"小大之狱，虽不能察，必以情"为前提。从曹刿论战到郑国铸刑鼎，一个半世纪过去了，公正司法的制度保障，即成文法公之于众，才算迈出坚实的一步。由此，朱熹在解释孟子关于皋陶执法问题的主张时提出的"法者，天下公共"的理念，也水到渠成。如果说《尚书》及其《吕刑》篇设想的司法公正的保障在于法官的美德，那么子产的体制改革就是把公之于众的法律作为司法公正的保障并成为赢得民心的工具。当然，由此带来的预防犯罪作用也成为礼制失效可能引起的社会失序的应对方略。

叔向所在的晋国曾以"蒐（sōu）"之类的军礼作为对包括军人在内的国内精英宣布规则、建构秩序的手段。这里使用刑罚的主要对象其实是军人。军法扩大适用范围到日常生活，一如礼从祭祀场合的仪式程序和规则扩大适用到日常生活，这是中国早期法律理念与制度形成的两个主要路径，即"刑始于兵""礼源于祭祀"。[①]

日本学者籾（ní）山明认为，在贵族官僚中流行的"古之法""古之制""先王之教""先王之法制"乃是法家建构"法治国"之前中国的传统法律。他指出，春秋时期真正可称之为"法秩序"的只有军事集团的秩序。他认为判定"法秩序"的标准应该是韦伯的观点，即法秩序仅在有特别组织机构负责实现法的强制目的时

---

① 这两个说法分别出自《辽史·刑法志》《孔子家语·问礼》。关于中国法律起源的进一步研究，参见魏道明：《始于兵而终于礼：中国古代族刑研究》，中华书局2006版。

才可以建立起来。① 这些传统规范与后刑鼎时代法律的不同在于前者并不对外公布。因此，铸刑鼎开启一个新的时代，刑鼎上的规范适用范围广泛且又公之于众，既不同于"蒐"这种在军礼上宣读且适用范围有限的规范，也不同于"古之制"这种秘而不宣的规范。

我们猜郑国铸刑鼎用的是当时称为"吉金"的黄铜，即今天我们所看到的"青铜"。黄铜之所以成为青铜，是因为空气的氧化作用造成的颜色变化。反对郑国铸刑鼎的叔向所在的晋国，也在23 年后，即公元前 513 年颁布法律，不过此次用的是"一鼓铁"（合 480 斤）。随着铁器时代的到来，新技术也推进"法"的新时代的到来。当然，郑国和晋国的新法用的还是旧名称"刑"，要到战国时期李悝编《法经》，"法"才正式成为法制新时代的标志。

郑国和晋国通过金属器皿所展示的"刑"究竟是什么内容，目前无从得知。在此之前，我们可以相信"刑"作为包括"大刑用甲兵"、"五刑"与法官办案手册《吕刑》在内的一个广义概念，显示了"刑始于兵（战争）"这一中国法起源的路径，其内容可以这样概括：首先，刑是用于对外征服异族、对内讨伐违礼的诸侯国的军事行动，即集体用刑；其次，刑是以"蒐"等军礼的方式对包括到场国人在内所有人宣布的行为规则，或者是在"用甲兵"的场合对己方军人以"誓"之类的方式发布的命令并对违誓者适用的刑罚，比如《尚书·甘誓》中对违反军令的人实行"孥戮"，即本人处死，家属没为奴隶；最后，刑往往是指官方承认的刑罚及法官执行刑罚的注意事项，其中除军事命令外并无某罪或某行为当受某罚的明确规则。将罪与罚匹配，这种意义上的法，正是

---

① ［日］籾山明：《中国古代诉讼制度研究》，李力译，上海古籍出版社 2010 年版，第 205 页。

从郑国与晋国通过铜器与铁器颁布的"刑"开始形成的。"刑"的名称还在，但已是"旧瓶新酒"，这"新酒"就是试图将君主之外的其他人都纳入其规范之中的法和律，其最具象征意义的执行，就是商鞅黥公子虔。

籾山明认为："战国时期法与秩序的历史，就是将法家'法而不议（不许讨论、变通法律）'的理想作为统治原理并使之彻底化的过程。"① 由此我们可以说，就法律而言，中国社会从西周经春秋战国到秦朝的变革，就是从"议事以制"到"法而不议"的转换。在这个变迁过程中，一个叫"喜"的人为我们提供了一个有趣的故事，让我们得以窥见秦朝法官之一斑而知秦朝法制之全豹。

二、法官之"喜"

1975 年 12 月，湖北云梦县睡虎地 11 号秦墓出土一批秦简，称为"睡虎地秦墓竹简"，亦称"云梦秦简"，因其丰富的法律内容而引起举世轰动，为还原秦朝法律面貌提供了第一手材料。墓主为一位叫"喜"的秦人，他被派往原属楚国而被秦人征服并被设为"南郡"的地方做司法官员，其简历见于随葬竹简中的《编年记》。据陈侃理复原，大致内容如下：

> 秦王政三年（即公元前 244 年）八月，喜 19 岁，获
> 得史的身份，三个月后被任命属南郡的安陆县乡史。秦
> 王政六年（公元前 241 年）四月，喜 22 岁，升任安陆县

① ［日］籾山明：《法家以前——春秋时期的刑与秩序》，徐世虹译，载杨一凡、寺田浩明主编：《日本学者中国法制史论著选·先秦秦汉卷》，中华书局 2016 年版，第 213 页。

令史。次年正月，调任同郡鄢县令史。秦王政十二年（公元前 235 年）四月癸丑，喜 28 岁，"治狱鄢"，即出任鄢县狱史。秦王政廿一年（公元前 226 年），喜 37 岁，升任南郡郡属，即丞相、二千石官（含郡守）属吏的一种。[1]

由此可见，喜的职位主要与司法有关。可以说他是秦国的南下官员，任职期间还曾随秦军在南方作战。籾山明把《编年记》里喜的经历放到南郡的设置这一更大的背景中：

秦昭襄王二十九年（公元前 278 年）楚都郢陷落，设置南郡。秦昭襄王四十五年（公元前 262 年）十二月甲午，喜生。……秦王政二十年（公元前 227 年）《语书》发布。秦始皇二十六年（公元前 221 年）秦统一六国。二十八年（公元前 219 年）秦始皇经过安陆。三十年（公元前 217 年）喜死亡。

借助这个大背景，籾山明想要说明，喜的任职恰好见证了秦国到秦朝的过渡时期，秦人对征服之地前后两种态度的转变。而喜本人随葬品中的法律文献也反映了这两种态度：一种态度是在宽容基层社会习俗的同时，推进秦法的渗透；另一种态度是拒绝基层社会的习俗，推进一元化统治。籾山明认为，最能说明这一态度转变的竹简属于《语书》，是南郡郡守腾在秦始皇二十年（公元前 227 年）对县、道官员发布的告示，显然喜本人也是接受并执行告示内容的地方官。籾山明将《语书》的主要内容概括如下：①过去，民间存在"乡俗"，于国于民不利；②后来圣人制定统一的新法律，清除过去可视为"恶俗"的"乡俗"；③然而法、律、

---

[1] 陈侃理：《睡虎地秦简〈编年记〉中"喜"的官历》，《国学学刊》2015 年 04 期，第 50 页。

令还不够完备，因此有人巧妙地欺法扰令；④现在法、律、令已经具备，但吏民仍然无视、蔑视秦王之明法；⑤因此南郡守腾把律令、田令和惩办奸私的法规整理出来，公之于众，使官吏、百姓都清楚了解，不要违法犯罪。"乡俗、淫泆之民"指的显然是阻碍秦法渗透、保持楚地原有习俗、不服秦法的楚人。籾山明认为该告示的基调是乡俗和秦法的对立。①

显然，《语书》的内容是秦国将其自公元前356年商鞅变法以来的以法治国运动，推行到他国的举措，是普法，更是送法下乡。但对楚国人而言，这无疑是强行移植法律，当然会加以抵制。当时，尽管有郡守的命令，官吏在乡俗面前依旧束手无策。法律实施受阻，或被公然无视。《语书》斥责乡俗为"恶俗"，这意味着秦法在占领区很难贯彻。

然而，《语书》是在秦统一六国大局已定时发布的，所以秦人也不示弱。籾山明认为，公元前260年，长平之战中秦坑杀赵国40万降卒，第二年即采用帝号，第三年即秦昭襄王四十九年（公元前258年）开始规划一元化统治。因此，这一年是秦走上统一中国之路后具有分水岭意义的一年。以公元前258年为界，喜出生在其4年之后，他成为史是14年后，而《语书》发布则是31年后。从公元前278年南郡设置到公元前227年《语书》发布，半个世纪过去，秦对楚地的统治也随着一统天下的临近而从初期的宽容发展到强硬的一元化统治。喜历任南郡诸县官职的时间，正好使他见证了秦走向统一。

血腥的征服与法令的推进，为春秋五霸"尊王攘夷"的礼治

---

① ［日］籾山明：《中国古代诉讼制度研究》，李力译，上海古籍出版社2010年版，第360页。

与战国七雄的杀伐这一段经历了沧桑巨变而又漫长的历史画上了句号。商鞅变法使赏罚分明的法制成为取代礼制的新规范，秦国以此新规范把农民组织成为既可耕作又可征战的农民－军人，从而实现富国强兵。慎到、申不害、韩非等法家人物更为乱世枭雄提供了如何成为强大君主的权术，即法、术、势三结合的权术。从传说中的舜因美德而被公推为领袖到禹的儿子启开始世袭为王，从西周的封邦建国到秦朝的郡县官僚制，华夏国家的政治历史可以用韩非的话简要概括："上古竞于道德，中世逐于智谋，当今争于气力。"（《韩非子·五蠹》）

就孔子个人而言，他既见证了夹谷之会上以礼降服齐国的外交成就，也感受到晋国效法郑国公布成文法带给华夏国家的威胁——在孔子看来，公布成文法意味着百姓不再仰赖伯扬父那样的贵族法官凭一己之美德审慎判案，而是把注意力放在法条究竟如何规定、法官判案是否合乎法律规定之上，权威因此会转移到颁布法律的"鼎"本身，作为贵族的法官本人及整个贵族群体因而不再有权威，礼制维系的尊卑贵贱秩序必将解体，自律的社会将被鼎上的"它"律所取代。

综上所述，孔子见证了礼与刑的此消彼长，而喜则亲历秦国转变为秦朝的武力征服过程，且见证了秦国的地方法先是温和然后是强行推广到秦帝国的新领地楚国。李斯在给嬴政关于帝号的奏折中称扬其功德的名言"海内为郡县，法令由一统"的新时代，终于不可逆转地到来了。

三、盗牛冤案

如果说云梦秦简为我们展示的是秦国到秦朝天翻地覆的变化，

那么同样出自湖北的另一考古发现，即江陵县城附近的张家山汉简，则为我们印证商鞅创始的秦法与萧何改编的汉律之间的传承。

在《语书》中，南郡的楚民还在以地方民俗、习惯抵挡秦律，而在张家山汉简中，秦国故地的一个案例已经被汉朝当作典型判例在楚国故土充当具有指导意义的判例，尽管不同于英美法系中法官必须遵循的先例。这一判例被籾山明称为"毛诬讲盗牛案"，载于张家山汉简的《奏谳（yàn）书》。

根据籾山明在《中国古代诉讼制度研究》中的解读，该案案情可节略如下：

> I. 讲乞鞫。（秦王政二年，即公元前245年）四月丙辰，黥城旦（脸上刺字后参加修筑城防工事的刑罚）讲请求乞鞫，说："讲原为乐人，未与士伍毛共谋盗牛，却被雍县确认与毛共谋，对讲适用黥城旦的刑罚。"
>
> II. 复核。（秦王政）元年十二月癸亥，亭庆到雍县控告：毛所卖的牛似乎是盗来的赃物。讯问毛……认定说："讲与毛共谋盗牛，事实清楚。"在（二年）二月癸亥，丞昭，史敢、铫、赐对讲处以黥城旦。
>
> III. 调查当事人。讲称："因十一月以乐人身份集中在咸阳服役，故未与毛见面。"史铫讯问，因不承认与毛共谋盗牛遭到笞打。数日后，又就共谋进行讯问，回答说确实没有盗。于是被摁在地上，以水浸后背。毛坐在其旁边，说在十月与讲见面并商量盗牛。讲也担心被拷问，只好自诬。查验讲的身体，可见其后背从肩到腰有无数大小不一的瘢痕……
>
> IV. 诘问毛。问："没有与讲共谋，为何在初次被审

讯时不告知真情？"答："如与告知真情前的供述不一致，就担心被拷问。"问："没有与讲共谋，为何说有？"答："不能忍受拷问的痛苦，因此就诬告讲。"查验毛的背上，从肩到腰有无数大大小小的癍痕……

V. 质问原审负责人。腾答："因毛说谎，故要笞打之。"铫答："不知道毛诬告讲，与丞昭、史敢等裁定讲犯了盗牛罪。昭、敢、赐所说与铫相同。"

VI. 乞鞫结论。讲未与毛共谋盗牛。吏拷问毛，毛不能忍受痛苦而诬告讲。昭、铫、敢、赐适用刑罚失当，以上全部清楚。

VII. 廷尉下令平反。二年十月六日，廷尉兼告诉汧县啬夫："……讲一直被关押在贵县。将其释放成为'隐官'（因受黥刑不便重回老家生活，故由官府负责集中安置，使其自食其力），并得以'自常'（即'自尚'：与家人团圆，官府赔偿财产损失）后，送於县安置。已被卖掉的妻、子，县官为之赎身，被没收并已卖掉的其他物品，已被作价偿还给讲。将免除连坐者之赀（罚金），并返还给其本人，急送此文书到雍县。"①

讲因上诉而使其冤案获得平反的这个案子为我们呈现了上诉与复审的审判与执行程序。秦汉时代的上诉叫乞鞫，因为初审叫鞫，所以请求再审就叫乞鞫。关于鞫的程序，籾山明依据喜的随葬竹简予以复原，他指出，从秦到汉初，构成地方诉讼程序的三

---

① ［日］籾山明：《中国古代诉讼制度研究》，李力译，上海古籍出版社 2010 年版，第 91—96 页。

个支柱是"告""讯""论",核心是"讯",即"讯问"。讯问的具体内容是向嫌疑犯提出指控,并诘问直至其认罪。在此阶段,要判断已得"情",也就是曹刿论战所谓"必以情"的"情",即真实情况。得情,也是审讯的主要目的。

作为"皆有法式"的秦国法制的重要部分,审讯是一个被法律严格规制的过程。《云梦秦简·封诊式》中有"治狱""讯狱"的具体操作规程,其中"讯狱"规定:

> 凡讯问时,必须先听当事人的口供,并记录下来。使受讯者各自供述,即使知道虚假,也不立即诘问。供述已记录完毕,如有没讲清楚的问题,就诘问。诘问时,再次听其辨明,并记录下来,然后出示其他没讲明白的问题,并就此再次进行诘问。虽然用尽各种办法,但(被诘问者)多次陈述虚假之辞,改变口供,并拒不认罪,按法律规定应该拷问时,就进行拷问。拷问时必须让人记录下来:"爰书。因某多次改口供,并无从辩解,故拷问某。"①

"讯狱"让我们看到这样的法制理念:第一,刑讯合法;第二,刑讯受到严格限制。因为,按照规定,法官只有在被告人拒不承认,而法官已根据调查报告和其他证据掌握被告人罪证的情况下才能合法使用刑讯;同时,法官还必须把被告交代、法官本人诘问、如何使用刑讯的情况一律记在"爰书"中。"爰书"一直到清

---

① [日]籾山明:《中国古代诉讼制度研究》,李力译,上海古籍出版社 2010 年版,第 84 页。原文参见《睡虎地秦墓竹简》整理小组:《睡虎地秦墓竹简》第七卷,文物出版社 1977 年版,第 144 页。

朝都用于指称法律文书。虽然到了清朝，国人的识字率还只有百分之一，但秦人在两千多年前即已设立全程书面化的审判程序。书面化至少可以发挥两个功能：一方面，使法官的判案置于帝国官僚体制的监控下，上级随时可以通过查阅卷宗发现审判中存在的问题，进而实行错案追究制，让法官对自己的判决承担责任，并由此使官员就其司法审判对君主负责，从而强化君主的政治权威；另一方面，使错案的受害人有机会得到平反，使司法腐败和不公有机会得到纠正，为受害人最终获得正义提供机会。就此而言，盗牛案给我们展示了秦人司法的一体两面：一方面，因为刑讯合法而可能有冤案发生，讲就是刑讯逼供的受害人；另一方面，上诉程序为纠正错案提供机会——刑讯程序造成的冤案从可以纠正冤案的上诉程序得到补救。

同时，"讯狱"中如此细致入微的审讯策略，与伯扬父审牧牛案时"明德慎罚""与其杀不辜，宁失不经"等粗线条办案指南不可同日而语。从腾与喜这些秦人法官办案所依据的审判程序与规则，我们可以看到代周而兴的秦国与秦朝把法当成权威的心脏赖以运作的血管，使权力的血管达到国家肌体的每一个部位，从而使君主的权威通过权力的血管支配整个国家的肌体。对官员办案过程的全面操控，不仅要使法官产出符合君主利益的判决，而且也同时使法官自己的职权受到严密的控制，并使其为自己的判案是否合法承担法律责任。这正是叔向与孔子担心的贵族官僚权威的沦替，而恰恰又是商鞅与韩非等法家人物要实现的权威转换：废除世袭贵族自律式的司法，让君主和国家成为绝对的权威和主宰。

了解"讯狱"的审讯策略之余，让我们进一步介绍盗牛案的上诉程序。张建国在《帝制时代的中国法》中指出，《奏谳书》由汇集上谳案例的"谳书"与汇集上呈文案的"奏书"所构成。[①] 毛诬讲盗牛案被收入"谳书"。谳有审理和请示的意思。大体上可以说，上谳就是向上级请示，乞鞫就是上诉。这就说明该案是作为上诉程序的典型案例而被汉朝政府收录的判例，表明汉朝沿用秦人的程序。

在《云梦秦简·具律》中，我们可以看到其关于上诉程序的规定：案件已决一年之内可以上诉，上诉不实，罪加一等；上诉要向所在的县或（少数民族区域的）道提起；县、道长官记录并向所属两千石官汇报请示，两千石官指派负责行政监督的"都吏"负责再审，再审结果由廷（最高法院）或郡书面送达相关各郡。

这一上诉程序与汉高祖七年（公元前 200 年）给御史的诏书中规定的疑难案件上报程序如出一辙。上诉程序与疑难案件上报程序之所以一致，当然与官僚体制承担审判工作的等级序列有关：官僚等级基本上也是审级。秦汉时期随着帝国的崛起，司法也就成为官僚体制最重要的政治使命之一。秦始皇本人也亲自参与，《汉书·刑法志》中说，秦始皇"昼断狱，夜理书"，即白天审理案件，夜晚批阅公文。由此可见，无论是史料记载，还是盗牛案的实例，都说明秦朝开启的中华帝国一开始就有严格、完整的诉讼与司法程序。

盗牛案是按照《封诊式》规定的程序上诉而得到平反的。上级派人仔细复查，包括核查原审卷宗及讯问毛与讲等当事人，甚至查验毛与讲被刑讯留下的伤痕，最终得出法官因不相信毛单独作案而刑讯毛、毛不胜捶楚之苦而诬指讲的结论。同时，冤案平反的过程也是法官责任追究的过程。盗牛案的初审法官腾等人也

---

① 张建国：《帝制时代的中国法》，法律出版社 1999 年版，第 296 页。

被上级认定为"失刑"，即判决失误，虽非故意但毕竟有过错。

从秦国经秦朝到清朝，刑讯始终合法。《封诊式·讯狱》规定的审判程序揭示了刑讯的"理由"，即法官在给被告充分的时间主动交代罪行后，被告拒不交代，法官通过其他途径掌握了犯罪事实，即可使用刑讯。必须由被告人自己承认，为此不惜动用刑讯，大概是因为，在被告不承认的情况下定罪，他可能会上诉或在上级提审时翻案，导致案件不能了结。同时，被告不承认就不能定他的罪，也可以说是刑罚正当性需要在被告方面的印证。尽管我们反对刑讯的立场不会改变，但在公共权力机关的定罪需要被告本人认可这一意义上，或许也不无尊重被告的意思。伯尔曼曾引用他人著述解释中世纪和近代西方法庭为什么在死刑案件中使用刑讯，他说一方面是为了获取被告的认罪，因为按照基督教的信仰，认罪对被告的灵魂得救有好处；另一方面是为了获取破案信息，比如追查同案犯。[1]无论中西方历史上使用刑讯的理由有什么不同，二者在谋求被告本人认罪这一点上，完全一致。

于是，我们发现，不用刑讯就没有理由给不认罪的被告定罪；而一旦刑讯合法就不可能完全防止冤案——这不能不说是司法审判的刑讯悖论。这个悖论在任何有合法刑讯的审判体制中都无法得到圆满解决。西汉路温舒在宣帝即位时上书请求"尚德缓刑"，其中"棰楚之下，何求而不得"（《汉书·卷五一·路温舒传》）一句常被后人引用，成了刑讯弊端最经典的表述。办案人员为不受错案追究而采用的应对策略就是"锻练而周内（纳）之"，即在制作"爰书"等司法文书时把案件的供词、证据、刑讯的情况表

---

[1] Harold J. Berman, *Faith and Order*, Wm. B. Eerdmans Publishing Co., 2000, p.101, note 20.

述成为"铁案"一般。

为了应对刑讯合法可能造成冤案的情况，历朝历代都有一些措施，比如，从秦国就开始使用书面卷宗以备复查；汉代常用皇帝和上级"录（lù）囚"，即随机提审；汉代以后，历朝都有对刑具和刑讯用具的限定；清代则通过健全的"秋审"（死刑等重罪案件在秋季由高官会审并报请皇帝批示）等程序把关。此外，汉朝以后，中华帝国逐渐在程序上开放无限上诉权给被告人，只要被告人不服，他就可以一直告、反复告，哪怕皇帝定了案也可以继续告，直到自己满意为止。可以说，就诉讼与审判程序而言，并不存在严格的终审，因此不妨说，中华帝国实际上不存在司法裁判的"既判力"，而是"当事人结案主义"。这种开放而不封闭的诉讼制度也为冤案的纠正提供了补救的机会。

不用说，当存在法官能力欠缺、结案压力、贪赃枉法等体制弊端及人性弱点的时候，不可能完全避免冤案。但我们还是看到，在中华帝国，刑讯作为司法程序的一部分，从其合法化开始就同时在程序等制度设置方面受到相当严格的控制。直到清朝轰动一时且至今被人津津乐道的杨乃武案，余杭知县刘锡彤最终也还是以年过七旬之身被发配黑龙江，为自己当初刑讯杨乃武造成冤案承担责任。

与刑讯登台相伴的是"誓"从程序中消失。牧牛案最突出的程序就是誓。盗牛案使讲蒙冤则是因为刑讯。牧牛那个信赖个人以誓言自律的时代从此结束，代之以成文法的"他律"——包括被告与法官都被纳入成文法的规制框架，其上是唯一能够以法约束人而唯有自己可以对法律进行灵活变通的君主。当然，朱熹在讨论皋陶执法时强调的法律性质，即"天下公共"的规范，早在汉代张释之等法官那里就已经在一定程度上构成对君主作为最高法官的权力限制。不过，关于君主的司法角色及其司法权的限制，还是留待本书第十章"原因之罪"讨论宋代阿云之狱时，再详加评论。

　　毛诬讲盗牛案的上诉与平反发生在秦王政二年，即公元前 245 年。收录这一判例的张家山汉简中有一部分是《（吕后）二年律令》，这一年是公元前 186 年，此时离盗牛案发生，有将近 60 年时间，其间已发生秦朝统一、汉朝建立共两次改朝换代，但秦国当年的判例却还能在汉朝的天下指导法官判案，直到 1902 年大清国开始草拟西式法律以代替传统中国法，在这两千多年的岁月中，传统中国的法统就一直陈陈相因，未因王朝兴替而中断。

第五章　谁是父亲

一、法逼民反

秦国兴于法，秦朝亡于法。坑杀赵国四十万降卒的血腥屠杀是秦朝统一最具象征意义的事件。流血漂杵的武力征服配以一统于法的治理模式，乃是中华帝国初创时的两大特征。然而，曾经帮助秦人富国强兵进而统一华夏的法，也成了秦帝国覆亡的导火索。《史记》中我们耳熟能详的《陈涉世家》，陈胜、吴广借以动员与其一并谪戍的九百平民反秦的理由就是"失期当斩。藉第令毋斩，而戍死者固十六七"。严酷的刑罚与戍卒难以生还的悲惨命运把平民变成铤而走险的亡命徒，成了秦朝的掘墓人。

关于陈胜、吴广及其同伙的"闾左"身份，蒋非非认为他们其实是自由民。秦自商鞅变法后实行军功爵制以奖励耕战，甚至刑徒在战斗中斩敌首亦可获得爵位，更不用说平民。战国时的兼并战争与军功爵制，为生活在社会底层的农民提供了改变地位的机会，这就是从军征战。陈胜少时为人庸耕，成年后从军征战，获得屯长的爵位。被谪发时，陈胜已有相当的作战经验，对政治局势有清醒认识，深得士卒爱戴。

谪戍本是刑事处罚，属于无偿戍边，戍边期间不享受军功爵制的待遇，而且谪戍期不能抵销本人原应服的徭役。① 自秦始皇三十三年（公元前214年）起，政府对商人及其子孙的谪发，是对无过失之人的惩罚，这样就抹杀了罪与非罪的界线，彻底改变秦国以法治国的传统，加之因求仙失败而始终处于死亡的恐惧中，秦始皇迅速将整个社会作为统治者的对立面推入苦海中，而秦二世悍然谪发作为自由民的"闾左"，更是将全体秦民逼迫到起义的边缘。陈胜在大泽乡振臂一呼，已是水到渠成。尽管秦律当时可能并未规定谪戍者迟到就会被斩首，但自由民也会成为带有刑事处罚性质的谪戍对象，再加上百分之六七十的谪戍者死于边关，这些无疑是"法逼民反"的真实注脚。②

秦朝灭亡后，汉朝人用一个字总结秦朝的特征：暴。暴作为恶谥使秦朝成为邪恶王朝的标本，概括了秦帝国坑杀降卒、坑杀儒生的血腥屠戮和重刑轻罪、法罚无辜的酷法之治。

中国人对于法等于罚的历史记忆很大程度上是法家法制留下的。法家用赏罚表达法的功能。法家相信赏罚分明是治民的不二法门。法家并不像儒家那样期待民众"心悦而诚服"。法家相信人性本恶，因此只有赤裸裸的暴力征服和压制才是治国的根本。法家认为，只要人们在行为上服从就可以了，不在乎他们心里是怎么想的。因此法家的法对心理动机不感兴趣，而只关注外在行为。法家的法因此只是富国强兵的工

---

① 蒋非非：《秦代谪戍、赘婿、闾左新考》，《北京大学学报》（哲学社会科学版）1995年第5期，第57页。

② 蒋非非：《秦代谪戍、赘婿、闾左新考》，《北京大学学报》（哲学社会科学版）1995年第5期，第55—61页。

具。所以，只有在工具意义上，才能理解为什么法家用斧头等工具的把儿（柄）来描写法律的赏罚功能。这也同时可以解释法家为什么用辔勒这种马具来形容法律。

作为工具，法律确实帮助秦国把秦人变成耕、战两方面都好使的武装农民，这些亦农亦兵的秦人本身成了富国强兵的工具。但是，法律的苛酷也使秦帝国成为"赭衣塞路"的囚犯国度。不是人民都在作恶，而是法律已经不再依据善恶定罪量刑。"准囚犯"陈胜揭竿而起的制度背景就是这种孜孜以求富国强兵、一味满足权贵穷奢极欲的法制体系。早在曹刿论战时就已阐明的道理，即公正司法乃是治国的核心内容，甚至是赢得战争胜利的前提，与法家的意识形态并不一致。法家固然不是要以严刑峻法为旨归，但法家为了利用刑罚达到不必使用刑罚的目的（"以刑止刑"），不惜"重刑轻罪"，拒绝罪刑相应的正义原则，也就是说，犯轻罪也可能遭受严厉的刑罚。法家认为这种方法可以使人们不敢犯轻罪，更不敢犯重罪。陈胜、吴广起义本身就证明法家的这种重刑逻辑不能成立。实际上，当严刑峻法成为暴秦之暴的主要特色，法律反而成了灭秦的工具：陈胜动员人们造反，最雄辩的说辞就是秦法带给无辜者的死亡前景。

刘邦作为秦亡最大的受益人，他很精彩的一笔就是回到曹刿早已阐明的为政法则：政府最重要的使命是司法正义。他与秦人故地的地方领袖即"关中父老"达成的共识，就是承诺自己将公正司法，保证"杀人者死，伤人及盗抵罪"。也就是说，不再重刑轻罪，而是让杀人、伤人、侵犯他人财产的人各当其罪，保证杀人偿命、物归原主，保障人民群众的生命、财产安全。刘邦曾为暴秦基层官吏，他知道，这一承诺可以为他当皇帝提供正当性（legitimacy）。而且，这一"刘邦约法"与当年作为平民的曹刿重视司法公正的主张遥相呼应，在中国历史上构成了有关司法正义的"曹刿－刘邦共识"。

当然，汉朝在简化秦律的同时也继承了秦律的框架，秦律毕竟提供了概念完整、程序全面的法制体系，剩下的工作就是将其从服务于暴政的工具改造成为更加公正的司法体系，以便兑现"刘邦约法（约法三章）"。承担这一工作的重要人物中，最显赫的人物当属大儒董仲舒（公元前179—公元前104）。

二、阴阳法学

当初荀子曾说"杀人者死，伤人者刑，是百王之所同"，其中区分杀人与伤人的不同刑罚，就已有罪刑相应的意思在内了。作为对暴秦酷法的回应，"刘邦约法"开始把偿命与抵罪这种各当其罪、罪刑相应的正义观念重新引入法律观念中。

如果说刘邦通过承诺实施罪刑相应的正义为汉王朝提供了政治统治的正当性，那么董仲舒通过重新解释"天"为帝国提供了新的政治神学。这与秦朝单靠以力服人、以罚治人的政治哲学迥异。周人曾修改殷人王权天授的政治神学，强调天命需要王者自身的美德相匹配，只有"以德配天"才能保持或获取上天赋予的政治权力。到了董仲舒，他更以"天子"的角色重新塑造君王，认为王者乃是唯一沟通天、地、人三者关系的人物，只有王者才是天之子，因此作为众人之上的君王需要对天负其政治责任。

天子的身份固然神化了君王，但也由此把君王置于更高的权威即天之下。设想一下，如果秦朝皇帝之上别无权威，那时人们没有任何途径限制皇权，那么就可以理解董仲舒实际上借神化皇权而为限制皇权创造了机会。皇帝固然权力至上，但他同时作为天子却要"孝顺"上天，而上天在董仲舒那里是一个赏善罚恶的判官，他会以灾遣、异告等警示、惩罚不称职的君王。董仲舒的政治神学使汉朝以后的皇帝不得不有时候下"罪己诏"自我批评，臣子更是热衷于利用天灾人祸来要求皇帝勤政爱民、清理冤狱。这在秦朝不可想象。只有在与法家皇权对比的情况下，才能准确理解儒家政治神学的价值。在非民选的政治体制中，对君主权力的限制只能是上帝、上天之类的权威。如果以迷信为由摒弃这样的权威，君主也就会像法家的皇帝那样为所欲为，没有障碍了。

董仲舒的"天学"不仅以"天子"的身份为君主设置更高的权威，来达到限制皇权的作用，同时，他还把阴阳五行的理论纳入其天学体系进而为"德主刑辅"提供哲学支持。他把"刑"归入"阴"的哲学范畴，为防止滥刑提供理论依据。他说："刑之不可任以治世，犹阴之不可任以成岁。"（《汉书·董仲舒传》）

当然，董仲舒没有把法律视为维护百姓权利的法宝，那是因为他的时代课题一方面是约束法家塑造的桀骜不驯的皇权，另一方面是弱化法家重刑轻罪的法律体系带给像陈胜、吴广这样的小民的伤害。既然法律只是皇帝治世的工具，那么最好的选择就是让皇帝看轻刑罚的作用，不单靠剥夺生命、残害肢体、强迫劳动等方式维持秩序。

董仲舒宣告："道之大原出于天，天不变道亦不变。"（《汉书·董仲舒传》）他把汉初莫衷一是的意识形态纳入道与天的体系，以此整合政治、法律与伦理。他把天学与儒家的历史叙事《春秋》相结合，以此为法律解释提供依据，从而改造法家的法律传统，使其为儒家帝国服务。

董仲舒的"春秋决狱"，是汉朝法律走上儒家之路的关键一步。孔子当年担心成文法会损害贵族的权威，会使人们满足于不受刑罚制裁而不再积极追求美德的提升。然而，成文法终究还是公布并成为此后历朝历代的标准配置。董仲舒的使命就是为已经无法避开的成文法赋予儒家价值观的灵魂，使法家法律的旧瓶子里装进儒家思想的新酒。他的方法就是在疑难案件的法律解释中引经据典，超越法家的文本，为法律重新定位、定向。

三、原心定罪

董仲舒本人虽然因其"天人三策"的应对赢得了汉武帝的赞赏，但武帝只是给仲舒到封国为相的差使。不过，董仲舒的才学与实践经验还是使他得以发挥影响力，为中国未来的法律发展开山辟路。虽然董仲舒未得到在中央政府任职的机会，好在帝国并未忘记他。张汤作为廷尉，即最高法院院长，在遇到疑难案件时，还是会去请教这位已经退休的名儒，使他有机会为当时方兴未艾的"春秋决狱"推波助澜。

在诸侯国的变法运动中，法家为了增加政府的赋税收入，甚至强制已婚儿子与父母分家，以便增加纳税单位。韩非子还特别批评孔子替战场上为尽孝道而逃跑的儿子开脱，认为孔子赞扬的孝子无疑是国家的叛徒。在国与家之间，法家选择了国。为了富国强兵不惜牺牲家庭，这是法家的一贯主张。而董仲舒的判例，就是要把法家拆散的家庭重新组建起来。

据说董仲舒的"春秋决狱"有232个判例。目前留下来的不多，我从其中选了四个，用以说明董仲舒如何将孔子等人的历史解释扩展到法律领域，又是如何以此重建儒家理想的家园。

案例一、父为子隐

> 时有疑狱曰："甲无子，拾道旁弃儿乙养以为子，及乙长，有罪杀人，以状语甲，甲藏匿乙，甲当何论？"仲舒断曰："甲无子，振活养乙，虽非所生，谁与易之，《诗》云，螟蛉有子，蜾蠃负之。《春秋》之义，父为子隐。甲宜匿乙，诏不当坐。"

这个案例是唐代政治家杜佑在《通典》卷六十九中记录的，它的法律问题是，收养弃儿的养父是否要为隐匿杀人的养子承担法律责任？董仲舒认为，《春秋》"父为子隐"的原则适用于本案，因为养父算父亲。他还用《诗经·小雅·小宛》中关于蜾蠃养育螟蛉之子的记载说明养父子关系与亲生相同。当然，后来南朝陶弘景（456—536）发现，蜾蠃把螟蛉子带回窝中，实际是用尾部毒针把螟蛉刺个半死，然后在其上产卵，用以养活自己的后代。不过，人们将错就错，直到清代，中国人都习惯把养子称为"螟蛉子"。

我们不妨用亚里士多德的逻辑三段论来重新整理董仲舒的推理：

大前提：父为子隐，父亲可以隐匿犯杀人罪的儿子；

小前提：养父算父亲；

结论：养父隐匿养子无须承担法律责任。

在这个案子中，董仲舒认为，国法对杀人罪犯的追究不适用于帮助儿子逃避制裁的养父。杀人犯固然应当承担法律责任，但这不应妨碍父亲站在儿子与国法之间充当慈父的庇护角色。

案例二、恩养之义

> 甲有子乙以乞丙，乙后长大而丙所成育。甲因酒色谓乙曰："汝是吾子。"乙怒杖甲二十。甲以乙本是其子，不胜其忿，自告县官。仲舒断之曰："甲生乙不能养育以乞丙，于义已绝矣，虽杖甲，不应坐。"

宋代《太平御览》卷六百四十中的这个案例，法律问题是：因生父未尽养育之恩而不知其身份的亲子误以为酒徒妄称生父而杖之，亲子应当承担法律责任吗？董仲舒判断此案的标准是"义"。他认为此案中的父子之间"义已绝"，因为生父生而未养。也就是说，父亲不仅要生，更要养；生而养，才是"义"。一言以蔽之，义的意思就是在适当的时间、适当的地点对适当的人做适当的事情。

综合这两个判例，董仲舒的意思很清楚，生物学意义上的父亲没有意义，只有尽养育之责的父亲才是父亲。在案例一，因为尽了父亲的责任，所以虽非亲生亦不妨其享有父亲的法律待遇；在案例二，虽系亲生，因未尽养育之责，亦不应在法律上视为父亲。可以说，董仲舒的判例无异在界定"谁是父亲"，这是儒家最重视的伦理。通过法律解释确认谁是伦理学意义上的父亲，董仲舒等于是在以司法的方式重建被法家破坏的家庭秩序。

案例三、君子原心

　　甲乙与丙争言相斗，丙以佩刀刺乙（父），甲（子）即出杖击丙，误伤乙，甲当何论？或曰，殴父也，当枭首，论曰："臣愚以父子至亲也，闻其斗莫不有怵怅之心，扶杖而救之，非所以欲垢父也。《春秋》之义，许止父（许悼公，公元前546—前523在位）病，进药于其父而卒，君子原心，赦而不诛。甲非律所谓殴父，不当坐。"

这个案例也出自《太平御览》，此案的法律问题是，为救父而误伤父亲的儿子应承担"殴父"的法律责任吗？董仲舒在此案中提出了"春秋决狱"最重要的原则——"原心（定罪）"。法家因为性恶论而对主观动机不感兴趣。法家更在意行为及其后果。董仲舒的"春秋决狱"则为定罪增加了主观动机的维度。为了说明原心定罪的合理性，他引用许国王子许止的故事。生病的许悼公吃了儿子许止配制的药就死了。不考虑动机的话，许止等于犯了"弑君"与"弑父"的双重大罪。然而许止为的是给父亲治病。难道要让许止保证万无一失才能救治父王吗？

孔子在编写《春秋》的时候对许止持原谅的态度，尽管他也批评许止不够小心。孔子对历史人物的评价标准，成了董仲舒的司法指南。考察动机，乃是董仲舒判断救父心切的儿子是否应当为自己的过失承担法律责任的依据。"父子至亲"的关系使董仲舒认为儿子必须采取及时的救助行动，如果同时还要儿子确保万无一失，那就等于挫伤儿子救父的积极性。董仲舒通过这个判例等于告诉天下的孝子：如果在危急关头站在父亲一边，那么法律也会站在你这一边。

此案说明，董仲舒这样的儒家是有常识并有人之常情的。他们知道人无法掌控自己行为的客观后果。人能保证的只是自己的动机。"春秋决狱"重视动机、考虑人之常情，就为人性化的司法打开了方便法门。可惜，到中华帝国的后期，儿女的法律责任越来越超出人之常情的地步，即使过失导致父母死亡，儿女也要付出生命的代价。孝，将会成为不能承受的法律重负。

以上案例一与案例二是对父亲责任的确认，案例三是对孝子角色的维护，下面案例四则是处理夫妻关系。

案例四、改嫁之道

　　甲夫乙将船，会海风盛，船没溺流死亡，不得葬。

四月，甲母丙即嫁甲，欲皆何论？或曰，甲夫死未葬，
法无许嫁，以私为人妻，当弃市。议曰："臣愚以为
《春秋》之义，言夫人归于齐，言夫死无男，有更嫁
之道也。夫人无专制擅恣之行，听从为顺，嫁之者归
也。甲有尊者所嫁，无淫行之心，非私为人妻也。明
于决事，皆无罪名，不当坐。"

今天，人们通常认为儒家的三纲单方面为儿女、妻子施
加责任，但从判例一与判例二中可以看到，在把儒家思想确
立为官方意识形态的过程中，董仲舒对父亲也有严格的要求，
甚至不承认未尽养育之责的生父为法律意义上的父亲，正如
当初孟子认为殷纣王之类的暴君根本不应被当作君王对待，
人们完全可以推翻暴君的统治。在儒家看来，君主和父亲都
必须尽职尽责才能赢得身份的认可。此乃儒家的身份／角色伦
理。在夫妻问题上，案例四也让我们看到儒家的人情味。

记载在宋代《太平御览》中的案例四，其法律问题是，因
丈夫遇海难而未能被安葬的情况下，妻子由其生母做主改嫁，
妻子为此应受弃市即砍头示众的刑罚吗？董仲舒认为，既然
夫死无子，那么就属于合乎礼法的"归"。为此，他引用《左
传·文公十八年》所记的哀姜的例子，为这位无法安葬亡夫
的寡妇辩护。文公十八年，即公元前609年，哀姜的丈夫鲁
文公死亡，齐惠公默许鲁国权臣襄仲杀害哀姜的两个儿子公
子恶与公子视，拥立文公次妃敬嬴所生公子倭（tuǐ），即鲁宣
公。夫死无子的姜氏只好回齐国，《左传》称其为"大归"，即
再不会回来的意思。她离开的时候，哭着经过集市，说："天

哪！襄仲无道，杀死了嫡子立庶子。"集市上的人都随着她哭泣，鲁国人称她为哀姜。

董仲舒不同意以"私为人妻"处死寡妇，而以母亲将其改嫁豁免其法律责任，说明他不是只简单地看寡妇是否在丈夫未得安葬的情况下改嫁，而是看其改嫁是否经过父母为其做主之类的礼法程序。我们当然不能用自由恋爱、婚姻自由之类的观念要求董仲舒，那时的他能具备鲁庄公所谓"必以情"的司法理念，已经难能可贵了。

通过以上四个案例可以看出，董仲舒的"引经决狱""原心定罪"丰富了司法解释的法律渊源，在司法审判中强调父亲的家庭责任、为孝子的过失开脱、坚持寡妇奉母命改嫁的正当性，已经为当时在蠲除秦律苛法的同时仍显刻板、严厉的法律开辟了变通的路径。

关于"春秋决狱"的基本原则，董仲舒在其《春秋繁露·精华》中有简明扼要的概括："春秋之听狱也，必本其事而原其志：志邪者不待成，首恶者罪特重，本直者其论轻。""原其志"就是"原心"，就是考察动机，因此罪的大小很大程度上取决于动机的善恶。当然，从公元前104年董仲舒去世到公元653年带有立法解释的《唐律疏议》颁布，儒家用了7个多世纪的时间打磨出一部法律经典，这部模范法典用唐律专家戴炎辉的话来说，其重要特征是"客观实害主义"，重视犯罪后果——"盖律重视实害，若未有结果，则不应处罚"[1]。也就是说，唐律已经平衡了董仲舒对动机或许多少有点过分的强调。

---

[1] 戴炎辉编著：《唐律通论》，"国立"编译馆1964年版，第135页。

　　"春秋决狱"是中国法律史上影响深远的大事件之一，董仲舒以其作为学者、官员、顾问的身份躬逢其盛，为法律儒家化与儒家法律化做出重要贡献。就法律儒家化的概念而言，是由陈寅恪在其《隋唐制度渊源略论稿》中首次提出："古代礼律关系密切，而司马氏以东汉末年之儒学大族创造晋室，统制中国，其所制定之刑律尤为儒家化。既为南朝历代所因袭，北魏改律复采用之，辗转嬗蜕经由（北）齐、隋以至于唐，实为华夏刑统不祧之正统。"[①] 陈寅恪说的是晋律儒家化，瞿同祖又将法律儒家化提前到汉代。他认为汉代已开儒家化之端，并这样概括法律儒家化的整个过程："中国法律之儒家化可以说是始于魏晋，完成于北魏、北齐，经历了三个半世纪，隋唐采用后便成为中国法律的正统。"[②]

　　董仲舒从司法解释入手，把诸如《春秋》《诗经》这样的儒家经典中的历史故事和价值观引入司法，从而改造法家创建的法律体制，为在成文法已成为现实的情况下如何使其为儒家意识形态服务，提供了可圈可点的范例，使得"一准乎礼"的唐律有了终将水到渠成的源头，"华夏刑统"的"正统"，就这样在汉唐之间七个世纪的漫长历史岁月的"辗转嬗蜕"中脱颖而出。

────────────

① 陈寅恪：《隋唐制度渊源略论稿》，商务印书馆 1946 年版，第 73 页。
② 瞿同祖：《中国法律与中国社会》，中华书局 1981 年版，第 346 页。

第六章　刑罚何为

　　吴经熊（1899—1986）是近代中国法史上的传奇人物。他1920年毕业于上海东吴大学法科，次年获密歇根大学法学博士学位，之后游学巴黎大学、柏林大学、哈佛大学，其间随当时世界顶级学者施塔姆勒、庞德研习法学，1929年出任上海特区法院院长，1933年开始参与制定宪法，1936年正式公布的"吴氏宪草"成为1946年颁布的《中华民国宪法》的雏形，2019年《哈佛法律评论》还有文章评析其内容。[①] 作为天主教徒，吴经熊还在1946年出任中华民国驻梵蒂冈首任大使。

　　吴经熊读书期间在《密歇根法律评论》上发了一篇文章，目的是要向世人证明中国古代就有老子的自然法学派、商鞅的实证法学派、孔子的人文主义法学派、班固的历史法学派等足以使中国与西方20世纪最先进的法学思想接轨的法律遗产，因此西方应当从世上"最古老的自由与正义国度"[②] 撤销其治外法权，即自1843年以来，西方通过条约使其公民在中国仍可由其本国官员根据其本国法律审理其案件的权利。

　　吴经熊的文章题为《中国古代法典与中国法律及法律思想其他资料读物》。其中涉及汉朝的部分，他说自己辑录的阅读材料会证明"汉律是自由、宽容、怜悯的法律"。[③] 为此，他引用《汉

---

① Dr. Wu's Constitution, 132 Harv. L. Rev. 2300, JUN 1, 2019.

② John Wu, Reading from Ancient Chinese Codes and Other Sources of Chinese Law and Legal Ideas, 19 Mich. L. Rev. 504（1921）.

③ John Wu, Reading from Ancient Chinese Codes and Other Sources of Chinese Law and Legal Ideas, 19 Mich. L. Rev. 503（1921）.

书·刑法志》中汉文帝（公元前 179—公元前 157 在位）废肉刑时颁布的诏书，认为文帝本人乃是世人可引以为荣的开明的且具有人情味的、敬虔的皇帝之一。[1] 在吴经熊看来，文帝也是孔子开创的人文法学的支持者。[2]

汉文帝大概想不到，因为一个罪犯家属的上书而启动的刑罚改革，会在两千多年后成为证据，使一个聪明绝顶的中国青年向世界证明，他的国度有理由收回治外法权，即外国人在其领土内不受其法律约束的制度。就像吴经熊自己也没想到，他慕名给时年 80 岁的美国联邦最高法院霍姆斯大法官（1841—1935）寄去的这篇自己的文章，竟然引来二人长达 14 年的通信往来，直至法官去世。这一老一少的跨国友谊，早已成为中美法学交流的佳话。[3]

一、缇萦救父

汉文帝废除肉刑，直接起因与一个名叫缇萦的小姑娘有关，她的故事史称"缇萦救父"。

缇萦的父亲淳于意是当时与扁鹊齐名的医生，因为待人公平，看病按照先来后到，不巴结权贵，所以被人诬告贪污，拿他担任的"齐太仓令"，即齐国粮食局局长的职位做文章。据《史记·扁鹊仓公列传 》，汉文帝十三年（公元前 167 年），淳于意时年 49

---

[1] John Wu, Reading from Ancient Chinese Codes and Other Sources of Chinese Law and Legal Ideas, 19 Mich. L. Rev. 520, Note 39（1921）.

[2] John Wu, Reading from Ancient Chinese Codes and Other Sources of Chinese Law and Legal Ideas, 19 Mich. L. Rev. 504（1921）.

[3] Justice Holmes to Doctor Wu: An Intimate Correspondence 1921–1932（New York: Central Book Co., 1947）.

岁，要被押解到首都长安受黥刑。临行前，他抱怨自己命苦，生了五女却无男，自己遭难无人解救。幼女缇萦决心为父亲做点什么，随父到了长安。我们不知，她作为罪犯的小女儿如何有机会上书皇帝。无论如何，她的父亲没有想到，女儿不仅帮了他，而且给当时乃至整个中华帝国的百姓带来了福音。虽然宋朝以后还有刺字甚至刺面的刑罚，但是像割掉鼻子这样常用且凶残的肉刑，因为缇萦上书的缘故再也没有成为法定刑罚。

在上书中，缇萦指出肉刑的最大问题："刑者不可复续，虽欲改过自新，其道莫由"。也就是说，肉刑在剥夺受刑者部分肢体的同时，更是切断其重新做人、改过自新的机会。缇萦没有提到的是，肉刑不仅损害受刑者本人，而且也给其家属带来深重的灾难，这一点在赵高这位秦代名人身上体现得淋漓尽致。

二、赵高身世

据《史记·蒙恬列传》记载："赵高昆弟数人，皆生隐官，其母被刑僇，世世卑贱。"隐官是因犯罪受过肉刑处罚刑满释放的人，或像盗牛案中的讲一样，获得平反后被安置工作的地方，当然也指具有这种身份的人。赵高的母亲受过肉刑，结果不仅是赵母卑贱，而且殃及其子。赵高即使位居郎中令的要职，职掌宫廷戍卫，侍从皇帝左右，参与谋议，也仍然感到大臣嫌弃其出身。所以，赵高趁机建议秦二世诛戮大臣与皇族，来为自己立威。据《史记·秦始皇本纪》记载，赵高跟二世说："先帝之大臣，皆天下累世名贵人也……今高素小贱……"为了立威能公然指鹿为马的赵高，面对"累世名贵人"的公卿也不能不为自己出身"小贱"而自惭形秽。这正说明肉刑的后果就像张建国所言，属于"身份刑",即给包括司马迁在内,因受肉刑而被称为"刑余之人"的人及其家属赋予令人不齿的身份。在这一方面,日本学者滋贺秀三对肉刑的评论有助于我们了解这种刑徒身份的含义:"与死刑一样,肉刑所追求的目的,在本质上与放逐是相同的。刀斧之痛、伤残之苦都不是肉刑的主要目的,肉刑的主要意义,在于它加之于肉体的毁伤,是社会废人,是市民权被终身剥夺的象征……应该从'驱逐出社会'的角度,一元化地领会死刑、肉刑和放逐刑。"①

如果说讲被平反后因受黥刑仍然无法回到正常的生活,让我们看到了肉刑对受刑者本人不可复原的戕害,那么赵高的例子则凸显了肉刑对家属的伤害。由此可见,肉刑的严酷程度仅次于剥夺生命。诚如后来孔融在反对恢复肉刑时所言:"一罹刀锯,没世不齿。"(《后汉书·孔融传》)

三、刑罚何为

根据司马迁在《史记·扁鹊仓公列传》中的记载,面对缇萦的上书,文帝"悲其意",决定"除肉刑,有以易之",于是下诏要求拟定肉刑的替代刑。在诏书中,他首先回顾"画衣冠,异章服以为戮,而民弗犯"的黄金时代。

要了解这个"黄金时代",我们须知,儒家编写的早期中国史以尧舜禹三代的禅让为主线,构造了政治权力和平交接的"中国之路"。比如,关于舜如何接替尧,孟子认为是出于天的安排。

① [日] 滋贺秀三:《中国上古刑罚考》,刘俊文主编:《日本学者研究中国史论著选译》第八卷,中华书局1992年版,第17、22页。

《孟子·万章上》告诉我们：舜辅佐尧治理天下二十八年，这并非凭一个人的意志所能做到，而是出于天意。尧去世后，舜为他服丧三年，然后避居于南河（在今山东濮县）之南，为的是让尧的儿子继承天下。可是，天下诸侯朝见天子，都不到尧的儿子那里，却到舜那里；打官司的，也都是到舜那里；人们歌颂的也是舜。所以这是天意。这样，舜才回到帝都，登上天子位。在孟子看来，舜能够提供公正的司法，这是他赢得诸侯支持的原因之一。

文帝认为，舜不用切割肢体的肉刑，而只是给犯人穿不同于常人的衣服以示辱，仅凭象征性刑罚即收到真刑的实效，此乃治理天下的楷模。此处需要顺便说明，文帝对"象刑"的解释与朱熹后来的解释不同。以舜为参照，文帝找到了差距。他说，现在有黥、劓、斩左、右趾（可能不是砍脚，而是切掉左脚或右脚的脚指头）这样严厉的刑罚，可人们照犯不误，究竟是什么原因？难道不是我德薄且教导不到位造成的吗？反省至此，文帝说"吾甚自愧"，以示自责。

子民犯罪终究还是统治者的责任——统治者的这种自省精神无疑是儒家思想熏陶的结果。法家以法律律人，儒家以道德律己，这是两家很大的不同。汉初鉴于秦朝灭亡的教训，法家的意识形态地位从此一蹶不振，尽管其影响力始终存在，而儒家的正统地位通过叔孙通、董仲舒等人的努力慢慢确立了起来。

如今人们通常把法家设计的专制君主制算到儒家的账上。的确，儒家也有君为臣纲的原则，然而，就像在主张父为子纲的同时，儒家也给父亲施加养育、教化的责任一样，儒家从孔孟到董仲舒、朱熹，始终不忘给君主权力施加限制。汉文帝废肉刑的诏书已经看到儒家君权与法家君权的明显不同，这一点从文帝自己对君主角色的定位看得很清楚。他引用《诗经·大雅·泂酌》中"恺弟君子，民之父母"来为自己定位，认为自己是天下人的父母，理当有父母的心肠，不能满足于制裁罪犯，更要尽到教化的责任，使百姓因道德高尚而主动不犯罪，才是尽皇帝的本分。在此，文帝回应了缇萦对"刑余之人"没有机会重新做人表示的遗憾："今人有过，教未施而刑已加焉，虽欲改行为善，而道亡（wú）由至，朕甚怜之。"可以说，缇萦与文帝这两个在帝国最低端与至高处的人之间有一个共识，或许这也是废肉刑的关键理由：犯了不至于死的罪，却要遭受使人从此不能重新回到正常生活的刑罚，这样的刑罚本身有问题。有鉴于此，文帝为"断肢体，刻肌肤，终身不息"的肉刑定了性："何其刑之痛而不德也！"肉刑不仅带给人切肤之痛，更显示了用刑者的不道德：用如此酷刑待你不是你罪该如此，而是我不德如斯。

从遥想舜帝当年的至治，到为人父母的角色定位，进而反思自己作为君主的失职，再加上对刑罚本身的认识，即酷刑表明使用刑罚的统治者自身不道德——所有这一切，使得文帝认为有必要采取断然措施："其除肉刑，有以易之；及令罪人各以轻重，不亡逃，有年而免。具为令。"

滋贺秀三和张建国认为，文帝改革刑罚的诏书不仅针对此后将会被判决的犯人，也同时适用于已经被判决而正在执行刑罚的犯人。[①] 日本学者富谷至认为，此诏书采用定期刑之前的刑罚是刑期不确定的"不定期刑"，而不是"无期徒刑"。[②] 无论如何，文帝的决策给帝国的刑罚带来两个影响深远的变革：废除切断肢体因

---

① 张建国：《帝制时期的中国法》，法律出版社 1999 年版，第 201 页。

② ［日］富谷至：《汉代的两座刑徒墓——秦至后汉的刑役和刑期》，刘俊文主编：《日本中青年学者论中国史·上古秦汉卷》，上海古籍出版社 1995 年版，第 362 页。

而使犯人失去重新做人机会的肉刑；刑期确定，让服刑者有生还的盼望。

四、文帝改制

关于张苍等人奉命改制的实际内容，张建国在其论文集《帝制时期的中国法》中指出："当黥者，髡钳为城旦舂（chōng），'黥为城旦'变成'髡钳城旦'；当劓者，籍（加）笞三百，'黥劓为城旦'变成'髡钳城旦籍笞三百'；当斩左止者，籍笞五百，'斩左止又黥以为城旦'变成'髡钳城旦籍笞五百'；当斩右止者，弃市。"[①]

其中，髡是指将人头发全部或部分剃掉的刑罚；髡钳城旦舂是指男人被髡去长发、在颈上戴铁钳，男人服劳役修筑城池等建筑物，为"城旦"；女人服劳役把东西放在石臼里捣，使其破碎或去皮壳，为"舂"；若加"完"则指不加髡钳服劳役。

就刑期而言，从"髡钳城旦舂"到司寇的刑期结构，张建国归结如下：

（1）各种髡钳城旦舂：服本刑三年后，转服完城旦舂一年，再转服鬼薪白粲刑一年，再服隶臣妾刑一年，然后释放。合计刑期为六年。

（2）完城旦舂：服本刑三年后，转服鬼薪白粲刑一年，再服隶臣妾一年，然后释放。合计刑期为五年。

（3）鬼薪白粲：服本刑三年后，转服隶臣妾刑一年。

①　张建国：《帝制时期的中国法》，法律出版社 1999 年版，第 201 页。

合计刑期为四年。

（4）隶臣妾：服本刑二年后，转服司寇刑（男女同名）。

合计刑期为三年。

（5）作如司寇（男女同名，实际使用时简称司寇）：

服本刑二年后，释放。①

除了刑罚本身的合理与否，刑罚改革还受"国家宗教"的影响。汉武帝太初元年（公元前104年），根据"五德终始说"实行"数用五"的改革。"五德"是指五行木、火、土、金、水所代表的五种德行；"终始"指"五德"周而复始的循环运转。战国邹衍开始以此解释王朝兴替，后来成为中国古代政治神学的一部分。太初元年以后，劳役刑的最高刑期减为五年，髡钳城旦春五岁（年）刑；完城旦春四岁刑；鬼薪白粲三岁刑；司寇二岁刑。②

文帝废肉刑有笞五百的刑罚，结果没有被割掉鼻子或砍脚（趾）的罪犯反而可能被笞死，所以改革后的部分刑罚有适得其反之处，有人认为是"外有轻刑之名，内实杀人"（《汉书·刑法志》）。于是，景帝进一步减轻笞刑数量。文景帝刑罚改革后，经过魏晋南北朝的调整，西周以来墨、劓、腓（刖）、宫、大辟等以肉刑为主的"五刑"终于在隋朝《开皇律》中定型为笞、杖、徒、流、死的新五刑。此后，直至清朝末年沈家本主持法律改革前，这新五刑一直是帝国政府正统的法定刑。如凌迟这种在南宋因为惩罚"杀人祭鬼"恶俗的酷刑虽然逐渐成为法定刑罚，但始终未被认

---

① 张建国：《帝制时期的中国法》，法律出版社1999年版，第220—221页。

② 张建国：《帝制时期的中国法》，法律出版社1999年版，第202—206页。

为是正统五刑的应有内容，并且也是清末改革最早被废除的刑罚。因此，可以毫不夸张地说，缇萦一个弱女子的一小步，带动了中国法律史上具有历史意义的一大步。

五、存废之争

吕思勉在他的《中国通史》中指出，景帝元年（公元前 156 年）诏书里提到孝文皇帝除宫刑。他认为文帝诏书所说"刻肌肤"指黥，"断肢体"指劓和斩趾，"终身不息"当指宫，并断言"是时实并宫刑废之"。据《汉书·景帝纪》记载，中元四年（公元前 146 年），"死罪欲腐（宫）者许之"。吕思勉认为这是允许以已被废除的宫刑代死刑。[①] 陶广峰认为，此后宫刑从未作为法定刑被恢复，只是允许其成为死刑的替代刑，比如"司马迁之受宫刑，是为了完成他的《史记》；张贺之受宫刑，是因其弟张安世为他上书请求的结果，亦即该二人均自请受宫，为免一死"[②]。

除了宫刑，其他的肉刑再也未能恢复，尽管从东汉到东晋不断发生关于肉刑复废的争论，其中影响较大的论战就有五次之多。

主张恢复肉刑的代表人物是曹魏时期的陈群和晋武帝时的廷尉刘颂。在他们看来，肉刑的主要好处是解决文帝废肉刑带来的"中间刑"空缺问题，同时也能通过切除罪犯的"为恶之具"，使其失去再犯的能力。

关于介乎死刑与劳役刑之间的"中间刑"，诚如生活于宋元之际的马端临在其《文献通考·刑考叙》中所言："汉文除肉刑，

---

① 吕思勉：《中国通史》，华东师范大学出版社 1992 年版，第 168 页。
② 陶广峰：《汉魏晋宫刑存废析》，《法学研究》1996 年第 3 期，第 144 页。

善矣，而以髡、笞代之，髡法过轻，而略无惩创，笞法过重，而至于死亡；其后乃去笞而独用髡，减死罪一等，即止于髡钳，进髡钳一等，即入于死罪；而深文酷吏，务从重比，故死刑不胜其众……轻重失宜，莫此为甚。"

可以说，恢复肉刑乃是解决中间刑空缺的现成方案之一。以陈群为例，他认为，用鞭刑、杖刑代替肉刑，等于重视人身体而轻视人生命。他并不主张恢复整个肉刑体系，而是希望恢复宫、刖之类的刑罚，切除性犯罪者的生殖器官、砍下盗窃犯的脚。因为陈群认为，既然当今最常见的犯罪是性犯罪与窃财，而这样的犯罪又介乎可死可不死之间，因此不妨采用肉刑，使罪刑相应。

曹操赞成陈群，但当时因为战事紧张，且大臣大都认为恢复肉刑会给人残忍的印象，不能赢得民心，只好作罢。

据《通典·刑法六·肉刑议》的记载，反对恢复肉刑的名人有《三字经》中提到的儿童模范、四岁让梨的孔融。孔融认为肉刑是与殷纣王之类的暴君联系在一起的暴行，何况"被刑之人，虑不念生，志在思死，类多趋恶，莫复归正"，往往"为世大患"。因此，肉刑会使人铤而走险，为恶到底。他还认为对孙膑、司马迁这样的人才施以肉刑，使他们"一罹刀锯，没世不齿"，不利于成全英明的君主。

仔细阅读史料中记载的争论意见，可知双方都是在为肉刑废除后存在的中间刑空缺寻求合适的替代，以便罪刑相应，避免重刑轻罪或重罪轻刑。只不过，持赞成意见的人认为肉刑既能给罪犯足够的惩罚又能保全其性命，实际上是仁慈的刑罚；持反对意见者则认为肉刑是暴政的象征，会使人因无重新做人的机会而无所顾忌。①

　　汉文帝废肉刑虽然一时因为替代刑是否适度而在规定与执行上都存在问题，但实际上却从此不可逆地改变了中国刑罚史的走向。切割肢体再也不是主流的法定刑，此后再也没有人因犯罪而被割掉鼻子、砍掉脚或脚指头。剃掉的鬓毛或头发只是一时的耻辱标记，服刑完毕可以再长出来；戴在颈、手、脚上的械具可以在出狱时解下来；囚服可以脱下来。宋以后，直到清朝，对部分罪犯使用的附加刑即刺字，无论是刺臂、刺面，都可以去除。像讲那样因有人诬告而被黥之后再也无法回老家生活的情况，一去不复返了。一种好的制度，只要建立起来，就会发挥好的作用，使人受益，因此也会成为先例，使反对的人很难推倒。文帝废肉刑就是这样一种好的先例。

---

① 如果要从历史的大背景看待肉刑存废，不妨借用吕思勉在《中国通史》中的评论，从中也可以看出为什么肉刑不仅不应而且最终也不必恢复："自肉刑废除之后，至于隋代制定五刑之前，刑法上的问题，在于刑罚的等级太少，用之不得其平。所以司法界中有经验的人士，间有主张恢复肉刑的。而读书偏重理论的人则常加反对。恢复肉刑，到底是件残酷的事，无人敢坚决主张，所以肉刑终未能复。到隋朝制定五刑以后，刑罚的等级多了，自无恢复肉刑的必要，从此以后也就无人提及了。自汉文帝废除肉刑至此，共历七百五十余年。一种制度的进化，可谓不易了。"参见吕思勉：《中国通史》，华东师范大学出版社1992年版，第169页。

第七章　律意玄思

霍姆斯（Oliver Wendell Holmes, Jr., 1841—1935）是美国联邦最高法院有史以来最杰出的法官。1897 年，时任马萨诸塞州最高法院法官的霍姆斯在波士顿大学法学院新楼落成典礼上发表题为"法律之路"的演讲，提倡把法律视为预测法院下一个案子会怎么判的业务，并且主张用"坏人"的眼光看待法律，认为坏人并不在乎伦理道德或高远理想，他们只想知道怎样可以不坐牢、如何避免损害赔偿。[①] 他的这些观点在自然法思想仍占主导的时代听起来振聋发聩，后来被称为"现实主义法学"。

但是，在其演讲最后，霍姆斯还是提醒法学院学生，对法律的冷静认识和反思并不意味着满足于赚大钱，法律自有更远大、更宽泛的层面使其具有普遍的兴味，"正是这样的层面才使法律从业人员不仅能在其天职（calling）方面成为大师，更可将法律业务关联宇宙，由此捕捉来自无限的回音，瞥见其深不可测的过程，管窥宇宙大法（universal law）的雪泥鸿爪"[②]。

具有韩非子一般冷峻眼光的霍姆斯法官在解构法律的同

---

① Oliver Wendell Holmes, Jr., The Path of the Law, 10 Harvard Law Review 457, 459. (1897).

② Oliver Wendell Holmes, Jr., The Path of the Law, 10 Harvard Law Review 457, 478. (1897).

时仍然无法否认法律牵带着宇宙、无限等永恒的话题。而且，在他看来，固然要以"坏人"的眼光看待法律以便让它脚踏实地，但也不能忘记，坏人眼中的法律尽头毕竟也通向"宇宙大法"。

霍姆斯法官提醒美国学生留意的"宇宙大法"留下的雪泥鸿爪，早在西晋时期，就被一位叫张斐的律学大家在其《律注表》中指出了。张斐在把法律当成一个活的整体进行系统思考与理论概括的同时，又从《周易》的哲学高度以形而上的永恒之道，统辖其对法律之确定规则与例外变通间相互关系的处理。下文将阐述张斐律学所呈示的整体性与一致性，借以说明传统中国法律走向成熟的同时伴随着律学的长进，换言之，律学的长进带来了法律体系的成熟。就历史过程而言，从《吕刑》作为粗略办案指南要求法官"明德慎罚"到融会贯通整个法律体系的《律注表》，传统中国法经过一个从"五刑"怎样恰当被法官运用，到律典如何使法条成为相互照应、彼此协调的活法的有机体的成长过程。

一、张杜律注

《晋律》是贾充、杜预等人参考汉律魏律编纂，于晋武帝泰始三年（267 年）完成，并于次年颁布实施。因颁行于泰始年间，故又称《泰始律》。本书第五章已提到，陈寅恪认为《晋律》是儒家化的法典。《晋律》有 20 篇：刑名、法例、盗律、贼律、诈伪、请赇、告劾、捕律、系讯、断狱、杂律、户律、擅兴、毁亡、卫宫、水火、厩律、关市、违制与诸侯律，共

620 条、27657 个字。与令专业人士读不过来的繁杂的汉代法律及判例相比，《晋律》已大为简化。

参与《晋律》制定过程的杜预把自己的律注提交给晋武帝，武帝下诏颁行全国，使其与《晋律》具有同等法律效力，相当于立法解释。这种做法倒也不无先例，汉代郑玄注律的"章句"就曾被魏明帝曹叡（226 年—239 年在位）指定为官方唯一认可的释律标准。曹旅宁、张俊民推测，2002 年 6 月甘肃玉门花海出土的《晋律注》残卷应该就是杜预的作品。[①]

其实，西晋廷尉（廷尉既指最高法院也指其院长）属下的明法掾（yuàn，廷尉属官）张斐亦曾将自己的律注奏报，是否也获得杜注的待遇，史上并无明确记载，但二人的律注都曾被南朝各代沿用，称为"张杜律"。以律注作者的名字命名律典，表明律学自汉代以来发展的成就得到正式认可。律学发展过程中有一件大事值得在此提及：三国魏明帝应卫觊之请而于 226 年设置律博士，教授刑律，咨询法律，直至唐宋均有此职。

自班固的《汉书》直到《清史稿》，所有官修正史都有关于法律史的纪事，即"刑法志"。张斐的律注虽已失传，好在《晋书·刑法志》中留有《律注表》的大要，张斐以此表为晋武帝司马炎概述其律注要义。如果说晋律是中国法典编纂的一个里程碑，即"华夏刑统"中的典范之一，那么张斐的《律注表》就是汉代以来律学的一个高峰，代表律学思维整体性与

---

① 曹旅宁、张俊民：《玉门花海所出〈晋律注〉初步研究》，《法学研究》2010 年第 4 期，第 184 页。

一致性的最高水平，此表也可被视为《晋律》的法理学导论，显然是任何想对中国传统法有起码了解的人士必读的经典。

二、法律之体

《晋书·刑法志》所载张斐的《律注表》，从律之体、理、义三个方面对晋律及其执行做出融会贯通的思考与概括。他认为，《晋律》20篇"始于《刑名》者，所以定罪制也；终于《诸侯》者，所以毕其政也"。就是说，这样的篇目顺序为的是体现"王政布于上，诸侯奉于下，礼乐抚于中，故有三才（天、地、人）之义焉，其相须而成，若一体焉"。因此，通过各篇之间的协调所构造的《晋律》是一个将君主与诸侯、礼乐贯通的整体。在这个整体中，礼乐为主，刑罚为辅，"礼乐崇于上，故降其刑；刑法闲于下，故全其法"，礼与刑相辅相成。

这一整体也可以从其赖以构成的肢体来看，即"《告讯》为之心、舌，《捕系》为之手、足，《断狱》为之定罪，《名例》齐其制"。心、舌、手、足的比喻使告发、审讯、缉捕、判决（断狱）的篇章与条款更像一个有机体，彼此配合，使法律有效运作。

张斐还从"正刑"，即法官如何正确适用法律的角度系统思考理、情、心之间的关系："夫刑者，司理之官；理者，求情之机；情者，心神之使。心感则情动于中，而形于言，畅于四支，发于事业。是故奸人心愧而面赤，内怖而色夺。论罪者务本其心，审其情，精其事，近取诸身，远取诸物，然后乃可以正刑。"其大意是：刑法主管治理狱讼，治理狱讼在于研求犯人的心理情绪。心理情绪，为思想所支配，有所感，则心理情绪就起波动，然后形成语言，通达到四肢，在具体事情上表现出来。所以做坏事的人，内心惭愧而面部发红，心内恐惧就变脸失色。断罪的人，务必根据犯人的心理，审察犯人的情绪，细心考查案情，近处说从犯人本身取证，远处说从种种客观事物取证，然后就可以正确量刑。[①] 这无疑是对《吕刑》"五听"审判方式的理论提升，在犯罪心理与审讯方式间建立了理、情、心的逻辑联系，也是曹刿论战中鲁庄公说的"必以情"的理论升华。

　　如果沿着张斐的思路把他的法律有机体理论进一步完善，那么我们不妨把礼视为律典的骨骼，法条比作筋络，理是其血液，义乃其动作。法条的筋脉在礼的骨架支撑下把理的血液输送到律典的全身，使其产生协调、得当的动作，即义。可以说，正是在法律作为一个完整的有机体的意义上，张斐为我们描述了一个"活法"的动画："（晋律）自始及终，往而不穷，变动无常，周流四极，上下无方，不离于法律之中也。"这个活法的有机体理论，乃是一个成熟法律体制清醒的自我意识。

　　正是这种"体"的意识，使法律从孔子礼乐刑政的治理模式中分离出来，成为自立的完整个体，反过来又将礼纳入法律本身的结构。当晋律纳礼入法，法律就赢得消化礼并将礼

---

① 高潮、张大元：《〈晋书·刑法志〉注译》，高潮、马建石主编：《历代刑法志注译》，吉林人民出版社 1994 年版，第 97 页。

融入己身的机会，尽管这并不妨碍礼从自身的立场仍然把法律视为其组成部分。

这个整"体"也就是法律的结构。此结构的功用是导引在立法与司法中的经与权、常与变之间做出正确选择的"理"。立法者与执法者个人对此理的恰当应用就是"义"，即宜、合宜、适宜。对律之常与律之变进行系统思考，并从《周易》的形而上之道的高度把握常与变之间的关系，进而实现律学的一致性思考，此乃张斐对法律之体的整体性思考之外的另一重要成就。律学的极致也正表现在其理论的整体性与一致性两个方面。下面进一步论述经、常与权、变的关系。

三、经、权、常、变

冯友兰认为，春秋战国是诸子时代，汉代则是经学时代。[①]董仲舒作为汉代经学的代表人物，其经学的特色之一是把他的"天学"中的阴阳理论用于处理经与权的关系。从《春秋繁露》的《精华》和《玉英》篇中可以看出，他的主要观点是，"天以阴为权，以阳为经""春秋固有常义，又有应变""明乎经变之事，然后知轻重之分，可与适权矣"。在下面这段话里，董仲舒深入讨论了礼的行为规范体系中有关经与权、常与变的问题。为了便于读者了解原文所用关键词，先引用原文："春秋有经礼，有变礼。为如安性平心者，经礼也；至有于性虽不安，于心虽不平，于道无以易之，此变礼也。是

---

① 冯友兰：《中国哲学史》下册，华东师范大学出版社 2000 年版，第 3 页。

故昏礼不称主人，经礼也；辞穷无称，称主人，变礼也。天子三年然后称王，经礼也；有故，则未三年而称王，变礼也。妇人无出境之事，经礼也；母为子娶妇，奔丧父母，变礼也。明乎经变之事，然后知轻重之分，可与适权矣。"

这段话是说，《春秋》有一成不变的传统"经礼"，又有可以变通的"变礼"。所作所为能够使内心获得安顿、平和，可称为"经礼"；而所作所为不能够使内心获得安顿、平和，且在道理上一时也难以说通的、不得已而为之的，可以称为"变礼"。所以婚礼上不称父兄师友之名，这是传统礼节。婚礼上因无母亲在场而辞穷之时，称父兄师友之名，这是权变的礼节。天子居丧三年，然后才可以继位称王，这是传统的礼节。有变故未居丧三年而继位称王，这是权变的礼节。妇女并无需要出国境才能办理的事务，这是传统的礼节。母亲给自己的儿子娶媳妇而出国境，为奔父母之丧而出国境，这是权变的礼节。明了传统礼节和权变礼节所允许的事，之后可以知晓轻重的分别，这样就可以作适度的权变。

由以上引文可知，董仲舒认为，可以做出权变的依据是在性、心层面上不妥的行为，如果从"道"的高度审视却不得不做，而依据道的原则也说得通的话，这种变通就没问题。"道之大原出于天"是董仲舒经学的基本原则，依于天的"道"可在更高的层面上协调心、性层面上出现的矛盾。用法学的术语来说，道是心、性之理的上位法，就像儒家化的晋律在其"峻（严）礼教之防（防范）"（《晋书·刑法志》）的立法思想中体现出来的，以礼为律的上位法的法律位阶观念一样。

经、常与权、变的关系在法律中体现为规则与例外的关系，或者更准确地说，是在适用规则的同时还要弄清楚哪些情况下该规则不该适用。董仲舒在论述有经必有权、有常必有变，即有规则必有例外（或者说总会有不该适用某规则的情况出现）的同时，强调变通的范围也有一定之规，否则就不是变通而是肆意破坏规则。也就是说，万变不离其宗，经不离权，行权有道。为此，他引用《春秋·僖公二十一年》所记目夷的故事为例。

公元前 639 年，宋襄公在霍之地与楚、陈、蔡、郑等国的国君会盟。楚国速捕宋襄公作为讨伐宋国的人质。宋襄公对随行的同父异母的兄长目夷说：你赶紧回去防守宋国吧，宋国现在就是你的了。目夷说："不用你说，这个国家现在就已经是我的了。"目夷于是就回宋国落实防务。楚国逼目夷让他交出宋国，否则便杀死襄公。宋国的使者回复说，现在我们已经有国君了。于是，楚国人意识到，即使杀了襄公，也无济于事，根本不可能得到宋国，于是便把襄公放了。襄公被释后，去了卫国，不愿回到宋国。但目夷坚决请他回来复位，并且说："国家本来就是你的，当初你身陷囹圄，我不过是帮你暂时守护一下而已，现在你自由了，理当还位于你。"[1]

目夷暂代宋襄公料理国务的正当性，一方面在于只有如此"僭越"才能有助于保障襄公的安全，让楚国觉得杀了襄公没有意义，因为宋国已有目夷当政；另一方面，目夷无意篡权，一旦襄公获得释放，他立即还政于襄公。所以，目夷行变通

---

[1] 余治平：《唯天为大：建基于信念本体的董仲舒哲学研究》，商务印书馆2003 年版，第 446—447 页。

之"权"完全是在作为"经"的礼所能容许的范围内。可以说，恰恰是为了礼的尊君之义，目夷才暂代君主之职，以便君主本人在处境危难时获得人身安全，从而有望在将来重新回到君主的位置。礼的目的因为目夷的变通举措而能实现，所以权变完全是在许可范围内，诚如董仲舒在《春秋繁露·玉英》中所言："夫权虽反经，亦必在可以然之域。不在可以然之域，故虽死亡，终弗为也。"把握好"可以然之域"，不出合宜的范围，做到"行权有道"，这正是目夷受到尊崇的原因。就儒学自身而言，其经、权与常、变的平衡艺术在程朱理学时与不偏不倚的中庸之道结合起来，完成了经学上的哲学思考。

　　经学与律学之所以都需要深入探讨常与变，是因为二者均须处理一般与特殊、规则与例外的关系。经学与律学深入讨论经、常与权、变，说明这两门学问讨论的礼与律这两个对象已经高度完备、发达，所以需要系统处理礼、律作为日常行为规范和判案标准中的例外情形，以便保证必要的情况下作适宜的变通，同时防止以变通的名义破坏这两种规范体系。如果说董仲舒的经学是根据阴阳论述经与权、常与变的关系，那么张斐的律注及其律学则是从《周易》的哲学高度对律及律学进行整体的法理整合与分析。魏晋玄学以老庄注《周易》的风尚也有助于张斐律学的成熟，使汉代以来的律学在受经学影响之外又多了玄学的助力。

　　《周易》乃是对占卜的宗教经验进行的哲学反思，借以在万变中求不变、在不变中理解万变。《周易》既是汉代经学的经典，也是魏晋玄学的依托。从张斐的《律注表》不难看出经学与玄学双重解释体系中的《周易》所带来的影响。关于《周易》在经学与玄学两方面对律学造成的不同影响，刘笃才指出："在研究方法上，汉代易学偏重于文字考证与解诂，是一种繁琐的章句之学，魏晋易学则以辨名析理而著称，是讲究内在逻辑的思辨之学。"① 正是依据人们对《周易》的经学与玄学解释，张斐对法律的一定之规在立法与司法两方面需要进行的具体调适与变通做出系统思考，以"变通之体"与"无常之格"予以概括。

张斐认为，枭首、斩刑、弃市、髡作（剃掉部分头发然后服劳役）、赎罚（缴纳罚金赎罪）等五刑及与其匹配的罪状，作为保护君子、惩罚小人的"敕慎之经"，即严正审慎的大法，符合《周易》的基本原则。他还引用《易传·系辞传下》"其旨远，其辞文，其言曲而中，其事肆而隐"的名言概括《晋律》的宗旨（旨）、文辞（辞）、语言（言）和事类（事）。简单地说，《晋律》意境深，富于文采，表述婉转而又恰当，事情说得明白却也不失含蓄。

张斐进一步引用《周易》关于道、器、变（格）的哲学概念论证"五刑"中的刑杀（包括枭首、斩刑、弃市）、髡、赎的形而上学依据："夫形而上者谓之道，形而下者谓之器，化而裁之谓之格（变）。刑杀者是冬震曜（yào）之象，髡罪者似秋雕落之变，赎失者是春阳悔吝之疵也。五刑成章，辄相依准，法律之义焉。"高潮、张大元的译文是：超乎形体之上的叫作道，形成实体的叫作器，变化而又有所裁制叫作变革。

---

① 刘笃才：《论张斐的法律思想——兼及魏晋律学与玄学的关系》，《法学研究》1996 年 06 期，第 156 页。

行刑处决是冬季雷霆闪电的象征，执行髡刑好似秋天花木凋谢零落的变故一样，赎罪好像春天阳光普照促使犯人悔改自己的过失。五刑形成完整的体例，相辅相成，作为判罪处刑依据的准则，法律的意义就在于此。[1]

张斐之所以说"刑杀者是冬震曜之象"是因为本书第二章第四部分提到，《周易·噬嗑》卦（☲）的象辞是"雷电，噬嗑。先王以明罚敕法"。象辞据说是孔子所作。此句象辞是孔子对整个卦的卦象的意义做出解释：雷电合在一起为噬嗑卦的卦象，表示先王从卦象中受到启示，要明定罚与法。这样，《周易》作为儒家经典就以天象与先王的双重名义为刑罚与法律提供了正当性，打通了经与律。

经与律还有具体的相通之处，即在解释方面都有变通的问题，就是说，经里确认的礼的规则，和法条所规定的罪与非罪、此罪与彼罪之间的界限，都很难给出一刀切的硬性规定，因此不能没有变通之处，这就体现为法律的"无常之格"，可作为其"变通之体"的具体表现形式。比如，张斐发现："过失似贼，戏似斗，斗而杀伤傍人，又似误，盗伤缚守似强盗，呵人取财似受赇，因辞所连似告劾，诸勿听理似故纵，持质似恐吓。如此之比，皆为无常之格也。"意思是说，过失和故意贼害相似，戏谑类似斗殴，斗殴杀伤了旁边的人又像是失误。盗贼伤害和捆绑守卫的人，像强盗。威吓他人，取得财物像是受贿。审讯中犯人的供词所牵连的人和事，像是揭发

---

[1] 高潮、张大元：《〈晋书·刑法志〉注译》，高潮、马建石主编：《历代刑法志注译》，吉林人民出版社1994年版，第101页。

告密。诸种控词不予听取，像是故意放纵。用掌握的抵押品或人质取得财物，像恐吓。上述事例，都在审判活动中变通适用，法律没有明确规定。①

仔细研究《律注表》，我们可以发现，张斐的主张是，如果在司法实践中要对"无常之格"所涉及的似是而非的行为做出准确的界定，必须对贯穿于法律中的理及理的源头即道，有总体的认识才行。在此我们以贼的概念作为例子说明张斐的"无常之格"及其解决方案。贼是《律注表》中着墨最多的法律概念，多次被提到，比如，作为《晋律》篇目之一的《盗贼》；作为二十个关键法律定义之一的"无变斩击谓之贼"，即没有重大变故，而斩杀击伤他人，叫作贼；他还提到，以下犯上、违反尊卑秩序的斗殴，即"卑与尊斗，皆为贼"；另外，他还认定危害公共安全的行为，比如"都城人众中走马杀人，当为贼，贼之似也"，即与贼相似而应认定为贼；再有，"过失似贼"，似而不是，因此应当将二者区别开来；"下手有禁（违法动手）当为贼……怒子杀喜子（愤怒的人杀死嬉戏的人）当为贼"；"贼燔人庐舍积聚，盗赃五匹以上，弃市"。就是说，盗贼焚烧他人房屋和聚集的财物、赃物价值在五匹绢以上。弃市是指在闹市执行死刑，以示为大众所弃。

哲学家维特根斯坦指出，词汇的含义在于其用法。②贼这个词在《律注表》的用法表明其具有如下含义：第一，指不法

① 高潮、张大元：《〈晋书·刑法志〉注译》，高潮、马建石主编：《历代刑法志注译》，吉林人民出版社1994年版，第92页。
② 参见［英］维特根斯坦：《哲学研究》，陈嘉映译，上海人民出版社2001年版，第33页。

行为人，比如盗贼，即"燔人庐舍积聚"者；第二，指不法
行为，其中可归为贼的典型行为是"无变斩击""卑与尊斗"；
第三，应认定为贼的非典型行为，比如"下手有禁""怒子杀
喜子""都城人众中走马杀人"。如果把不法行为中的典型与非
典型两种行为归纳起来，那么"贼"的行为就是泛指不法侵害
他人人身或财产的行为。究竟如何认定，需要法官在判案时
秉持律之理与义来具体确定。

把贼这个法律概念放在更广泛的历史语境中去观察，可以
发现贼的含义在唐律发生了变化。刘晓林从贼杀与故杀两个
术语的区别入手分析贼的含义，他指出："秦、汉、魏、晋律
中作为犯罪主观心态的'贼''故'同时存在，随着立法的发
展，'贼'的含义越来越具体、越来越倾向于表达具体杀人行
为的本意。'贼'作为犯罪主观心态的含义最终被'故'所取代，
秦汉律中的'贼杀'发展成为唐律中的'故杀'。"[1]

然而，从张斐有关"贼"的用法看不出有"犯罪主观心态"
的意思，似乎应该说，至少就张斐而言，贼是指侵害他人人
身和财产的行为人或行为本身的不法性质。当贼和杀联系在
一起，就张斐的定义而言，贼杀是指非法侵犯他人人身或剥
夺他人生命，与主观心态如何无关。本书第十章还将讨论贼
杀的语义演变。至于故与谋在法律上的区别，也将在该章讲
王安石与司马光争论阿云之狱时进一步讨论。

无论如何，"贼杀"一词的确在唐律消失，即使唐律仍有

---

① 刘晓林：《从"贼杀"到"故杀"》，《苏州大学学报（法学版）》2015年
第 1 期，第 58 页。

"贼盗律"的篇名。[①] 如果因此说贼的语义从秦汉经魏晋到唐律发生了变化，那么这本身也从一个侧面反映了传统中国的活法在传承法典的"经"与"常"的同时也有"权"与"变"的微调，而张斐的律学见证了法律的传承与变化。

四、辨名析理

张斐的《律注表》最引人注目的内容之一是他给出的二十个法律概念的定义，他认为这些概念乃是"律义之较名"，即对法律词汇的语义给出确切的界定："其知而犯之谓之故，意以为然谓之失，违忠欺上谓之谩，背信藏巧谓之诈，亏礼废节谓之不敬，两讼相趣谓之斗，两和相害谓之戏，无变斩击谓之贼，不意误犯谓之过失，逆节绝理谓之不道，陵上僭贵谓之恶逆，将害未发谓之戕，唱首先言谓之造意，二人对议谓之谋，制众建计谓之率，不和谓之强，攻恶谓之略，三人谓之群，取非其物谓之盗，货财之利谓之赃。"

上面这段话翻译成现代汉语的意思是：明知是犯罪，却有意去做，叫作故意；自己认为某种行为是对的，结果犯了法，叫作失；违背忠实的要求，欺骗在上位的人，叫作谩；违背信义的要求，隐藏奸巧，叫作诈；损害礼仪和废弃节度，叫作不敬；争讼的双方相互攻击，叫作斗；和谐的双方相互伤害，叫作戏；没有重大变故，而斩杀击伤他人，叫作贼；没

[①] 关于"贼盗律"中"贼"的含义，参见薛允升：《唐明律合编》，法律出版社 1999 年版，第 467—468 页。

有想到会犯法而犯了法，叫作过失；违反节制、灭绝伦理，叫作不道；欺辱尊上，超越本分，叫作恶逆；预谋侵害他人，叫作戕；首先倡导作案，叫作造意；二人商议作案，叫作谋；驱使众人并出谋划策，叫作率；不和同，叫作强迫；凶恶的犯罪行为，叫作略（掠）；三人叫群；取得非分之物，叫作盗；非法获取财物，叫作赃。[①]

在张斐的定义中，含义相似但又有不同的法律概念得到了明确的区分，比如失（误以为合法而故意实施某违法行为）与过失（无意做出违法行为）；故（单人故意犯罪）、造意（共同犯罪中的主谋）与谋（二人以上当面谋划）。这些概念中有造意、谋、故、失、过失等关于行为的主观动机方面的区分，也有强、略等客观行为方面的描述。虽然我们现在已看不到《晋律》原文，但从张斐对这些概念之间的精细区别以及作为晋律发达形态的唐律来看，可以想象晋律已成为颇具规模的法律架构，只消《北齐律》《开皇律》等法典的完善，即可使唐律成为中华帝国法典的模范建筑。

从本章对《律注表》的分析可见，两组词对张斐的律注很重要，一组是与《周易》等经典有关的礼、理、义、情等词汇；另一组是以张斐的二十个法律概念诸如造意、谋、故、失、过失、强、略为代表的法律词汇。以经为经，以法为纬，经与法两组概念成了编织晋律注解的图案的经纬线。

霍姆斯法官所谓从坏人角度看法律，是为了强调法律应为

---

① 高潮、张大元：《〈晋书·刑法志〉注译》，高潮、马建石主编：《历代刑法志注译》，吉林人民出版社1994年版，第93页。

人们提供怎样的行为才不受法律制裁的可预见性。如果说张斐的律学已经具备法理上的整体性、一致性以及概念的明晰性，那么霍姆斯说的法律的可预见性在晋律中应该接近于实现。

五、例分八字

如果说张斐的二十个法律定义为传统中国的法典提供了精确的概念和术语，那么"例分八字（以、准、皆、各、其、及、即、若）"就为法典谋篇布局、遣词造句时起承转合锤炼了最有用的惯用语。"例分八字"之例实际上相当于"法律凡例"，这样说是因为古人著书立说有"发凡起例"的习惯。杜预曾是张斐之外注解晋律的另一位律学大师，他在其《〈春秋经传集解〉序》中所说"其发凡以言例，皆经国之常制"，乃是"发凡起例"最早的表述。凡例的功能是提示全书的通例、说明全书要旨、拟定编写体例。换言之，"例分八字"之例是法典行文中常用的习惯用语。

宋元时期以法典常用的这八个字为凡例，明清时期更进一步把八字之例称为"律母""律之书法"。比如，"律母"之说，到明末律学家王肯堂（1549—1613），相传已久，只是无人知其出处："例分八字，乃制律之本义也，世传谓之律母。"① 至于"律之书法"，见于《钦定大清会典·卷六十八》："律之书法有八：以、准、皆、各、其、及、即、若。"无论是"律母"，还是"律之书法"，都是在强调成文法典之"文"以此八字为

---

① 王肯堂：《王肯堂笺释》，顾鼎重辑，载于《四库未收书辑刊》第 1 辑第 25 册，北京出版社 1997 年版，第 278 页。

其基本的书写词汇，当然也就成为读、解法律的关键词，因此可被视为传统中国法律叙事经典的"法言法语"。

从汉朝到清代，即便唐朝以后律学再也不是显学，中国律学其实从未止步不前。"例分八字"可以说是中国律学到明清仍然在进步的经典事例。陈锐指出："'例分八字'最早由北宋范镇提出，自明代进入法律之中成为法律凡例。到了明清时期，'例分八字'理论已发展成熟。清代著名律学家王明德在《读律佩觿（xī）》中对之进行了详尽解释。以王明德为代表的律学家强调，要读懂中国古代法律，'必于八字之义先为会通融贯，而后可与言读法'"①。

曾任清朝刑部郎中的吴坛（1724—1780）在其名作《大清律例通考》中也持同样观点，他说："先贤指示读律之法云，'必于八字之义融会贯通，而后可与言读法'。盖律虽条分缕析，终不足以尽人情之变态，故定此八字收属而连贯之，要皆于本条中合上下以比其罪，则八字者，乃五刑（笞、杖、徒、流、死）之权衡也。"②

掌握古代中国法需要先像王明德、吴坛所谓"会通融贯""融会贯通"八字之义。诚如李康宁所言，明清时期，"'例分八字之义'已成为官方立法的一部分，直接指导律条理解和法律适用，而明清律学更重视解决'例分八字'理论在律例体系中匹配与周延的问题，试图通过拓展'例分八字之义'和新增其他字例等形式实现律典体系的逻辑自洽。律典

---

① 王明德：《读律佩觿》，法律出版社 2001 年版，第 2 页。
② 马建石等编著：《大清律例通考校注》，中国政法大学出版社 1992 年版，第 45 页。

中'以''准'字例的使用贯穿全律，有减省律条、衡平罪刑
的功能"①。无论是法典内在逻辑的一致还是节约法条、罪刑平
衡，都有八字之功。

《钦定大清会典·卷六十八》这样解释八个字的具体含义：
"非正犯而与正犯同罪者曰以，取此以例彼曰准，不分首从曰
皆，情有别而法无异者曰各，更端而竟所未尽者曰其，因类
而推曰及，无庸再计者曰即，设言以广其义曰若。"清代律学
家吴坛认为，这一解释比清代的律注更为明切，因此律注应
当修改，以便与这一解释保持一致。表7-1是《大清律例》
所附"八字之义"：

表 7-1　八字之义

以	以者，与实犯同。谓如监守贸易官物，无异实盗，故以枉论、以盗论，并除名、刺字，罪至斩、绞，并全科。
准	准者，与实犯有间矣，谓如准枉法、准盗论，但准其罪，不在除名、刺字之例，罪止杖一百流三千里。
皆	皆者，不分首从一等科罪，谓如监临、主守、职役同情盗所监守守物，并赃满数，皆斩之类。
各	各者，彼此同科此罪。谓如诸色人匠拨赴内府工作，若不亲自应役，雇人冒名私自代替及替之人各杖一百之类。
其	其者，变于先意。谓如论八议罪犯，先奏请议；其犯十恶，不用此律之类。
及	及者，事情连后。谓如彼此皆罪之赃及应禁之物则没官之类。
即	即者，意尽而复明。谓如犯罪事发在逃者，众证明白，即同狱成之类。
若	若者，文虽殊而会上意。谓如犯罪未老疾，事发时老疾，以老疾论。若在徒年限内老疾者，亦如之之类。

① 参见李康宁：《论明清"例分八字"理论的流变》，华东政法大学 2015 年硕士学位论文。

　　殷啸虎以今天人们易于理解的语言解释了"八字之义"。他指出，"以"在当今中国的法言法语中就是"以……罪论处"，指行为所犯的罪行，虽然不是真犯，但因其罪状与真犯相似，所以在量刑时应按照真犯所应科的刑罚论处，而且没有最高刑的限制。"真犯"是指行为人的罪名与量刑在律文中有明确规定；"杂犯"则是指律文中无明确规定，而比照他罪科刑。"准"即"比照……罪论处"，指行为人所犯之罪与真犯虽有区别，但其社会危害性同样严重。"准"与"以"的主要区别，在于"以"是完全比照真犯定罪量刑，而"准"则仅仅比照真犯定罪，在量刑上有所限制。此外，在适用"准"的时候，还有全部"准某罪"与部分"准某罪"的区别，也有"准罪名"（比照具体的罪名）与"准例"（比照《名例》的规定）的区别。

　　"皆"指"罪无首从"，即同一案件所有被告均适用同一刑罚。"各"指行为人所犯之罪，虽有牵连，但因身份、服制产生不同的法律责任。"其"指法律适用中的例外情况，类似于现今的"但是"。《读律佩觿》认为"及"指"推而及之"，就是今天所说的"以及"。"即"相当于今天的口头语"就是说"。"若"指法律上的例外情形，有本该从重而从轻处罚的，也有本该从轻而从重处罚的，都在"若"字之后，相当于今天的"如果""假如"。①

　　关于八字在律典与律学中的用法，陈锐认为沈之奇的《大清律辑注》可圈可点之处甚多。他指出，《大清律辑注》用"八字"来明确法条的地方不下80余处。其中，"各"字多达20

①　以上八字释意参照殷啸虎：《古代法律为何注重"例分八字之义"》，《法制日报》2019-01-09。

余次。陈锐认为："从立法角度看，'各'与'皆'的主要作用是使'法律后果类型化'，从而使法律后果的分担更加科学、合理。因此在解读法条时弄清'各'的所指极其重要。如'发冢'条规定'若毁缌麻以上尊长死尸者斩；弃而不失，及髡发（剃死尸头发）若伤者，各减一等'。这里的'各'字是否指'缌麻弃尊长死尸而不失'与'缌麻伤尊长死尸髡发'这两种情形呢？'减一等'又相对何者而言？这需要解释。沈之奇认为，本律正文止云'缌麻以上卑幼各依凡人递减一等'，似原承上文'剖残毁弃尸及弃而不失髡发若伤者'言之，以'各'字统摄两项在内：一照凡人流罪递减，一照凡人徒罪递减……（又）如'殴祖父母父母'条〔该条节选：其子孙违犯教令，而祖父母、父母非理殴杀者，杖一百；故杀者，杖六十、徒一年。嫡、继、慈、养母杀者，（殴杀、故杀）各加一等；致令绝嗣者，绞。若非理殴子孙之妇，及乞养异姓子孙，致令废疾者，杖八十；笃疾者，加一等，并令归宗；子孙之妇，追还嫁妆，仍给养赡银一十两；乞养子孙，拨付合得财产养赡；至死者，各杖一百、徒三年；故杀者，各杖一百、流二千里。（其非理殴子孙之）妾，各减（殴妇罪）二等。其子孙殴骂祖父母、父母，及妻妾殴骂夫之祖父母、父母而殴杀之，若违犯教令而依法决罚，邂逅致死，及过失杀者，各勿论。〕共出现三个'各'字，沈之奇认为前两个'各'字指祖父母、父母、嫡、继、慈、养母各项人也。'（非理殴子孙之）妾，各减二等'中的'各'字指殴子孙之妾至残废、笃疾、至死、故杀之罪也。"

沈之奇还发现，"在同一条中同一'各'字有时还不止一种含义，如'诈伪制书'条中的'各'字有两层意：一则照上三项文书各自减等；另一则分别首从各自减等"①。此处"三项文书"指该条前三款所列禁止伪造的三大类官方文件：制书（皇帝的书面指示），六部、都察院、将军、督抚、提镇守御紧要隘口衙门文书，察院②、布政司、按察司、府州县衙门印信文书。

吴坛认为，八字之例与法典的关系可形容为"正律为体，八字为用"，即体、用关系，有其体才有其用。同时，吴坛又在八字内部分出体与用的层次："以、准、皆、各四字，又为用中之体，其、及、即、若四字，更为用中之用。引律者摘取以、准、皆、各四字，固无事取用于其、及、即、若者；而摘取其、及、即、若四字时，则舍以、准、皆、各别无所为引断以奏爰书（司法文书）矣。"③就是说，以、准、皆、各可以独立于其、及、即、若而单独使用，反之则不然：如果撇开前四个字而只用后四个字，就不可能充分引用习惯的法条作为判决依据，也就无法写出可以上报皇帝批示的司法文书。由此可见以、准、皆、各四字在法典中的分量。

吴坛根据体、用这一对传统中国哲学的概念来阐述法典与八字、前四字与后四字之间的关系，陈锐则用建筑架构比喻、形容八字之间的关系，他认为："前面六个规范连接词的主要

① 陈锐：《论〈大清律辑注〉的注律特色及创新》，《政法论丛》2016年06期，第98—99页。
② 清代的察院，即五城察院，属都察院，掌稽查京师地方。京师城内分为中、东、西、南、北五城，每城设一御史衙门，均称"察院"，其具体职务，一是稽察京师人命、盗窃及其他案件。二是管理京师的赈济、城市街道、沟渠栅栏的稽查等事。参见俞鹿年编著：《中国官制大辞典》（增订版）上册，香港中华书局2020年版，第840页。
③ 马建石等编著：《大清律例通考校注》，中国政法大学出版社1992年版，第45页。

作用是构建法律系统的框架，如果以建房子为譬，我们可以形象地说明这八个字各自的作用。按照现代观点，法律规范总体上呈一种假言模式，其前件是行为模式，后件是后果模式。因此，'若''即'（或者'诸'）所引领的法律语句撑起了法律体系的总结构，它们构成了法律大厦的'主梁'。由于'以''准'的主要作用是使前件中的行为类型化，'皆''各'则是使后件中的后果类型化。因此，这四个字及所在的语句构成了法律大厦的'桁条'。'其''及'则好比铆钉或榫头，将主梁、桁条以及其他建筑材料连接起来，使之成为一个密不可分的整体。"①

　　总之，从张斐界定的二十个精确的法律术语到宋元明清时期人们对八字之例的归纳与应用，传统中国的法典及律学在法律概念与成文法典遣词造句常用语词的锤炼等各方面都达到炉火纯青的地步。我们曾把张斐的律典有机体理论引申为这样的图景：礼为律典的骨骼，法条乃其筋络，理是其血液，义是其动作；法条的筋脉在礼的骨架支撑下把理的血液输送到律典的全身，使其产生协调、得当的动作，即义。在此，我们不妨再加上八字之例，视其为律典的关节，关节的柔韧意味着肢体的灵活。八字之例仿佛为传统中国律典的整体配备了柔韧灵巧的关节，使其行动得心应手。此外，本书第十六章将要论述的释法规则即情、理，乃是法律的中国话语，是通过司法中的释法来激活法律，使之成为活法的活生生的话语。当然，不用说，"八字之例"也是法律的中国话语中经典的法言法语。

---

① 陈锐：《"例分八字"考释》，《政法论坛》2015年第2期，第181-182页。

第八章　天下通规

　　唐律是中华帝国宋元明清时期及东（南）亚国家如日本、朝鲜、越南历史上的模范法典，这已是本书无须赘言的公论。清朝纪晓岚在《四库全书总目唐律疏议提要》中也对唐律的历史地位略有提及："上稽历代之制，其节目备具，足以沿波而讨源者，要惟唐律为最善。"就是说，唐律恰如其分地继承前代良好的制度，因此可经由它而追溯传统中国法各项制度代代相传的历史印记。因此，唐律堪称中华法统承前启后的丰碑。

　　我们现在所看到的唐律文本，叫《唐律疏议》。刘俊文在《唐律疏议笺解》中指出，今传《唐律疏议》所据当是神龙（705—707）以后开元二十五年（737年）以前通行本律疏，[①]这也是目前所见中国最早的成文法全文，此前的法典从《法经》到《开皇律》，都已佚失或仅见局部，比如云梦秦简所见的秦律部分内容。《唐律疏议》也叫《唐律义疏》或《永徽律疏》，最早是在唐高宗李治永徽四年即公元653年颁布，共12篇（章），500条。疏议、义疏、律疏指立法解释。也就是说，《唐律疏议》是带有系统立法解释的法典。正是在唐律第一篇即作为总则的《名例》的疏议部分，我们看到唐律解释了其自身的哲学与历史。我将在本章第二部分论述唐律的法哲学，下文先概述唐律的历史。

---

① 刘俊文：《唐律疏议笺解》上册，中华书局1996年版，第70页。

一、沿波讨源

唐律的立法解释在其关于《名例》的疏议中简述唐律的法哲学，接着讲古代的刑罚包括发动战争讨伐敌人以及用斧钺、刀锯、钻笮（zuó）、鞭扑等刑具执行的刑罚，然后写到传说中伏羲、黄帝、炎帝、共工等人曾有专职法官，再就是引用汉代应劭所著《风俗通》，称《尚书·皋陶谟》所记有关尧舜与皋陶关于治国安民的对话相当于制定法律［"虞（舜）造律"］，并且解释"义疏"的含义是"兼经、注而明之"，即把经文与注文都作进一步解释。因此，本来用于解经的方法用来解释唐律，而唐律需要解释的原因，根据疏议开篇的说法，是因为不同执法部门对同样的律文在执行时会有很大差异。

为了说明《名例》篇目的由来，疏议接下来叙述传统中国法典的历史演变。其中提到战国时期魏国李悝造《法经》以来，经秦汉魏晋直到隋律在篇目上的大致演变过程，这些法典中较为重要的是西晋《泰始律》《北齐律》和隋朝《开皇律》。张斐曾为之作注的《泰始律》有刑名、法例两篇，《北齐律》将其合为名例律，《开皇律》沿用，又为唐律因袭。

《名例》开篇在疏议部分追溯法律的渊源及演变，说明唐律是有意识地将自己置于中国法律演进的历史脉络中寻求其定位，不肯标新立异，打破传统，更愿"沿波讨源"，承认先贤、前代在立法中的"智慧产权"（Intellectual Property），而唐律自身也成为传统中国法陈陈相因的关键一环。《唐律疏议》开篇的历史叙事表明传统中国法具有清醒的自我反思意识：什么样的法律制度才妥当，这是一个需要长期的历史经验去认知、筛选的过程，良法不可能是几个自命不凡的人闭门造车的理性设计。因此，唐律代表的"华夏刑统（法统）"（或叫"中华法系"）具有"历史的自觉"，它不认为王朝的兴替应该打破法律自身的历史演进。在这个意义上，政治史与法律史是两个不同的领域。

　　唐律的立法者无疑想要通过唐律的历史性展示其正当性。法国人托克维尔对英国法律精英的评价，也许可以用来印证儒家思想支配下中华帝国立法者的法律意识中的历史维度："英国法学家之所以尊重法律，并不是因为法律良好，而是因为法律古老；即使他们要对法律进行某些修改，使其适应社会的时势，他们也是万变不离其宗；对祖先留下的东西进行修修补补，只发展祖先的思想，只完善祖先的业绩。"① 如果"华夏刑统"是一个正义与怜悯的大厦，那么唐代立法者自觉地满足于整修与翻修，而不是拆掉重建。直到1740年的《大清律例》，华夏刑统中的立法者都是这样看待自己的角色。

　　也许正是在法律传承的历史意义上才使唐高宗李治有理由说："律、令、格、式乃天下通规，非朕庸虚所能创制。"（《旧唐书·刑法志》）虽然我们现在看到的《唐律疏议》是基于李治掌权时颁布的版本，但皇帝却自称"庸虚"，没有能力杜撰"天下通规"。因此不妨说，唐律的历史性成全了它的普世性——至少朝鲜、日本、越南等国移植唐律，缔造了东（南）亚的"法律帝国"。

---

① ［法］托克维尔：《论美国的民主》上卷，董果良译，商务印书馆1988年版，第308页。

二、一准乎礼

人们常引用纪晓岚在《四库全书总目唐律疏议提要》中对唐律的评价："论者谓唐律一准乎（于）礼，以为出入得古今之平。"我们不能确定他所谓"论者"究系何人，或许其中包括《明史·刑法志》所言"唐撰律令，一准乎礼，以为出入"，即唐律定罪量刑、出罪入罪以礼为准；或许也包括学者常引用的元朝江西儒学提学柳赟，他在《唐律疏议序》说"唐（律）揆道得其中"，即唐律把握住了法律的"中"道，合乎中道自然就能得定罪量刑轻重之"平"。

从西周"出礼入刑"到唐律"纳礼入律"，中经法家与秦律的成文法运动，刑与礼之间有了作为系统规范之律的衡量与平衡，就这样，传统中国法跌宕起伏，终于在唐律登峰造极，融刑、律、礼为一体，得到宋、元、明、清历朝历代的认可，以至于到《大清律例》，其三分之一条款直接来自唐律，其余也大同小异。

唐律以礼为准，可以说礼是律的上位法，甚至可以说礼是宪法，是律之律、法之法。高明士认为，"中华法系最基本的法文化共相就是礼。此处的礼……指汉代所完成的先秦礼学（以《仪礼》《周礼》《礼记》为代表），分而言之，包含礼之仪、礼之制、礼之义三者"[1]。关于"三礼"，张寿安指出，礼制（典章、制度）指国家社会家族的组织和规范；礼仪，指昏冠丧祭等特定典礼的仪式；礼义（价值、道德），指在制度仪文之上

---

① 高明士：《律令法与天下法》，上海古籍出版社2013年版，第324页。

的伦理准则和价值取向。《仪礼》为礼的本经，所论乃人伦乡党之伦理规范和生活礼俗；《周礼》所论多为立国之典章制度，《礼记》则是关于礼之理论的讨论。①

就礼在律中的体现而言，显著的例子是唐律首篇《名例》所列最严重的罪行，即"十恶"。"十恶"实际上是违反礼的三项基本原则即"三纲"的罪行，其内容：一为谋反（推翻王朝政府），二为谋大逆（图谋毁坏皇帝的家庙、祖墓及宫殿），三为谋叛（图谋叛国），四为恶逆（殴打及谋杀祖父母、外祖父母、父母、夫等），五为不道（杀死一家三口，而被害人并无死罪；或肢解人；或用蛊毒即巫术害人），六为大不敬（为帝王配制药物有错误，为帝王做饭菜误犯食禁等危害帝王人身安全或侵犯皇帝尊严的行为），七为不孝（咒骂、不供养祖父母、父母等有亏孝道的行为），八为不睦（谋杀、殴打或出卖、控告近亲属），九为不义（杀死上级或直接从其学习的老师），十为内乱（近亲属间的性行为）。其中，前三项及第六项违反"君为臣纲"，第四、七项违反"父为子纲"，第八项（殴打或控告丈夫）、第九项（夫死不哀哭、不穿丧服改嫁）违反"夫为妻纲"。

"三纲"确立的"名教"即礼制，乃是家与国的构造原理，也就是说，君与臣的国家政治秩序，父子、夫妇的家庭秩序是礼制的基本内容。当然，从周公"制礼作乐"以来，经孔子发扬光大，"三纲"逐渐成为礼制的三项基本原则，并在东汉

---

① 张寿安：《以礼代理——凌廷堪与清中叶儒学思想之转变》，台湾"中央"研究院近代史研究所专刊第72号，1994年，第4页。

由马融将其与仁义礼智信等美德构成的"五常"联系起来形成一个术语"三纲五常",这样就为家国秩序配上了相应的伦理规范,成为儒家帝国基本的政治－伦理核心。

在此需要申明,"三纲"虽然确认君父的权威,但儒家从来都要求君父承担与其位份相称的责任。此外,按照孟子的"暴君放伐论"(《孟子·梁惠王章句下》),类似于殷纣王这样德不配位的暴君根本不配享受君主的待遇,推翻他们的统治不属于犯上作乱的"弑君",只是"诛一夫"而已。董仲舒本人在"春秋决狱"的判例中也不承认未尽养育之恩的生父为父亲。可以说,儒家为每一个名分都配置了相应的责任。

就律而言,一方面,像唐高宗这样的皇帝,并不认为自己可以任意立法,且在立法方面有"天下通规"的意识;另一方面,像张释之这样的廷尉(最高法院院长)也提醒汉文帝,法律的性质乃是"君主与天下共"的普适标准,此后,君主不能任意破法的观念就从未动摇,尽管君主可以对某些个案的具体处理加以微调,比如本书第十章会讲到王安石与司马光都同意君主可以在一定程度上灵活变通法律的执行。总之,"天下通规"与"君主与天下共"的法律理念使得立法与司法两个方面都有对君主权力的约束。

唐律"一准乎礼",而礼的精神主要是异贵贱、别尊卑,落实在唐律就是等级制与家族制。等级制在唐律体现为"严别君臣""优崇官贵""异罚良贱"。[①] 唐律对君主有特别的保护,比如,给皇帝提供服务不允许失误,如造龙舟因失误导

---

① 刘俊文:《唐律疏议笺解》上册,中华书局1996年版,第36页。

致不牢固也构成"大不敬"，属于"十恶"大罪。权贵及其近亲属依其官职与爵位享受"八议""官当（dàng）"等减免刑罚的特权。"八议"源于西周的"八辟（bì）"，在曹魏《新律》中首次入律，内容为议亲、议故、议贤、议能、议功、议贵、议勤和议宾。这八种享受特权的人包括皇亲国戚、贵族官僚、功臣名将、社会贤达等。如果说"十恶"突出法律主要惩罚的对象，那么"八议"就是明确哪些人及其亲属可以通过上报皇帝特批等方式减免刑罚，执法部门不能直接处罚。

"官当"则是依据品级享受直接减刑的待遇。"八议"与"官当"实际上是"刑不上大夫"的精神在刑已上大夫的时代打了折扣的落实。这固然是特权，但也含有"养耻"的意识，因为刑罚意味着羞辱，减免对权贵的刑罚，意味着尊重，而权贵也反过来要更自重、自律。

唐代诗人刘禹锡在《陋室铭》中称自己"往来无白丁"。所谓白丁，与良人、凡人、常人、百姓等语词一样，都是指平民。他们有独立的人身，不依附于他人，对国家负有生产、纳税、服役、征防等义务，其老人、未成年人（16岁以下）、废疾（残疾人）、妇女、单丁（家中唯一的成年儿子）犯罪可以减免。就平民妇女而言，儒家帝国原则上将其置于刑事处罚之外，除非其参与杀人或性犯罪等严重违反儒家伦理的行为或因男人谋反等重罪而被株连。儒家帝国是个男权社会，但它也给男人施加相应的责任，比如夫妻共同犯罪通常仅处罚丈夫。

礼制和律典之所以区别尊卑贵贱，自有其关于"人"的哲学依据。唐律的"人论"大体上有两层意思。《唐律疏议·卷第一·名例一·疏议曰》一方面声称，在万物之中人因"秉气含灵"而居首位，所有的人都是人并因此而与物不同，另一方面，又把人分门别类，不仅民与官有别，而且民之内也有良民、贱民的严格界限，贱民中最低层次的奴婢更是几乎与"畜产"等同。由此可知，唐律把抽象意义上的人和具体的人（其中大部分是"民"）结合起来，一方面在哲学的意义上肯定作为"类"的人，另一方面在具体的法律意义上因人立法。这种因人立法的范式是把人分成尊卑贵贱的礼的原则的落实。

唐律"一准乎礼"的第二个表现是家族制。高明士指出，唐律500条中"涉及家族主义法"的有154条。[①] 刘俊文认为，唐律家族制表现为"亲属一体""五服制罪""尊长优越"。[②] 始于西晋《泰始律》的"五服制罪"，最能体现唐律以礼为准的立法思路。"五服"是丧葬制度的服饰等级，从自身算起，以血缘亲疏分为五个等级，即斩衰（cuī）、齐（zī）衰（cuī）、大功、小功、缌麻。"衰"，特指麻布制的丧服上衣，下衣为裳；"斩"为毛边，"齐"为齐边。五服的五个名词指的是丧服的面料及加工方式，斩衰就是俗称的披麻戴孝，指衣着粗糙的不锁边的白麻布，表示失去至亲，悲不自胜，完全没有心思打理自己的形象。缌麻则是面料、做工较好的丧服。通常个人为父母服斩衰，为祖父母服齐衰，为曾祖父母服大功，为高祖父母服小功，外孙为外祖父母服缌麻，外孙下辈无服。

葬礼乃是一个人一生人际关系最好的检阅。儒家重视以血

---

① 高明士：《律令法与天下法》，上海古籍出版社2013年版，第21页。
② 刘俊文：《唐律疏议笺解》上册，中华书局1996年版，第48页。

缘这种最自然的方式将人们联系在一起的家族的建设，即所谓"礼顺人情"。依据血缘与婚姻，人在大家族中的关系相当复杂，按照从高祖到玄孙的"九族"范围，一个人的亲属关系包括九个辈分的直系与旁系亲属，而葬礼上用五个档次的丧服区别死者与悼念者之间以及悼念者彼此之间的关系，可以起到简化亲等的作用，于是立法者借用属于礼制中的丧服制度作为法律上区别人际关系的标准，这是礼律结合的一个范例。

日本学者滋贺秀三研究了直系与旁系的服制原理。在其《中国家族法原理》中，他指出，五服的原则是在直系亲及配偶之间、A 为 B 的服和 B 为 A 的服有差等，但在旁系亲之间应该相互服同样的服。服制起到代替亲等的功能恰恰是在这一旁系亲的规定上。尤其在本族内部，同一父亲的人为期（jī，指为期一年的服制，相当于齐衰），同一祖父的人为大功，同一曾祖的人为小功，同一高祖的为缌麻。对于普通人而言，不在五服之内的人彼此之间属于"凡人"。①

"三纲"确立的君臣、夫妇、父子的家国秩序与"五服"的家庭亲属关系可被视为礼制秩序的基本形态，每个人在这"三纲－五服"的礼制格局中获得自己政治、血缘等方面的身份，并按五常的伦理规范履行自己的职责，此乃儒家帝国的基本秩序原理。这个秩序原理也是瞿同祖的《中国法律与中国社会》主要从家族（及婚姻）、阶级两个方面讨论传统中国

---

① ［日］滋贺秀三：《中国家族法原理》，张建国、李力译，法律出版社 2003版，第 19 页。

法的原因。社会学家费孝通在研究中国乡村结构时提出差序格局的概念，即"每一家以自己的地位作为中心，周围划出一个圈子，这个圈子的大小要依着中心势力的厚薄而定""以己为中心，像石子一般投入水中，和别人所联系成的社会关系不像团体中的分子一般大家立在一个平面上的，而是像水的波纹一样，一圈圈推出去，愈推愈远，也愈推愈薄"，①在一定程度上，可以说这是传统礼制秩序在现代中国的社会学表达。礼制秩序就是费孝通观察到的现代中国乡村社会的"差序格局"的原型。

礼这一"差序格局"运用于唐律就是"五服制罪"，体现在定罪与量刑两个方面。定罪原理主要表现在亲属之间的人身侵害、性犯罪与相互告发。以亲属相殴为例，所殴者为缌麻（同一高祖的人）尊长，即科以殴缌麻尊长罪；所殴者为夫或大功（同一祖父的人）以上尊长、小功（同一曾祖的人）尊属，则为不睦；殴祖父母、父母，入恶逆。关于亲属相奸，所奸者为缌麻亲及妻，科以奸缌麻亲及妻罪；奸小功以上亲及父祖妾，则属内乱。关于亲属相告，告大功以上尊长、小功尊属，属不睦；告祖父母、父母，入不孝。同样的殴、奸、告，罪名却不同，正如刘俊文所言，"不同罪名有时并不反映犯罪行为上的差别，而是反映亲属关系上的差等"②。这是"五服制罪"的典型特征。

"五服制罪"的量刑原理更为复杂，在亲属相殴、相杀、

---

① 费孝通：《乡土中国》，生活·读书·新知三联书店1985年版，第23页。
② 刘俊文：《唐律疏议笺解》上册，中华书局1996年版，第57页。

相告方面需要考虑尊卑、亲疏两个变量，相奸与相盗都只考虑亲疏一个变量。就相殴而言，区分尊卑，卑犯尊者由疏至亲逐级加重，反之，尊犯卑者由疏至亲逐级减轻。比如，殴缌麻兄姊杖一百，殴小功兄姊徒一年，殴大功兄姊徒一年半，殴兄姊徒二年半，殴祖父母、父母斩，反过来，殴缌麻卑幼折伤始徒二年半，殴期亲卑幼及子孙折伤各不坐（处罚）。

至于亲属相奸，不论尊卑，由疏至亲逐级加重。比如奸缌麻以上亲徒三年；奸期（jī）亲（应服齐衰期年之服的亲属）及父祖妾者绞。对于亲属相盗，不论尊卑，由疏至亲逐级减轻。比如，盗缌麻、小功亲财物者，减凡人（彼此没有五服关系的人）一等；大功，减二等；期亲减三等。

这里说的一等、二等指的是唐律把笞、杖、徒、流、死五刑细分为二十等，其中从笞一十到笞五十为五等；杖六十到杖一百为五等；徒刑从徒一年到徒三年之间每半年为一等，共五等；流刑分两千里、两千五百里、三千里三等；死刑分斩、绞两等。在减刑时，流刑三等只算一等，死刑两等也只算一等，这样就可以在死刑减两等的情况下直接减到徒三年；加刑的时候死刑和流刑还是各自按两等、三等算，这两种加法、减法都是为了显示用刑宽大。

无论是亲属相殴还是相奸、盗，亲疏远近都发挥作用。但在相奸、盗方面只有尊卑上下不起作用，是因为尊长参与奸、盗与其身份相悖，因此在法律上不受优待。此外，唐律中的财产观念是"同居共财"，即住在一起的家人的财产属于家人全体，因此，比如子孙盗窃自家财产，其实也是自己的财产，不值得用国法严惩，这也是尊卑这一变量无须适用于亲属相盗的原因。

"五服制罪"使得同样的行为因尊卑亲疏的身份不同导致定罪量刑方面的差别，这是礼制体系下身份社会的典型表征。这与其说是法律面前人人不平等，还不如说是提醒人们爱自己的亲人，特别是爱自己的尊长，这体现了孔子"爱有差等"的思想。说博爱太空泛，爱自己的亲人，特别是爱父母、爱兄弟姐妹，这是人人力所能及的事情。这种从身边亲人爱起的儒家思想那么自然，要说"礼顺人情"，并不过分。就法律而言，爱自己的亲人，至少意味着不去侵犯他们，特别是不能侵犯自己的尊长，而尊长也要自重，特别是不能越过人伦放纵性欲。因此，儒家礼法思想的底色，是切近的爱，严格的自律。

三、律令格式

唐高宗说的"天下通规"，包含"律、令、格、式"。《新唐书·刑法志》提供的定义是："令者，尊卑贵贱之等数，国家之制度也；格者，百官有司之所常行之事也；式者，其所常守之法也……其有所违及人之为恶而入于罪戾者，一断以律。"由此可见，令是落实礼制"尊卑贵贱"的细则，格、式主要是行政法规或管理机构办事细则，与律配合管控帝国政府机构及人事制度，因此违犯这些制度会受相关律文处罚。

杜预早在《晋律·序》就说过："律者入正罪名，令者入序事制，二者相须为用也。"高明士指出，令摆脱作为具有刑法性质的皇帝诏敕集，而成为与律对等的非刑法法典。所谓

"序事制"就是将国家制度予以法典化，成为有如今日的行政法典，它本身并不附罚则。从律令体系的存续来看，自西晋《泰始律》以令与律成为对等关系以来，直至南宋末，作为规定各项制度的令，约存续一千年。①

高明士认为，律令体制对于维护帝国的法制稳定具有重要意义，因此他把宋代以后令典式微看作君主专制强化的表现，并通过令典与会典的区别来论证这一观点："元、明、清则以《会典》形式规定诸制度。《会典》收录政府各机构的组织及其相关法规；其与令典的差别，在于令典本系行政法，具有强制性、权威性，违令明定由律惩罚，但违反《会典》则无罚则。所以论其实际，《会典》与其说系受令典影响，不如说受《唐六典》的影响。盖《唐六典》本系诸令文的简编，以方便官府吏员检索政府组织规定。所以说《大唐六典》或明清《会典》更像为官须知，而非行政法典。"②

四、官民兼治

除了从礼律合一、律令体系等角度评论唐律，我们还可以就唐律本身的结构进一步考察唐律的内容与特征。

刘俊文把唐律十二篇分为四个部分：

（1）总则：名例篇，57 条，内容主要是五刑，十恶，八议、官当等官贵特权，老、少、废疾（残疾）的责任能力，自

---

① 高明士：《从律令制的演变看唐宋间的变革》，《台大历史学报》2003 年第32 期，第10、19 页。

② 高明士：《律令法与天下法》，上海古籍出版社 2013 年版，第 33 页。

首、累犯等刑罚适用原则，流刑的执行和赃物的征没，法条的适用和解释，乘舆（代指皇帝）、道冠僧尼等法律用语的解释。

（2）事律，共190条，规定违犯各种行政制度的罚则。其中卫禁篇33条，系违犯警卫与关禁制度的罚则；职制篇59条，系违犯"职司法制"的罚则；户婚篇46条，有关户口婚姻制度的罚则；厩库篇28条，系违犯国家畜牧仓库制度的罚则；擅兴篇24条，系违犯军事和营造制度的罚则。

（3）罪律，共221条，规定各种刑事犯罪的处罚。其中盗贼篇54条，处罚贼杀、盗劫；斗讼篇60条，涉及斗殴、告讼；诈伪篇27条，处罚诈冒、伪造；杂律62条，处罚杂犯，比如非时烧田野、市场管理部门评定物价不公允等；捕亡篇18条，涉及捕系、逃亡。

（4）专则：内容为第十二篇，即断狱篇34条，关乎司法审判制度及相关的罚则。①

刘俊文的唐律结构四分法自有其道理。他认为："唐律始以总则，终以专则，先列事律，后列罪律。始以总则，终以专则的结构，说明唐律在立法技术上已经达致相当高度的水准；先列事律，后列罪律的结构，则表明唐律把调整和强化封建国家的行政管理放在优先的地位，而这无疑是受了隋唐时代重建强盛的、统一的中央集权封建国家的历史大潮的影响。"②

刘俊文对唐律结构的分析与评论可以说是对唐律的政治解

---

① 刘俊文：《唐律疏议笺解》上册，中华书局1996年版，第29—35页。
② 刘俊文：《唐律疏议笺解》上册，中华书局1996年版，第35页。

读。这种解读方式也可以为我们解答一个问题：皇帝如何治理六千万人的大帝国？从唐律的结构可以看出，皇帝通过法律治官，再由官依据法律治民，这样，皇帝就可以通过一万多个官僚治理"天下"。

叔向和孔子当年害怕成文法损害贵族的司法权威并会开启民众依法挑战法官判案是否合法的争端。我们可以称之为成文法的"叔向难题"。他们没有料到，子产等法家先驱开启的成文法革命也可以为儒家帝国所用，使之服务于帝国的治理，让皇帝和平民都成为受益人。至于民众"弃礼而征（证）于（刑）书"的问题，唐律这样解决：一方面，以礼入律，现身说法；另一方面，提供细致的立法解释，减少法律的歧义，以便各地、各级官吏提供相对一致的司法，同时，要求官吏执法必须引用相关条款，便于上级及皇帝监督。对于这两方面的应对，以下分而述之。

五、句推字解

清朝刑部尚书励廷仪在《新刊故唐律疏议序》中这样评论唐律的疏议部分："其疏文则条分缕别，句推字解，阐发详明，能补律文之所未备。"清末负责修律的沈家本在《重刻〈唐律疏议〉序》中也高度评价《唐律疏议》："盖自有《疏议》，而律文之简质古奥者，始可得而读焉。"

《唐律疏议》之所以如此高明，乃是因其渊源有自。钱大群认为，《唐律疏议》主要是继承西晋"张杜律"正确定罪判刑的解释传统，而不是主要继承汉代"郑（玄）氏章句"经义解律的传统。也就是说，《唐律疏议》主要是律学本身的传承。在第七章我们已经看到张斐律学的风韵，唐律的立法解释自然是底蕴深厚，更应丰盈、妥帖。

唐律的立法解释包含注文与疏文。注文以双行小字夹在正文单行大字中间，简明扼要，语义未尽之处在疏议部分解决。疏包含"议曰""问答"两部分，前者对注做进一步解释；后者类似于抽象案例，或来自司法实例的抽象概括，或者干脆就是假想案例，帮助官员提升个案处理能力。注与疏议构成的解释体系基本上可以囊括律文的应有之义，可以解决律文解释的"叔向难题"。

现在让我们以唐律第302条为例说明注文与疏文的法律解释体系：

（律文）诸斗殴人者，笞四十；（注文）谓以手足击人者。（律文）伤及以他物殴人者，杖六十；（注文）见血为伤。非手足者，其余皆为他物，即兵不用刃亦是。【疏】议曰：相争为斗，相击为殴。若以手足殴人者，笞四十。注云："谓以手足击人者"，举手足为例，用头击之类，亦是。伤，谓手足殴伤；及以他物殴而不伤者：各杖六十。注云："见血为伤"，谓因殴而见血者。非手足者，"即兵不用刃亦是"，谓手足之外，虽是兵器，但不用刃者，皆同他物之例。问曰：殴人者，谓以手足击人。其有撮挽头发，或擒其衣领，亦同殴击以否？

答曰：（律）条云，斗殴谓以手足击人，明是虽未损伤，下手即便获罪。至如挽鬓撮发，擒领扼喉，既是伤杀于人，状则不轻于殴，例同殴法，理用无惑。

（律文）（以他物殴人致）伤及拔发方寸以上，杖八十。若血从耳目出及内损吐血者，各加二等（杖一百）。【疏】议曰：谓他物殴人伤及拔发方寸以上，各杖八十。方寸者，谓量拔发无毛之所，纵横径各满一寸者。若方斜不等，围绕四寸为方寸。若殴人头面，其血或从耳或从目而出，及殴人身体内损而吐血者，各加手足及他物殴伤罪二等（杖一百）。

（律文）其拔发不满方寸者，止从殴法。其有拔鬓，亦准发为坐。若殴鼻头血出，止同伤科（杖六十）。殴人瀹血，同吐血例（杖一百）。

此条是斗殴行为最基本的罚则。律文首先将"斗殴"的基准刑罚确定为笞四十，无须造成伤害后果。注文对"斗殴"给出基本界定，指出律文处罚的斗殴是用手脚攻击他人。也就是说，斗殴最起码包含动手动脚的人身攻击。"议曰"则进一步分解斗、殴二字为争、击。"议曰"还对注文"谓以手足击人者"进行解释，声明注文只是举手足为例，并非穷尽的列举，而"用头击之类"也属于律文所处罚的斗殴行为。经过注文与"议曰"的解释，人们就明白唐律处罚的斗殴包括用手、脚、头等肢体攻击他人。这还不够，唐律的立法解释又通过"问答"形式解答"撮挽头发，或擒其衣领"是否属于法律处罚的斗殴。解答这个问题时，解释者首先概括斗殴所谓"以手足击人"主要是说法律处罚的是无须造成"损伤"的"下手"

这一伤害行为，而"挽鬓撮发，擒领扼喉"与"下手"共同之处在于同属"伤杀于人"，可同归一"例"，因此从"理"上说，均应适用斗殴律。

由此可见，通过注、议曰、问答的层层递进，可处以"笞四十"的基本斗殴行为不仅包括用手、脚、头等肢体发起的攻击行为，并且还包括用手"挽鬓撮发""擒领扼喉"的具体动作。而且，从解释中我们还可以看到，疏议是以律意中体现的"理"作为确定某具体行为是否可被纳入某法条处罚范围的准绳。如果说法官的工作是要在罪与非罪、此罪与彼罪之间画出一条明晰的界线，那么唐代立法解释的制定者已经为法官们画出这条线提供了相当清晰的标识。

当然，《唐律疏议》能够有这样的成就，乃是传统中国法长期积累的结果。云梦秦简已经在人身伤害方面仔细探索准确的定罪量刑的尺度。就揪头发而言，秦简《法律答问》有这样的问答："拔人发，大可（何）如为'提'？智（知）以上为'提'。"意思是，拔落他人头发，拔多少称为"提"？被拔者有所感觉以上称为"提"。[①]

至于斗殴造成的"伤"，此条注文的界定是"见血为伤"。此条律文及注疏并未涉及咬人，按照其对"挽鬓撮发，擒领扼喉"的解释，不难推断咬人理应包含其中。秦简《法律答问》在关于咬人的问答中以疧（zhǐ，殴人致皮肤肿起无创痕者为"疧"）为伤："或斗，啮人额（kuí，颧骨）若颜，其大方一寸，

---

① 睡虎地秦墓竹简整理小组编：《睡虎地秦墓竹简》，文物出版社1978年版，第186页。

深半寸，可（何）论？比疕、痏（wěi，瘢痕，伤口）。"意思是，有人斗殴，咬伤他人头部或颜面，伤口的大小是方一寸、深半寸，应如何论处？与打人造成青肿或破伤同样论处。[①]

有趣的是，明律与清律回到秦律的标准，以斗殴给人造成"青赤肿"为伤。不过，贾静涛认为："这个定义虽然突出地说明了皮下出血的特点，但却没有把创的含义包括在内，所以不如'见血为伤'更较确切。"[②]

通过斗讼篇各项条款及其注疏，唐律对人身侵害的各种手段及伤情做出了详细规定，包括用手、脚、头等肢体或其他工具给人的头发、牙齿、眼睛、肢体造成的伤害都有相当具体的罚则，不难发现其中有"身体发肤受之父母"，因此不能自损更不能容许他人毁损的孝道观念的影响。唐律当然谈不上"人权"观念，但"人身"的观念也完全能够发挥人权概念的作用。

总结以上对注疏的简介，我们可以用钱大群的说法归纳："'义疏'用到唐律上，就是对处于经文地位的律与其注文做解释的文字，也就是'兼律、注而明之'，这种法律解释在律义内容上达到最大的深度与广度。当然，总的目的是要解明律注之义满足司法之需要。从内容看，'议'与'问答'在同等地位上解释律文，前者以议论阐发之形式重于解释律的本义，而后者则重于以实例来解释法律运用中的问题。"[③]

---

① 睡虎地秦墓竹简整理小组编：《睡虎地秦墓竹简》，文物出版社 1978 年版，第 186—187 页。

② 贾静涛：《中国古代法医学史》，群众出版社 1984 年版，第 246 页。

③ 钱大群：《〈唐律疏议〉结构及书名辨析》，《历史研究》2000 年第 4 期，第 110 页。

第九章　礼、律背反

经过漫长岁月的文化积淀与制度演进，唐律得以"一准乎礼"而又"用刑持平"，使中华法统有了自己的经典文本。然而，传统中国法自身产生的两个长久争议的问题并未因唐律的成就而解决。这两个问题是肉刑的存与废、复仇的赦与杀，它们都与儒家思想的影响有关。比如，就肉刑而言，当初汉文帝废肉刑是因为肉刑显示了政府的残忍与失职，即教化不到位。当然，废肉刑也是为了给犯罪者改过自新的机会。因此，废肉刑很大程度上是儒家影响所致。

废肉刑之后要求恢复肉刑的主要理由则是要在死刑与笞、杖等体罚刑之间找到合适的"中间刑"，以便使处以死刑太重、适用生刑太轻的某些罪行能够得到恰如其分的惩罚。复肉刑的主张主要流行于魏晋南北朝。隋唐确立笞、杖、徒、流、死的"新五刑"体系后，基本上是以流刑这一相当严厉的刑罚作为替代肉刑的"中间刑"，各方面基本满意，因此，复肉刑从未得到充分的支持。

本章的主题是儒家影响下传统中国法内部的另一难题，即复仇。首先，就数据而言，据沈玮玮、曾潞明的统计，"有文献可查的唐代血亲复仇案例，共16个，最后有7人被处死，9人被赦免、从轻发落或嘉奖。而在武后之前的7个复仇案只有1人被处死，其余或免死、或奖掖"①。乍一看来，唐代关于复仇案的判决，

---

① 沈玮玮、曾潞明：《唐人徐元庆复仇案的百年论争：陈、韩、柳之别》，《人民法院报》，2020年10月23日，https://www.chinacourt.org/article/detail/2020/10/id/5542562.shtml。

酷似美国联邦最高法院斯图尔特大法官（Justice Potter Stewart）在 1972 年为福尔曼诉乔治亚一案所写的附议（concurring opinion）中对美国各级法院当时的死刑判决状况所作的形容："这些死刑判决之残忍与异常，犹如被闪电击中一般。"①

16 个有据可查的唐代复仇案例七死九活，几乎一半对一半，如果法律要起到霍姆斯大法官所说的法律的预见作用，至少就唐律关于复仇的规定而言，很难做到。对于唐律这个被后世视为"用刑持平"即轻重得宜的模范法典而言，为什么复仇案件似乎成了例外？

说来话长。复仇的争议也是在汉朝儒家思想支配帝国法理之后就开始存在的问题，一直到帝国的终结，从未得到真正解决。复仇问题相比于肉刑问题，更能体现法律儒家化与儒家法律化之后礼、法之间无法调和的矛盾，而支持复仇的礼与经，乃是维护孝道难以割舍的手段，何况报仇者在杀死仇人之后往往主动投案自首，站到道义的制高点，且报仇的对象比较确定，一般不会危害公共安全，所以乐于网开一面的皇帝（其中包括朱元璋）与大臣代不乏人。

复仇何以成为礼律合一前后的中华帝国法律始终未能解决，或者更准确地说其实也是故意不予根本解决的问题，从唐宪宗元和六年（811 年）诏书所列礼、法冲突的焦点可见一斑。《新唐书·孝友·张秀传》曰："在礼，父仇不同天；而法，杀人必死。礼、法，王教大端也，二说异焉。"也就是说，按照礼教，父仇必报；与此同时，杀人偿命也是天经地义，是荀子早就认定为"百王之所同"（《荀子·礼论》）的基本法律规范。唐律"一准乎礼"，

① Furman v. Georgia, 408 U.S. 309（1972）.

而且《唐律疏议·卷第一·名例一·疏议曰》在其开篇就提到"德、礼为政教之本",因此,礼是唐律的基本法、上位法、高级法。报仇特别是杀父之仇乃是孝子的底线道义;而法律作为"君主之所与天下共"(《汉书·张释之传》)的"约法",也必须守卫"杀人者死"的底线。复仇牵涉帝国政治两个同时不能让步的底线,虽有陈子昂、韩愈、柳宗元、王安石等大师先后参与辩论与商议,却始终无人做出盖棺论定,因此复仇问题成为礼律合一后二者间横亘的一条主要分裂带,一直存续到中华帝国的末日。下文拟以上述四位大师的主张及相关案例为线索,讨论中华帝国这一未曾解决且无法解决甚至本来也并未真想解决的疑难法例。四人所论,均为"经义决狱",都是用与复仇相关的经典作为论证依据,剖析"杀人者死"这一法律原则如何运用才符合经义。顺便说,他们的经义决狱与董仲舒"春秋决狱"一脉相承。以下分而述之。

一、杀人者死

武则天在位(约 684—704)期间,同州下邽(guī,今陕西省渭南县)发生一起命案:徐元庆之父徐爽为县尉赵师韫所杀。赵某此后升任监察御史。元庆改名换姓在驿站作仆役,伺机报仇。很久之后赵某住进该驿站,元庆亲手用刀杀了他,然后到官府自首。[1] 此案约在长寿三年(694 年)前后上报朝廷。时任右拾遗的陈子昂(661—702)上奏提议处死徐元庆并表彰他的"孝义"行为,写下了著名的《复仇议状》。这种看起来矛盾的处理方案出自陈氏试图兼顾"杀人者死"的法律原则与"父仇必报"的经义精神。

---

①《新唐书·孝友》。

朝廷审议时，陈子昂指出，"杀人者死，画一之制也。法不可二，元庆宜伏辜"，即据法当处死刑；但他也承认，依照礼制"父仇不同天"的原则，元庆杀死父亲的仇人符合"孝义"，又该受奖励。他由此提出一个折中方案，"宜正国之法，置之以刑，然后旌其闾墓"，即按杀人罪处以死刑，同时又表彰其为父报仇。陈子昂的奏议得到大家的赞同，武则天也采纳这个意见。

陈子昂主张判徐元庆死刑，不仅是因为杀人者死的"公法"不可因人而异，而且也是要由此成全元庆。他说："以私义而害公法，仁者不为；以公法而徇私节，王道不设。元庆之所以仁高振古，义伏当时，以其能忘生而及于德也。今若释元庆之罪以利其生，是夺其德而亏其义；非所谓杀身成仁、全死无生之节也。"陈氏描述的元庆，乃是标准的义士：一心只尽个人的责任，为父尽孝报仇，为此不惜犯罪；报仇之后宁肯引颈就戮，不愿国法落空——他完全没有属于其自身的诉求。

在礼制的身份社会，徐元庆一身二任。作为儿子，对于家，他要做孝子，而报杀父之仇乃是孝子最起码的责任，不可推卸；对于"国"，他要做忠臣，因此需要服从作为天下公器的"公法"，不可逍遥法外。在家国之间，公与私、法与义、刑与旌构成陈子昂讨论徐元庆案件的基本概念框架，按照这个框架，他认为最好的处理方案就是从公、法、刑的立场"正国之法，置之以刑"，处死徐元庆，再通过在其家门与墓地设立纪念标志的方式表彰其孝义。

陈子昂认为自己的方案不仅适用于徐元庆本人，还值得"编之于令，永为国典"。我们从上一章知道，唐代是律、令、格、式互相配合使用的法律规范体系。陈子昂请求皇帝将自己有关复仇案件的处理意见确立为令典，说明令中至少有一部分是律典的补充和实施细则，发挥着重要的规范作用。一百多年后，柳宗元还觉得有必要批驳陈子昂的主张，似乎陈氏主张已入令或仍在发挥影响力；又六年后，韩愈讨论复仇问题时却又说到法律（也应包括令）对复仇没有明文规定，所以无法判断陈子昂的建议当初是否入令，尽管他有关处死徐元庆的建议的确被采纳。

二、推刃之道

唐顺宗永贞元年（805年），时任礼部员外郎的柳宗元（773—819）上奏批评陈子昂对徐元庆案的处理意见，此即《驳复仇议》。柳氏的不满主要在于他认为"旌与诛莫得而并"，即旌表和诛杀只能二者择一，否则就是自相矛盾，会导致"趋义者不知所向，违害者不知所立"，让人无法获知法律究竟在提示人们何去何从，法律应该给人的行为提供的预见功能无从落实，因此会造成混乱，而礼与刑（法）的功能本来都是以防乱为目标，这一点正是柳宗元开宗明义指出的要点："臣闻礼之大本，以防乱也……刑之大本，亦以防乱也。"

柳宗元认为，要正确理解"圣人"确立的礼与刑的制度，需要从理与情两方面入手，而从理与情两方面斟酌复仇案件后，应该能够得出一致的结论，不会出现陈氏那种自相矛盾的结论："盖圣人之制，穷理以定赏罚，本情以正褒贬，统于一而已矣。"

柳氏进一步指出，像徐元庆复仇这样的案件需要就其本身的是非曲直、来龙去脉详加考察，然后就可以确定该旌表还是诛杀："向使刺讞其诚伪，考正其曲直，原始而求其端，则刑礼之用，判然离矣。"或许柳氏对"诚伪""曲直"的确认就是他所谓"本情"，此"情"也应该就是当初鲁庄公所谓"必以情"的"情"。

对于柳宗元而言，"情"之关键处在于元庆之父是否有可杀之罪。如果赵师韫杀死元庆之父出于公报私仇，而元庆在官官相护的情况下只有手刃仇人才能为父伸冤，即属"守礼而行义"，其复仇完全正当，因此不应受到法律追究。由此可见，柳氏并不一味反对复仇，至少在父亲被冤杀而官府又无人为之伸冤的情况下复仇没问题。

如果元庆之父罪有应得而赵师韫将其处死并不违法，则其"非死于吏也，是死于法也"。如果这就是案"情"，那么在此基础上按"理"可以提出这样的问题："法其可仇乎？"答案自不待言。陈子昂和柳宗元都承认"杀人者死"这一早经荀子明示，且经汉高祖、唐高祖在其各自的"约法"中重申的法律原则。柳氏认为，元庆案件的试金石是元庆之父是死于法还是死于赵师韫的公报私仇。只要弄清案情，即可按理给出元庆是否该被处死的明确结论，根本不需要杀之然后旌表：如果该杀，就不该旌表；反之，就不该杀，也谈不上旌表。

因此，按照柳宗元的看法，在"本情"的基础之上，通过"穷理"，就可以做出准确判断，确认如何正确处理元庆复仇案。

陈子昂不问青红皂白就认定徐元庆该被处死，其理由是："人必有子，子必有亲，亲亲相雠（chóu，即仇），其乱谁救？"柳宗元认为陈氏没弄清礼经的意思，是"惑于礼"。柳氏指出，礼经认可的复仇属于亲人被杀而官府不追究凶手责任的那种情况："礼之所谓仇者，盖其冤抑沉痛而号无告也"。

陈氏并未对《礼经》关于复仇的观点做出认真研究，仅粗略提到"按《礼》经，父雠不同天"。柳氏注意到，包括《周礼》与《春秋公羊传》在内的儒家经典都提到不许复仇的情形，即"杀人而义"（他人正当的杀人行为），"父受诛"（报仇者的父亲因有死罪而被官府判处死刑）。也就是说，《礼经》并不赞成一味复仇，如果父亲本有死罪，那么为其复仇即属违礼。柳氏引用的经文有《周礼》："调人，掌司万人之仇。凡杀人而义者，令勿仇；仇之则死。有反杀者，邦国交仇之。"再就是《春秋公羊传》："父不受诛，子复仇可也。父受诛，子复仇，此推刃之道，复仇不除害。"因此，从《周礼》的规定可知，为本该处死的人报仇，即系邦国的仇人，大家均可杀之；《春秋公羊传》则认为，在父亲本有死罪的情况下为其复仇，就等于循环相杀，起不到申冤除害的作用。

柳宗元认为只要弄清《礼经》的意思，就可以知道徐元庆报仇符合礼的标准："今若取此以断两下相杀，则合于礼矣。"他指出，依据礼来评判元庆的行为，可知他是集孝义于一身的"达理而闻道者"："不忘仇，孝也；不爱死，义也。元庆能不越于礼，服孝死义，是必达理而闻道者也。"由此，柳氏质问："夫达理闻道之人，岂其以王法为敌仇者哉？"既然元庆达理闻道，怎么会以王法为敌呢？也就是说，柳氏认为，元庆绝对不是行凶杀人的亡命之徒，他报仇一定是因为父亲被冤杀，而在官官相护的情况下通过正常司法途径为父亲申冤的机会也没有，于是只能诉诸今天我们所说的"私力救济"，以一己之身代替官府为父亲寻求正义。

从柳氏的论辩可知，他在礼的层面上解释元庆的行为属于孝、义，并在此基础上认定他是达理闻道之人，进而得出结论：徐元庆不会与王法为敌，因此不应判他死刑。站在礼的高度为法的正当应用提供依据，这是柳氏协调礼、法进而为徐元庆辩护的路数，为人们正确处理有关报仇的礼法关系提供了一个有说服力的思路。通过厘清儒家经典的复仇理论，柳氏为复仇划出一个清晰的界限：父亲无死罪而被杀害，子孙可以自行报仇。就是说，柳宗元在"杀人者死"的普适法律原则中，以礼经之笔为父亲无死罪而被杀的情况划出了孝子可以复仇的一块私力救济自留地，也为宋代开始蔚然成风的援情、理释礼、律的解释方法埋下了伏笔。

反过来，柳宗元认为陈子昂的观点"黩刑坏礼"，即对刑（法）与礼均构成破坏。像陈子昂一样，柳氏也请求皇帝把自己的建议"附于令"，使之成为处理复仇案件的准则。他的建议却似乎未被采纳，因为六年后唐宪宗要求群臣讨论梁悦复仇案，诏书依旧为礼、律背反而苦恼。

三、个案正义

韩愈与柳宗元同为中唐古文运动的领袖，并称"韩柳"，二人对复仇的议论也都是中国法律史宝贵的文献。

唐宪宗元和六年（811年）九月，陕西富平县人梁悦为报父仇而杀人，且与当年徐元庆一样，主动投案自首。宪宗为此下诏："在礼，父仇不同天，而法杀人必死。礼、法，王教大端也，二说异焉。下尚书省议。"尚书省是唐代掌管吏户礼兵刑工六部的最高行政机关，负责政令的颁布和实施。适逢韩愈擢升兵部职方员外郎，即兵部职方司副职，帮助正职郎中负责地图、城隍、镇戍、烽堠等事务，便应诏写下《复仇状》。

与柳宗元的方案不同，韩愈认为应该对复仇案实施个案正义，类似于英国法史上的衡平法（equity，与common law普通法相对）。韩愈首先解释为什么唐律并无复仇专条。他认为《春秋》《礼记》《周官》等儒家经典均未一概否定子报父仇："未有非而罪之者也。"在儒家帝国时代礼就等于宪法，在经与礼不禁止甚至倡导子报父仇的情况下，"杀人者死"这一普适法律原则也只好在复仇问题上保持沉默："非阙文也，盖以为不许复仇，则伤孝子之心，而乖先王之训；许复仇，则人将倚法专杀，无以禁止其端矣。"韩愈重申了先王之训与倚法专杀之间存在的礼、律背反给立法造成的困境，因此法律不便硬性规定。

在讨论儒家经典关于报仇的观点时，韩愈特别提到《周礼·周官》的主张，"凡报仇雠者，书于士（法官），杀之无罪"。即报仇者要告知法官，然后再复仇。关于这个程序，韩愈认为，如果报仇者是弱者，就需要悄悄进行，不能大张旗鼓告官后再报仇，所以很难适用于今天的处境："若孤稚羸弱，抱微志而伺敌人之便，恐不能自言于官，未可以为断于今也。"

陈子昂不允许杀人者死这一法律通则存在例外，虽然不妨表彰孝子；柳宗元则主张在父亲本无死罪而被杀的情况下孝子可以复仇。与他们不同，韩愈认为需要仔细区分不同情况，具体问题具体分析，就像不能一味要求按照《周官》的要求先告官再实施。他指出："复仇之名虽同，而其事各异。"然后他提到告官之外的两种情况："或百姓相仇，如《周官》所称，可议于今者；或为官所诛，如《公羊》所称，不可行于今者。"

韩愈所言"《周官》所称"是指前文提到的"杀人而义"的情况："凡杀人而义者，令勿仇，仇之则死。"韩愈对这句话的解释是，"义，宜也，明杀人而不得其宜者，子得复仇也。此百姓之相仇者也"。韩愈认为，当今百姓之间的报仇，在父亲被人不正当杀死的情况下，可考虑准许。其所谓"《公羊》所称"，是指《春秋公羊传》曰："父不受诛，子复仇可也。"韩愈的解释是，"不受诛者，罪不当诛也。诛者，上施于下之辞，非百姓之相杀者也"。韩愈认为，在官府执行死刑的情况下，即使父亲"不受诛"，即不该判处死刑，也不应允许报仇。或许，韩愈认为，官府错判死刑可以通过正常司法途径寻求平反昭雪，但子孙不得复仇。

从韩愈讨论的三种情况来看，他的主张基本上与柳宗元相似，即在父亲被他人而不是政府杀死的情况下，可以考虑准许儿子复仇，且不必事先告官。但韩愈总的建议还是在程序上设置硬性规定，即上报尚书省经集体讨论后提出具体处理意见，再报皇帝审批："宜定其制曰：凡有复父仇者，事发，具其事申尚书省，尚书省集议奏闻，酌其宜而处之。"韩愈拒绝给出类似陈子昂或者柳宗元在实体法上的杀或赦的规定，而是在程序上由高官及皇帝"临事议制"，这样就把报仇是否会受到国法处罚的风险留给孝子自己去评估与承担。然而，韩愈却认为，只有这种个案处理的方式才能使"经、律无失其指"。

四、乱世私刑

陈子昂、柳宗元、韩愈都以儒家经典作为评论复仇的起点与依据。王安石不同，他从司法的正当程序入手排除复仇的必要性，然后再把儒家经典对复仇正当性的赞许限定于"乱世"迫不得已的私力救济，这样就基本上否定在他自己所处的那种"治世"适用的可能性。

王安石以有人问及而由他作答的方式讨论复仇问题，作了《复仇解》。他的回答开头第一句就定了调："非治世之道也。"他的理由是上自天子，下到各级官吏"各修其职，其能杀不辜者少矣"。也就是说，政府设置的司法体制基本上不会造成无辜者被杀的情况，因此也就不大会存在需要复仇的情况。如果竟然发生了冤案，那么家属只需要走正常司法途径，逐级上告，"以告于天子，则天子诛其不能听者，而为之施刑于其仇"。王氏认为，这种正常的申冤途径必能奏效，皇帝会惩罚司法过程中失职或渎职的官员，并且通过处死造成冤案的官员来为受害人家属报仇。

王安石的复仇理论把报仇纳入伸冤的司法程序，以申冤替代复仇，使得公力救济吸纳私力救济，等于取消了复仇的问题。王氏的主张极具现代性，基本上与现代人的法律共同体对复仇的看法一致。然而，王安石需要回应一个棘手的问题：既然正当的途径是化复仇为申冤，那么为什么儒家经典众口一词认可复仇？王氏的解释是，经典中对复仇的赞许是回应乱世"天子、诸侯、方伯，皆不可以告"的情况，也就是乱世没有健全的司法体制，导致杀人凶手逍遥法外，而受害人家属无处鸣冤叫屈，因此有私自报仇的情况发生，而经典作者审时度势予以特许："盖仇之所以兴，以上之不可告，辜罪之不常获也。方是时，有父兄之仇，而辄杀之者，君子权其势，恕其情，而与之可也。"

因此，儒家经典对复仇的赞许属于乱世特例，以补救司法体制缺位之失："故复仇之义，见于《春秋》传，见于《礼记》，为乱世之为子弟者言之也。"王安石还特别引用《春秋公羊传》禁止在"父受诛"的情况下"子复仇"。他指出："此言不敢以身之私，而害天下之公。"按照王氏解经，不仅儒家经典通常认可的复仇情况其实仅适用于乱世，而且经典本身本来也明示父亲本有死罪的情况下不可复仇，在此他回到陈子昂的概念框架即公与私的对立来反对复仇：代表"天下之公"的法如果认定父亲当"诛"，作为一己之私的复仇就完全没有理由以私害公——公、私的对立本来是法家引入中国政治与法律话语的词汇，王氏解经的时候有意无意显出他的法家成色。

最后，王安石论及复仇可能面临被对手杀害或被官府判死刑因而导致父亲绝嗣的结果："可以复仇而不复，非孝也；复仇而殄祀，亦非孝也。"如何处理复仇可能造成的不孝困局？王氏似乎认为，如果复仇可能导致父亲绝嗣，那么宁可忍受不复仇的耻辱，也不能贸然行事导致自己被杀而使父亲断了香火："以仇未复之耻，居之终身焉，盖可也，仇之不复者，天也；不忘复仇者，己也。克己以畏天，心不忘其亲，不亦可矣？"

主张"天变不足畏"的王安石，对于复仇，倒是愿意以"天"的名义让人接受终身不能复仇的耻辱，主张"克己以畏天"，到此，他对复仇的保留态度表现得淋漓尽致。

然而，王安石的理论在此似乎与他的司法实践不一致。在处理张朝报仇案的时候，他与审刑院、大理寺唱反调，以报仇为由从轻发落，并引赦使其不受罚。据《宋史·刑法志》记载，苏州平民张朝的堂兄用标枪戳死张父，之后逃跑，张朝将其捉回并杀死。审刑院、大理寺判决张朝属"十恶"的"不睦"罪，判处死刑。此案上报后，根据《宋史·刑法志》记载，参知政事王安石说："父亲为堂兄所杀，张朝因报仇而杀害堂兄，其罪最高只应判加役流（流放且服役）。正巧遇有大赦，应该免罪。"皇帝采纳王氏意见，将张朝赦免。

张朝并未像王安石主张的那样走正常司法程序，可王安石却在其他官员主张处死张朝的情况下力排众议，为张朝复仇开脱，这与他的复仇理论完全不符，可是我们还找不出解释他的理论与实践背离的理由，姑且存疑。第十章还会在阿云之狱的辩论中再次讨论王氏的法理与司法实践。

五、礼（经）进法（律）退

复仇问题为我们理解礼、律（法）合一时代传统中国法自身的纠结提供了一个不可多得的佳例：杀人者死的通则在多大程度上可向子复父仇这一儒家孝道的底线做出妥协、让步？换言之，如何兼顾"据《礼经》，则义不同天；征法令，则杀人者死"？可以说，复仇问题为我们理解礼律、礼法在合一的同时也不无矛盾的复杂关系提供了最好的门径，也为我们了解先贤在适用（复仇）法律的时候如何解释相关经典提供了范例。传统中国法既然引礼入律，那么解释法律自然也涉及解经。陈子昂、柳宗元、韩愈、王安石对于复仇相关经典的不同解释，为我们留下了宝贵的线索，使我们得以管窥法律语境下的解经路数，其中尤以韩愈对经、律关系的论述最为明晰："经之所明者，制有司者也，丁宁其义于经，而深没其文于律者，其意将使法吏一断于法，而经术之士得引经而议也。"从韩愈的论述可知，一方面，经义已"深没其文于律"，即立法本身已体现经义；另一方面，在"吏一断于法"的同时，"经术之士得引经而议"，即在执法过程中不妨以经解律。如此，则立法与司法均不出经义之外。再者，韩愈以义、文解释礼经与法律，也与柳宗元以情、理释礼、律形成有趣的对照。

　　经与律有如韩愈所说那种水乳交融的关系，表现在复仇方面，就是法律未能像通常禁止杀人那样否定报仇特别是子报父仇，因为儒家经典显然像柳宗元和韩愈解释的那样，赞成在父亲没有死罪而被杀的情况下子报父仇。王安石对经典赞许的复仇仅适用于乱世的解释或许太过狭义。

　　瞿同祖认为："从东汉以来的法律，除了元代一时期之外，都是禁止人民私复仇的。"[1] 据《元史·刑法志》："诸人殴死其父，子殴之死者，不坐，仍与杀父者之家征烧埋银（丧葬费）五十两。"也就是说，报仇不仅免于刑事处罚，且仇家还须付五十两银子的

---

① 瞿同祖：《中国法律与中国社会》，中华书局1981年版，第73页。

丧葬费。瞿同祖对元朝法律的引述固然是对的，但他说其他朝代的法律一概禁止私自复仇，至少不符合唐宋以来的实际法例。其实，瞿同祖自己也承认唐律没有明文禁止复仇，宋代实际上是通过"奏裁"的特殊程序即提请皇帝特批的方式解决这个问题，与韩愈当年给唐宪宗的建议别无二致。奏裁的程序意味着需要个案判断，因此不能说是禁止复仇，只能说不鼓励罢了。

至于明、清的法律，瞿同祖承认，"祖父母父母为人所杀，子孙痛忿激切，登时（当场立即）将凶手杀死是可以免罪的，但事后稍迟再杀，便不能适用此律，须杖六十"[1]。比如《大清律例》第 323 条规定："若祖父母、父母为人所杀，而子孙擅杀行凶人者，杖六十。其即时杀死者，勿论。"可以说，明清律虽然不像元律宽容，但似乎比宋律一概适用特殊程序还要宽大，至少当场立即杀死凶手可以明确不负刑事责任，事后擅杀也才杖六十，而杀死普通人需要抵命。清人沈之奇的注解说明为何当场即时杀死凶手应该免于处罚："若目击其亲被杀，痛忿激切，即时手刃其仇，情义之正也，何罪之有？"[2]

因此，从法律的情况看，与瞿同祖的概括相反，在唐朝以后，传统中国法对复仇特别是子孙报父母、祖父母之仇基本上是免刑或轻刑，并非一概禁止，只是在仇人遇赦放还而子孙仍将其杀死的情况下，比如在清朝，报仇者才会被处以流刑等重刑，但仍然无须抵命。个中原因，倒是可以借用瞿同祖的描述："复仇而得减免，原是法外施仁，为例外，可是一般人，尤其是读书人，却以例外为正，频加赞叹，反以例内为非，大加抨击，认为防阻教化，

---

① 瞿同祖：《中国法律与中国社会》，中华书局 1981 年版，第 73 页。
② 沈之奇撰，怀效锋、李俊点校：《大清律辑注》，法律出版社 2000 年版，第 784 页。

不足为训……中国的学者，除法家外，都偏向于礼经，不肯否认复仇的道义。"①

不妨说，在未从法律上真正否定复仇甚至还有意网开一面的儒家帝国时代，或许在人们的教养中，始终有一个无法根除的共识：如有人非法剥夺他人父亲的生命，则意味着他人有理由亲手而不是假借官府将其杀死。

由于儒家学者的鼓励，复仇在汉代随着"以孝治天下"的国策的确立而蔚然成风，从此直到清朝都是屡见不鲜，为君主独揽生杀大权的帝国法制留下一块私人执法的自留地。

---

① 瞿同祖：《中国法律与中国社会》，中华书局 1981 年版，第 87-88 页。

第十章　原因之罪

　　山东农家女阿云在母亲去世不久被强行嫁人。一天夜里，她持刀跑到地里，砍伤为看守庄稼而在田间窝棚睡觉的丈夫韦阿大。被带到官府盘问时，她坦白了自己的罪行。这个再简单不过的案件却引起王安石、司马光等宋代高官近两年的争论，其中参知政事即副宰相唐介在争论中因气愤而身亡，明代的丘浚、清代的沈家本等人也对此案津津乐道。此外，"辩论登州妇杀夫案（阿云之狱）"还曾是以道学为修撰原则的《宋史》借以贬斥王安石的一个事例。[①] 同时，"阿云之狱"曾被当作证明王安石性格执拗、不懂法而好议法的范本，从《宋史》直到主持清末修律的沈家本，主流意见在相当长的历史时期内没有改变。

　　所幸 20 世纪以来阿云之狱也随着对王安石变法的再评价而遇到"翻案"的机会。时至今日，国内外学者如徐道邻、戴建国、苏基朗、宫崎市定、蓝德彰（John D. Longlois, Jr.）等对此案都有精彩论述，比如蓝德彰把"阿云之狱"的争论放在"常法"与"变法"二者互动的"活法"背景上去考察，[②] 而陈林林在批驳马克斯·韦伯把中国传统司法归类为"非理性的'卡

①　李华瑞：《王安石变法研究史》，人民出版社 2004 年版，第 208—222 页。
②　［美］蓝德彰：《宋元法学中的"活法"》，李明德、李涵译，高道蕴、高鸿钧、贺卫方编，《美国学者论中国法律传统》增订版，清华大学出版社 2004 年版，第 334—382 页。

迪司法'"① 的文章中，也以"阿云之狱"中"复式的合理性解释结构"作为范例，囊括王安石与司马光二人的解释逻辑。②

本章试图从"阿云之狱"涉及的中国传统法理及司法程序的内部视角去探讨宋代法律的解释、执行及其与政治的关系。在这一叙事脉络中试图回答两个问题：第一，如何从谋杀与故杀的区别理解唐宋法律体系中的"原因之罪"，此外，在当时的法律解释中，司马光与王安石本来应该如何适用体系解释以便做出更为贴切的法律解释？第二，如何从宋代"内部政治"的框架分析"阿云之狱"的政治背景及传统中国法律与政治的关系。这是我们在讲述传统中国的模范法典即唐律之后，试图描述成熟的中国法典究竟怎样用于司法实践时一个不可多得的案例。除了刚才提到的两个问题，该案例也颇能揭示传统中国法礼律之间相辅相成但也不无矛盾的关系，只是此案对礼律关系的展示不同于上一章复仇问题中礼律之间的那种矛盾。以下先从"阿云之狱"的程序问题切入本案的争点。

---

① 韦伯这样形容中国古代法官的"卡迪式司法"："只要他是在神圣传统所赋予的权衡余地下，他绝对不会按照形式的规则……来加以审判。情形大多相反，他会视被审者的实际身份以及实际的情况而定，以及根据实际结果的公平与妥当来加以判决。"在中华帝国，"不仅形式的法律学未能发展，并且也从未设想要有一套系统的、实质的，且彻底理性化的法律"。[德]韦伯：《韦伯作品集》第五册，简惠美译，广西师范大学出版社 2004 年版，第 216—217 页。

② 陈林林：《古典法律解释的合理性取向——以宋"阿云之狱"为分析样本》，《中外法学》2009 年第 4 期，第 631—639 页。关于阿云之狱的新近论文有陈立军：《刑政、婚姻身份与按问自首法：关于北宋阿云案的几个问题》，《北大法律评论》2019 年第 2 辑，第 228—243 页。

一、特殊程序

　　登州（今山东蓬莱）知州许遵视"阿云之狱"为"疑狱"进而提请"奏裁（奏取敕裁）"。奏裁是古代司法中的特殊程序，即提请皇帝特批。所谓"疑狱"，就是"狱有所疑，法官执见不同，议律论情，各申异见"。许遵认为，该案有两个疑点：第一，因婚姻违律而无效，阿云的谋杀对象应为无法定亲属关系的"凡人"，而非丈夫，因此应判绞刑而非斩刑；第二，阿云在县尉那里的坦白属于"案问欲举"[①]的自首，可减绞刑二等。[②]

　　从历史上看，奏裁制度是成文法时代专制君主掌控司法权顺理成章的举措。君主一方面借成文法约束官僚的权力，同时又通过奏裁制度把疑难案件与重大案件的决定权牢牢掌握在自己手里。晋国铸刑鼎，颁布成文法，遭到孔子强烈反对，因为他认为，颁布成文法使平民有机会依法与执法的权贵据理力争，从而损害统治者的权威。然而孔子没想到，成文法后来成了巩固君主专制最有力的武器。秦帝国把颁布法律视为维护皇权的重要工具，通过要求帝国官员一体遵守来实现皇帝对帝国行政的有效监督。主张官员严格依法办事不是为保护平民的权利，而是通过限制官员司法权力的方式维护皇

---

① 唐律第 368 条"对制上书不以实"条有对问、案、推的注疏："无罪名谓之问，未有告言谓之案，已有告言谓之推。"据此，刘俊文对"案问"加以界定："案问者，亦是追究审问之意。案问与推问之别，在推者已有人告言，而案者乃无人告言，仅风闻有罪，即行审问。"刘俊文：《唐律疏议笺解》上册，中华书局 1996 年版，第 375 页。

② 苏基朗：《唐宋法制史研究》，香港中文大学出版社 1996 年版，第 162 页。

权。正是依据成文法，中国的君主从秦汉开始把帝国官员的权力严格限制在依法办案的框架中，即使要变通法律，那也只能是君主独享的特权。君主一方面借严格的法律约束官员的权力，如要求官员断罪具引（全面引证所有相关）律令格式，并追究官员"出入人罪"，即把无罪判有罪、有罪判无罪的司法责任；另一方面，君主又通过"奏裁"等司法程序，法外开恩，赢得民心。

在宋代，"奏裁"案件共有四类，"刑名疑虑（难以确定罪名）、情理可悯、尸不经验（未找到尸体或尸体已腐烂无法通过验尸而确认死者身份）、杀人无证见（没有证据与见证人）"。其中，"情理轻重之别是奏裁的重要依据"[①]。宋代司法中通过"奏裁"等特殊程序试图实现"情理"与刑罚之间的轻重得当，此乃罪行均衡原则的体现，是我国刑事司法中的报应正义思想的一个缩影，也是儒家仁政思想在程序法上的反映。"奏裁"作为特殊程序，其存在恰好说明中华帝国具有标准的、严格的审判程序。如果说禁止百姓"越诉"是为了强化普通程序而禁止"例外"，那么"奏裁"可以说是普通程序一种合法的例外。事实上，在"阿云之狱"那个年代，"奏裁"案件的处理结果大都免于极刑。《宋会要辑稿》曰："每岁天下之奏，常以千数，多或倍之。其间情涉巨蠹（dù）论如律者，百才一二，余从末减，不下千人。"也就是说，每年奏裁的一两千个案件中，情节严重依法处死的只有1%—2%，其他的都减刑处理了。顺便说，阿云本人最后也仅处以编管，即决杖后，

---

① 戴建国：《宋代刑法史研究》，上海人民出版社2008年版，第280页。

编到原籍附近为官府作役。①

在办理"阿云之狱"这一"奏裁"案件的过程中，审刑院、大理寺认定阿云应处绞刑。许遵则坚持认为阿云应按"案问欲举"自首减谋杀已伤罪（绞刑）二等。刑部在复核时认为审刑院、大理寺量刑正确。结果，许遵因适用法律有误而被处罚。不久，许遵被提拔为大理寺负责人，他又旧案重提，认为阿云案件还是应按"案问欲举"自首减免"原因之罪"处理。于是，王安石和司马光按照宋神宗的指示参与争论。

对于婚姻无效，所有参与该案处理的官员均无异议。这是由于阿云在母亲丧服期（名义上为三年，实际上 27 个月）内被强行嫁人，属于"嫁娶违律"，使阿云可以从"谋杀亲夫"的十恶大罪"恶逆"变成普通的谋杀犯。引起争论的是阿云在县尉预审时的坦白是否应被视为"案问欲举"自首。

苏基朗认为，根据宋代的司法制度，所谓"案问"，"应指由县令或其代表主持的正式的县级司法审讯，而非无推鞫职责的县尉在执行调查任务时所施行的讯问疑犯程序"。由于县尉的审问不属于正式的审讯，而阿云在县尉那里已经招供，所以苏基朗认定阿云"在正式审案前已经自首亦可无疑"②。

唐律本来就有"案问欲举"自首减罪二等的法条。对于"其知人欲告及亡叛而自首者，减罪二等坐之"这一自首法条，唐律解释中用了"案问欲举"这个概念："犯罪之徒，知人欲告及案问欲举而自首陈……此类事发归首者，各得减罪二等坐

---

① 苏基朗：《唐宋法制史研究》，香港中文大学出版社 1996 年版，第 162 页。
② 苏基朗：《唐宋法制史研究》，香港中文大学出版社 1996 年版，第 161 页。

之。"《宋刑统》照搬了这一规定。①

以上是许遵要求"奏裁"的法律依据。按照戴建国的解释，"刑案奏裁是指有疑难的刑事案件上奏朝庭裁决，案件主要以死刑为主……介于实体法和程序法之间"②。也就是说，假如阿云在县尉那里的坦白可以算作"案问欲举"自首，那么，依律应减刑，因此需经奏裁加以确定。

二、"于人损伤"

即使苏基朗对宋代司法制度的解释正确，即阿云确属自首，那么，要把自首适用于阿云"谋杀已伤"的情况，也还需要王安石跨越另一道法律障碍。因为唐宋法律明确把给人造成损伤的情形排除在自首适用范围外。《唐律·名例》第37条："其于人损伤（给人造成伤害后果）……并不在自首之列。"如果"于人损伤"不适用自首，那么"谋杀"造成损害更不能适用自首。

为什么"于人损伤"不得适用自首减免？这一问题的答案与是否应该给阿云减刑紧密联系在一起。

刘俊文认为，包括"于人损伤"在内的六种情况之所以不许自首，是因为"其行为结果已不可挽回，虽欲改过而无

---

① 为了行文的方便，本章提到有关的法条时，本文只称唐律，谈到法律的解释，也是指唐律的《疏议》部分的解释，这是因为阿云之狱涉及的法条及法律解释除《嘉祐编敕》外，均为唐律固有法条及解释而被《宋刑统》沿用。

② 戴建国：《宋代刑法史研究》，上海人民出版社2008年版，第278页。

由也"①。除了这一理由，我认为还有一个重要理由，就是唐律对人身的保护。比如，对于"人目先盲，重殴睛坏"是否应按通常的斗殴损伤人眼睛的法条进行处罚，《唐律疏议·斗讼律》第 305 条做出肯定回答："人貌肖天地，秉形父母，莫不爱其所受，乐天委命，虽复宿遭痼疾，然亦痛此重伤至于被人毁损，在法岂宜异制。"由此可见，唐律保护人身是出于哲学与道德两个方面。从哲学上说，人因"貌肖天地"而取得了尊严；就道德而言，人因"秉形父母"而把"爱其所受"当作尽孝道的机会。因此，损伤他人身体等于亏损他人的孝道。由此看来，唐律保护人身不是因为人身本身有什么价值，而是因为"天地""父母"这两个权威来源赋予人身以不可侵犯的价值。这两个权威的神圣性质，使人身被赋予价值，这种价值甚至一定程度上还在有限的范围内超越本来界限分明的"良贱"之别，比如，在解释"其于人损伤"时，《唐律疏议·名例·犯罪未发自首》强调，"虽部曲奴婢损伤，亦同良人例"。

因此，即使韦阿大不是阿云法律意义上的丈夫，阿云也因给阿大造成的损伤既亏损阿大因"貌肖天地"而应有的尊严，同时也因其"秉形父母"的身体未能保全而使阿大对父母构成不孝。诚然，"当时的官僚尊重人命、重视刑法的事实，尤以'新法党'受重用的神宗时代为最。那不是维持礼教家族制度的抽象理想，可以认为是尊重个人尊严这样一种新理念的高涨"②。由于"个人尊严"的观念主要还是在"于人损伤"的情

① 刘俊文：《唐律疏议笺解》上册，中华书局1996年版，第377页。
② ［日］宫崎市定：《宋元时期的法治与审判机构》，杨一凡主编：《中国法制史考证》丙编第三卷，中国社会科学出版社2003年版，第40页。

况下体现出来，所以还是应把这种观念视为"消极的"人权观念。

　　虽然人的尊严和孝道带来的"人命至重"的观念使得"于人损伤"不再适用自首减罪，但北宋同时适用两种刑事司法政策：一方面，宋代法律要对谋杀这种最为凶恶的人身侵害罪行严厉处罚；另一方面，对哪怕一丝一毫的悔过表示也要给予法律政策上的奖励，为鼓励悔过且减少执法成本而尽量放宽自首条件。这一鼓励自首的政策体现在 1062 年的《嘉祐编敕》（编敕即皇帝敕令的汇编），把"但因盘问便具招承"纳入"案问欲举"自首减罪二等的适用范围："应犯罪之人，因疑被执……但因盘问便具招承，皆从律按问欲举首减之科。"而且，《嘉祐编敕》还明确要求"谋杀人，伤与不伤，情理凶恶不至死者，并奏取敕裁"。就这样，《嘉祐编敕》在普通官员严格依法办事的同时，为皇帝提供柔化法律刚性的机会，即通过"奏裁"把谋杀已伤但"情理凶恶不至死"的案犯纳入自首减罪范围。

　　王安石一向主张尽量适用自首减罪的法律与敕令，比如，当宋神宗质疑自首政策对于盗贼是否失之过宽，王安石说："案问欲举法宽，乃所以疑坏贼党，虽宽一贼，必得数贼就法。"[①]法律既要惩罚蓄谋已久的犯罪、追究最恶毒的犯罪故意，尤其是谋杀；又要鼓励犯罪后的悔改，给人在道德上重新做人的机会，并通过自首者的招供抓捕更多的罪犯，从而

---

① 李焘：《续资治通鉴长编》，卷二四六，熙宁六年七月己未条，中华书局 2004 年版。

减少执法成本。

由于"阿云之狱"之前的法律和敕令已经分别为"案问欲举"自首与"杀人已伤"自首提供减罪的依据，所以当1069年8月1日，神宗第四次也是最后一次就"阿云之狱"下诏重申熙宁元年（1068年）7月2日第一次诏书的原则时，所有人都觉得这是顺理成章的事情：谋杀人自首及案问欲举，从谋杀减二等论。这也就是为什么"于人损伤……不在自首之列"并未成为适用自首减罪的障碍。

这一敕令反映了许遵与王安石的观点。然而，把"谋杀已伤"纳入自首减罪的范围，通过敕令这种正式的立法解释予以确定，不应被视为王安石"不懂法而好议法"的异端行为，因为这是在现行法律体系的框架中解释、应用法律的正当举措。法律逻辑的推演自有其极限与边界，不能解释为法官个人的性格执拗。

总之，通过"奏裁"的特殊程序或发布敕令这种司法解释的方式扩大自首减罪适用范围，其实还是遵循唐律"案问欲举自首减罪二等"的立法路线，因此应被视为法律解释，或填补法律漏洞，至少不是以敕代律、破坏法律。沿着"奏裁"的独木桥以"情理"轻重这种个案差异为标准对具体案件给出个案正义的适当裁量，既保证法律的灵活适用仅限于皇帝及其召集的高级官员，又能在最高级别的司法机构对个案进行适当处理，因此可以说"奏裁"是宋代司法把普遍正义与个案正义、普通法与衡平法结合的典范。

三、"原因之罪"

许遵和王安石把"案问欲举自首减罪二等"与"于人损伤仍得减免原因之罪"这两条规定结合起来，为阿云找减罪的法律依据。因此，"谋为伤因"的争论，实际上是谋杀与自首法条综合运用时产生的法律逻辑问题。有关"案问欲举自首"是否适用于"谋杀已伤"的争论，触及中国传统法律最深层次的法理与逻辑：就谋杀罪立法的法意而言，是否可以根据法律逻辑的推理把"谋"与"杀"分开，视"谋"为"杀"的"原因之罪"？对于这一问题，王安石与司马光的看法截然相反。可以说，阿云之狱的法律争论是因为王安石与司马光对阿云的坦白是否属于"案问欲举自首"，自首减罪是否应适用于谋杀已伤而引起的律文之争，及由此引申出来的"律意"之争。

王安石的法律依据是自首法条中的"因犯杀伤而自首者，得免所因之罪"。最典型的例子即是"因盗而杀伤"，杀伤之罪不原，盗罪作为原因之罪却可以不予处罚。即使"于人损伤"本身不适用自首，但仍可减免"所因之罪"，这是法律逻辑的应有之义。这个规定既使自首不得适用于"谋杀已伤"的原则得以贯彻，又使罪犯能够在不被减免杀伤罪的情况下享受自首减罪的好处，即不再追究其所犯"原因之罪"。由于阿云的犯罪属于无人可以争辩的"谋杀已伤"，而在"于人损伤"的情况下又只能"免所因之罪"，所以王安石必须证明"谋"乃是"杀"的"原因之罪"。

要解决这个难题，王安石需要面对两个问题：第一，"谋"可以独立成罪从而成为"杀（伤）"的"原因之罪"吗？第二，

"谋杀"与"故杀"的区别究竟何在？针对这两个问题的回答可以帮助澄清王安石与司马光争论的核心问题。

王安石的推理是把所有杀人罪都以有"所因之罪"为常态，而以无"所因之罪"为例外。他认为"七杀"（谋杀、劫杀、故杀、斗杀、误杀、戏杀、过失杀）中唯"故杀"为无所因之罪。王安石以此解释为何法律在减免所因之罪后要以"故杀"追究被告的刑事责任。当然，以"故杀"追究"于人损伤"的被告责任也有例外，即"斗杀（伤）"处刑本来就轻，为避免减免后按"故杀"处罚反而达不到减免被告责任的效果，故以本罪（斗杀）处罚。此外，"过失杀（伤）"虽有"所因之罪"，但过失杀（伤）毕竟没有人身侵害的故意，所以也应按失本法处理，不应因适用自首减免而按"故杀"处罚。通过这样的推理步骤，王安石把"谋杀"的"谋"保留在可以减免的"所因之罪"中，又将"斗""过失"排除在减免的范围外。

如果说把阿云在县尉那里的坦白纳入"案问欲举"勉强还说得通。那么，在司马光看来，要通过减免"原因之罪"的方式来给这个勉强的"自首"者实行减刑，实难苟同。一方面，阿云的婚姻系"嫁娶违律"而无效，这已使她免入"十恶"的"恶逆"，从而不至于遭受斩刑的严惩；另一方面，这里的所谓"原因之罪"，是从法律逻辑上来说最不可能认定的"所因之罪"："谋"难道是一种像"盗"那样独立于"杀伤"的罪？正是这个主张，使王安石成为"本不晓法，而好议法"的笑柄。

那么，王安石的主张究竟有没有道理？作为像"故"一样的主观心态，"谋"是不是独立的"罪"？从唐宋法律的体系脉络来看，其对"谋"的处罚底线是言论而不涉及心思意念。

对动机追究最深的莫过于"谋反"。然而即使在这里，也以二人以上"对谋"为定罪的标准，不涉及个人的内心活动。所以，戴炎辉在"未着手"的意义上界定"谋"："未遂系着手以后之行为阶段，未着手通常用'谋'字。"①《唐律疏议·贼盗律》第248条在解释谋反时指出，"谋危社稷，始兴狂计，其事未行，将而必诛，即同真反"。由此看来，"谋反"罪处罚的"事"即使未行出来，也必须进入定计、谋划的阶段方可定罪，所以法律所"必诛"之"将"需超出个体心理活动的范畴。

对于单个人涉嫌谋反的情况，从名例律对"谋"的界定可知，非"事已彰明"不得定罪。虽然法律也处罚"词理不能动众，威力不足率人者"，但也要求"结谋真实"，即当事人存在"构乱常之词""骋凶威"等情节。即使追究当事人的心中之"计"，也必须是在共谋的情况下造意者通过言辞对从者表达出来的计策，但并不追究心中未曾道出的谋虑。对于心中计谋的追究，需要在造意者"说"出后反过来推定其人心中有此计谋。在这样的法律语境中，可以清楚看出，法律虽然处罚"谋"，但绝不会追究未达到言论阶段的纯个人心理活动。

如此看来，我们一方面可以根据唐宋法律对于谋反等十恶罪的追究，看到"谋"构成罪的必要条件是达到言说的阶段；另一方面，从普通谋杀罪来看，其构成须是达到言论阶段的共谋或虽系未遂但已着手付诸实施的情况。

除了法律逻辑的推演，王安石论证"谋"可为"杀"的"所

---

① 戴炎辉：《唐律通论》，台湾正中书局1963年版，第134页。

因之罪"还有来自法条本身的理由，即"谋杀人者徒三年，已伤者绞，已杀者斩"。他认为："谋杀与已伤、已杀自为三等刑名，因有谋杀徒三年之犯，然后有已伤、已杀绞、斩之刑名，岂得称别无所因之罪？"王安石的论辩提出这样一个问题："谋杀人者徒三年"中的"徒三年"究竟是指哪种情况？他以"已伤、已杀"对比的"谋杀"究竟指的是单纯的心理活动，还是虽然预期结果尚未出现（未遂）但是毕竟已经进入对谋阶段或已经付诸行动的"独谋"？

王安石似乎是说，既然"已伤"即处绞刑，那么可处"徒三年"的"谋杀人者"必定指的是心中之"谋"，因为阿云是一人谋杀，不会有二人以上通过言辞实施共谋的可能。就是说，如果谋杀已伤即入于绞，那么"徒三年"针对的"谋杀人者"是否只要心中谋划就可以论罪呢？果真如此，岂不是说"谋"可单独论罪从而成为"杀"的原因之罪吗？

其实，唐律的相关条款已经为解决这个难题提供了线索。唐律中有两种情况适用于"谋杀人者徒三年"，只是王安石和司马光在辩论中均未提及。一种是共谋杀人未及实施即已败露的情况下适用于出谋划策的首犯："假有二人共谋杀人，未行事发，造意者为首，徒三年。"（这是唐律第 43 条议疏对"谋杀人者徒三年"给出的解释。）另一种情况是唐律第 256 条所说的一人独谋而事情外露："若事已彰露，欲杀不虚，虽独一人亦同二人谋法，徒三年。"什么叫作"事已彰露"？唐律第55 条对于"谋状彰明"的解释可以作为参考："假有人持刀仗入他家，勘有仇嫌，来欲相杀，虽止一人，亦同谋法。"

无论是唐律第 256 条"谋杀人者徒三年"的规定本身，还是第 43 条义疏"二人共谋杀人，未行事发，造意者为首，徒三年"，抑或第 55 条"假有人持刀仗入他家，勘有仇嫌，来欲相杀，虽止一人，亦同谋法"，都是把二人以上谋划过程中的言论或已进入预备阶段只是尚未造成伤害后果的行为列入惩罚范围，未曾进入言论或行为阶段的心理活动则不属于法律追究的对象。

根据上引法条，唐律规定的标准谋杀形态是共谋杀人。这就是为什么疏议里面会特别声明，"'谋杀人者'，谓二人以上；若事已彰露，欲杀不虚，虽独一人亦同二人谋法"。论述唐律谋杀条款的学者，似乎很少注意到唐律是把"独一人"的预谋杀人当作"二人谋法"的例外。[①] "二人以上"的犯罪主体是典型的谋杀罪成立的标准构成要件。因此，唐律谋杀罪的重要特征就是犯罪主体为复数。在此，唐律显然因袭本书第七章所引西晋张斐当年给"谋"下的定义："二人对议谓之谋"。至于单数（"独一人"）谋杀罪主体则必须从"事已彰露"这一客观标准去反推谋杀的犯意。就是说，在"独一人"的情况下，如果没有"事已彰露"这一客观证据，法律就拒绝以"谋杀"罪追究一个人的刑事责任。

根据唐宋法律对两种可判"徒三年"的"谋杀"罪的解释，我们可以判定，其无意于追究秘不示人的主观心理活动。可

[①] 刘晓林用"典型形态"与"修正形态"来形容"二人以上"（对谋）与"独一人"（预谋）之间的区别，立意甚好，但我觉得用"修正形态"这个词不大妥当，因为"修正"似乎意味着比"典型"更优。我认为用"常态"与"例外"或"变化"来形容二人以上对谋与一人预谋之间的关系更妥当。参见刘晓林：《唐律"谋杀"考》，《西部法学评论》2010 年第 1 期，第50 页。

以说，就普通的谋杀罪而言，"构成违法的罪行，必须首先有恶意，其次有恶意所导致的不法行为"①。这个来自英国的犯罪定义对唐宋法律也是适用的。

因此，假如王安石认为"谋"指的是行为人的心理活动，那么他的解释就与唐宋法律的相关法条不符，因为无论是二人以上"对谋""共谋"还是付诸行动的"独谋"，这两种可判"徒三年"的罪都是行为而不是内心秘不示人的想法。这就是为什么司马光说"彼平居谋虑，不为杀人，当有何罪而可首者？以此知'谋'字止因'杀'字生文，不得别为所因之罪"。

戴炎辉的解释从另一个角度为我的上述论证提供了依据。他从既遂、未遂的角度界定唐律"谋杀"条款，认为"谋杀人者徒三年"所指应是"已着手（预备）谋杀而未伤"的情况，"已伤"则属于"已着手而未遂"，"已杀"属于"既遂"。②在"已着手"的意义上，"谋"当然不是"杀"的"原因之罪"，因为唐律是根据"未伤、已伤、已杀"这三种后果把"谋杀"分为"徒三年、绞、斩"三个刑罚等级，而不是以"谋"的主观心理活动来区分"谋"与"杀"。因此，《大明律》将可判徒三年的谋杀罪改写为"若谋而已行，未曾伤人者，杖一百，徒三年"，即"已行未伤"，乃是更为清楚明白的表述。③无论是"已着手""预备"还是"已行""徒三年"，刑罚追究的都是言论或行动，不管行动到了何等程度，都不属于"平居谋虑"的内

① William Blackstone, *Commentaries on the Laws of England in Four Books*, New York: W.E. Dean, 1842, vol.II, p.14.
② 戴炎辉：《唐律通论》，台湾正中书局 1963 年版，第 135 页。
③ 薛允升：《唐明律合编》，法律出版社 1999 年版，第 469 页。

心活动。"谋杀人者徒三年"是对已着手实施但尚未达到杀伤后果的谋杀行为进行追究。可处"绞刑"的谋杀属于已经造成伤害后果的情形。所以，在"徒三年"与"绞"的刑等之间，差别在于实施的阶段与造成的后果，而不在于谋虑的程度不同，因此不能从这两个刑等之间的区别得出"谋为伤因"的"律意"。

正如戴炎辉所言，"盖律重视实害，若未有结果，则不应处罚"①。即使对于谋杀，唐律也是以"实害""结果"作为处罚依据，决不会追究内心未曾示人的杀人之"谋"。这都可以证明唐律法律脉络中的"谋"不能作为"杀"的原因之罪。否则与唐宋法律、敕令支持"案问欲举自首"减罪的情形相悖。唐宋法律无论是对"谋反""谋叛""谋大逆"等十恶罪名，还是对"谋杀"这一罪名本身，均未把主观心态当作可以惩罚的罪行。所以，王安石根据"谋杀人者徒三年"这个法条推定，"谋"可为"杀"的"原因之罪"，不符合这里我们对唐宋法律进行的体系解释。由此可见，这个引起王安石与司马光争论的法条也许本来应该写作"谋杀人未伤者徒三年"，那样也许就不至于引起争论。

归纳起来，唐宋法律关于"谋杀人者徒三年"的规定可以这样来看：二人以上"共谋"的情况下即使"未行"也可以判三年徒刑；一人构成"谋杀"罪名则必须属于"事已彰露""谋状彰明"。由于"共谋"意味着二人以上"对谋"，当"造意者"把杀人意图告诉同伙，就已经不再是"平居谋虑"，不再停留

---

① 戴炎辉：《唐律通论》，台湾正中书局1963年版，第135页。

于主观心态。因此，可以说，就唐宋法律的上下文而言，普通的"谋杀"罪并不追究个人未曾示人的心理活动。

四、体系解释

就刑事法律的体系解释而言，张明楷认为，"体系解释，一般是根据刑法条文在整个刑法中的地位，联系相关法条的含义，阐明其规范意旨的解释方法。体系解释的目的在于避免断章取义，以便刑法整体协调"①。同样，解释唐律对于谋杀的规定，固然要注意唐律处罚"实害"，同时也要将其放在其所属的"贼盗律""斗讼律"的唐宋法律体系里去解释。区别"谋杀"与"故杀"乃是王安石与司马光争论的重要内容，有必要在此将其纳入唐宋法律体系之内对其进行深入讨论。

谋杀与斗杀、故杀的区别就在于谋杀的常态是共同故意犯罪，而斗杀与故杀则大多属于一人犯罪。"故杀"是"斗杀"的例外或延伸，而"谋杀"则是与谋反等十恶大罪并列的重罪，属于"王者之政莫急于盗贼"的"贼盗律"的打击对象，正如薛允升所言，"六杀（宋代加上'劫杀'变为'七杀'）惟谋为重"。②

从唐宋法律的上下文来看，之所以说故杀指的是斗杀的例外，是因为二者同属"斗讼律"，故杀在规定斗杀的条款中顺便被带出来："诸斗殴杀人者绞，以刃及故杀人者斩。"而"谋

① 张明楷：《注重体系解释，实现刑法正义》，《法律适用》2005 年第 2 期，第 34 页。
② 薛允升：《唐明律合编》，法律出版社 1999 年版，第 469 页。

杀"却与"谋反""谋叛""谋大逆"同属针对处罚罪大恶极犯罪的"贼盗律",可以说"故杀"是"斗杀"的加重情节。"故杀"与"谋杀"的界限可见很严。

具体而言,唐律把"故杀"解释为"非因斗争,无事而杀"。戴炎辉据此认为这一界定"只欲消极地与斗杀区别而发,非其本质的意义"。可以说,"无事而杀"是"故杀"的常态,又是"斗杀"的例外。也许在这个意义上理解"故杀"并进而界定其与"谋杀"的区别,才符合唐宋法律的规范体系。

对于"故杀",西晋张斐在《注律表》中给出了标准解释:"知而犯之谓之故。"何以得知嫌疑人系"知而犯之"?唐律将其与斗杀相对比,从而得出"故"的客观标准:"非因斗争,无事而杀,是名故杀。"沈家本认为,《唐律疏议》所说的"无事而杀"中的"事""谓无斗争之事,非指他事"①。因有"斗争之事"而杀伤,乃是杀伤最自然的起因,否则就属于例外。故杀之所以属于例外,乃是因为"无斗争之事"。假如"因斗"杀伤还情有可原,那么作为"无事而杀"的故杀,当然就毫无道理,因此应加重处罚。可以说,斗杀、故杀乃是以"斗争之事"为基准衡量杀伤人情由的逻辑体系。"因"乃是"事"与"事"之间的逻辑纽带。无事,则无因。沈家本批驳王安石,其要点之一是强调"原因之罪"的"因"必须是客观的"事",因此不包括单纯的思虑。沈家本的这一批评显然是正确的。

而且,大理寺官员杜曾在宋仁宗宝元二年(1039年)关

---

① 沈家本:《寄簃文存·论故杀》,《历代刑法考》第四卷,中华书局1985年版,第2065页。

于谋杀、故杀的辨析也可以为我们印证：谋杀之所以被严惩是因为其处心积虑的事先谋划；而故杀则是因有杀人的客观后果才得以推定被告有杀人故意："律虽谋杀已伤则绞，盖甚其处心积虑，阴致贼害尔。至于故杀，初无杀意，须其已死，乃有杀名；苟无杀名而用杀法，则与谋杀孰辨？"(《宋史·卷三百·列传五十九》）也就是说，谋杀与故杀的区别就在于谋杀看动机，故杀看后果。故杀如果说有动机那也只是临时起意（因为"初无杀意"）。下文讲到司马光的论辩，也与杜曾的思路相仿。

基于以上理由，我们可以得出结论：唐宋法律是以斗殴杀人作为常态来安排相关法律条款。斗殴条款中有两种推定为"故杀"的情形，都是从斗殴引起的杀伤情节中区别出来，这也印证"故杀"属于斗杀的例外或延伸，都是从斗杀的法条脉络引申出来。这两种推定情形分别是"斗而用刃"与"绝时而杀"。对于前者，则因行为人手持利器而被推定为"有害心"，从而认定其为"故杀"，即以是否用"刃"作为有无杀人故意（"害心"）的客观依据。因此，"故杀""谋杀"虽然都具有杀人的主观故意，但也正如上文指出的那样，二者之间判然有别，即"故杀"属于"斗杀"系列的"斗讼"犯罪，"谋杀"则属于"贼盗"系列的重罪。

就立法史而言，区别"六杀"乃是我国古代法律从仅仅惩治"贼杀"到注重杀人的主观动机逐步演变而来。唐以前的法律之所以不区别谋杀、故杀，是因为"旧律重视实害"，[1] 埋头

---

① 戴炎辉：《唐律通论》，台湾正中书局1963年版，第72页。

于处理杀人后果的轻重，而不注重主观过错的大小。凡是有意的杀害都属于"贼"杀，而无所谓谋杀、故杀。"杀人不忌为贼"（《左传》）"盖包后来之谋、故在内"。[①] 另外，"贼"杀之所以需要严惩，是因为它是在君主及其臣僚垄断了生杀大权的时代私人僭越了主权者专属的权力。"杀人不忌"意味着无视主权者对生杀大权的垄断。"贼杀人"的罪过既在于杀人者擅自剥夺受害人的生命，更在于他挑战了君主垄断生杀大权的权威。

因此，中国古代关于人身侵害的立法从一律贴上"贼杀"的标签，到区别"谋杀""故杀"等以被告人主观故意为线索划分的"六杀"，其立法重心从强调君主对杀人权力的垄断这一政治利益，过渡到依据被告人行为动机的邪恶程度配置相应的刑罚这一法律利益。法家"重刑轻罪"的策略也被放弃，代之以寻求"罪刑相应"的立法与司法目标。"阿云之狱"的争论，也可以看作追求罪刑相应的努力。

在这样的法律体系背景下，看司马光对于谋杀与故杀的区分，我们发现，与王安石对"谋"为"杀"的"原因之罪"的论述没有充分检索当时法律体系的脉络一样，司马光也失之于抽象地推断"律意"。司马光对王安石的批驳主要有两点：第一，从法律逻辑的角度来说，如果"谋为伤因"，则"故"也可以为伤因，否则逻辑上不能自洽；第二，如果除"劫""盗"等罪名外还要对其他的原因之罪一概减免，则会出

---

① 沈家本：《寄簃文存·论故杀》，《历代刑法考》第四卷，中华书局1985年版，第2064页。

现减免后按"故杀伤"处理的情况下罪犯反而被加重处罚的荒唐后果。他说："其处心积虑，巧诈百端，掩人不备，则谓之谋；直情径行，略无顾虑，公然杀害，则谓之故。"这样仅仅从主观心态上区别"故"与"谋"，界限依然很模糊。如果从"谋杀"与"故杀"在法律体系中分别出于"斗讼律"与"贼盗律"的篇目这一点着眼，也许能够更好地区别这两种犯罪。

根据以上分析，可以说王安石的错误在于没有检索相关法律的上下文，而是用字面解释和法律推理替代体系解释。本来，王安石如果掌握唐宋法律的结构以及相关法律的上下文，就不必围绕谋、杀二字对其在"谋杀人者徒三年"这一语句中的含义进行推理，司马光也不必为区别谋杀与故杀的字面含义而煞费苦心，他们只要找到唐宋法律本身对谋杀罪的全部规定就可以确定其含义，从而认定"谋为伤因"的说法不符合唐宋法律的立法体系。

同时，根据王安石与司马光的用法可知，他们所谓"律意""法意"，是指法律解释应以字面意义为基础，同时又不拘泥于字面含义，由此"原""推"法律的真精神。比如，关于"律意"，王安石认为："窃以为，律：'谋杀人者徒三年，已伤者绞，已杀者斩。'谋杀与已伤、已杀自为三等刑名，因有谋杀徒三年之犯，然后有已伤、已杀绞、斩之刑名，岂得称别无所因之罪？今法寺、刑部乃以法得首免之谋杀，与法不得首免之已伤合为一罪，其失律意明甚。"司马光则提过"立法之意"："凡议法者，当先原立法之意，然后可以断狱"。由此可见，"律意"侧重于法律文本的原义，"法意"侧重于立法者的本意，二者共同构成法律的语义系统。如果我们这样理解律意与法意，那么王安石与司马光解释法律的方法就类似于美国宪法解释中的"原旨主义（originalism）"。原旨主义在其演变过程中被赋予略有不同的含义，其中 original intent 是指立宪者的原意，类似于"法意"；textualism 是指宪法文本自身承载的意思，类似于"律意"。[①]

由此看来，这次争论不是敕律之争，不是变法之争，甚至不是礼、法之争（虽然司马光的确向宋神宗抱怨说只要从礼的角度看就可以轻松判断本案的是非曲直），而是法律解释之争。不过，法律解释之争背后是双方刑事司法政策的不同：王安石试图扩大自首减免罪行的适用范围，而司马光则更注重报应正义即让凶徒受到应有惩罚。

从王安石与司马光的论辩可知，他们二位均未全面检索相关法条及疏议，而是在很大程度上以逻辑推理"法意""律意"来贯彻各自的刑事司法政策，并未在全面检索法典结构体系的基础上还原立法（文本）原义、立法（者）原意。然而，唐宋法律有关"阿云之狱"的法条分布于名例律、贼盗律与斗讼律之中，若不仔细检索，很难领略其全貌，也就不能给出令人信服的法律解释。这可以说是王安石与司马光共同的缺失：体系解释的功夫还不够。

总之，王安石和司马光都是从推原律意的角度论述谋为伤因、不为伤因，结果都诉诸法律逻辑，而不是依据法律的体系结构，即成文法律的上下文来考察谋与杀伤的法律关系，

---

① 关于原旨主义、文本主义的论争，参见 S. G. Calabresi 的概述：S. G. Calabresi（ed），*Originalism, A Quarter-Century Debate*，New York，Regnery，2007，pp. 1–40.

从而使其对律意、法意的寻求因脱离法律的整体脉络而陷入玄思，难怪意见相左。

五、君主执法

"阿云之狱"本来以许遵适用法律不当受到处罚而结案，但当许遵从登州升任大理寺，他"耻用议法坐劾"（《宋史·卷三百三十·列传八十九》），再次挑起该案的争论，于是神宗皇帝要求王安石、司马光复议。王安石争论"阿云之狱"，不是因为他想借此标榜自己，故意通过一个案例来打击异己。可以说他是被动卷入这一事件。何况王安石从获得第一个官职开始就在思考自首等法律问题，到"阿云之狱"发生，已有近三十年时间。至于他在该案持有与司马光相反的立场，那不是他的错，就像不是司马光的错一样。他们只是在用自己的判断来解释法律。

异议本来就是法律解释中常见的现象。为了做到公正，法官循着法意、律意的途径把法条的未尽之意阐释出来，这就是传统中国法律解释理论的核心所在。洞察法意、律意而不拘泥法条，这是传统中国法律解释的金规则。法条的解释，法意、律意的推导，造成的结果是两种解释相持不下。于是，凭借自己作为最高法官与立法者的权威，宋神宗采取造法措施即制颁敕令加以定夺。为此，《宋史·刑法志》规定："凡律所不载者一断以敕，乃更其目曰：敕、令、格、式，而律恒存乎敕之外。""阿云之狱"中，神宗先后四次颁布敕令，借以明确帝国在自首方面新的刑事司法政策，从中可知敕令不是法律的替代物，而是法律解释和法律漏洞填补的基本工具。由于敕令是针对法律文本的漏洞或过时条文而制颁，是通过现任君主把以往君主的法度进行变通，当然会要求官员在执法中先适用新敕。这不是取代法律，而是执行最新的法律。这与其说削弱了法律的权威，还不如说加强了法律的权威，因为只有使古老的法律适应新的形势，才能使法律因能够适应时代需要而被整体上沿用下去，以免因不能变通而招致完全被抛弃的厄运。毕竟，从653年颁布《唐律疏议》到1068年审理阿云之狱，几百年过去了，谋杀罪的律文本身，即"谋杀人者徒三年，已伤者绞，已杀者斩"，一仍其旧，一字未改。

在该案争论过程中，王安石因其先后作为翰林学士与参知政事的官职才得以全程参与最高层的争论，而争论中他提出的法律解释与刑事司法政策既不出宋代法律与敕令的合理范围，最终的结论也并非因其执拗的性格和排他的党派立场所致——这远远超出他作为大臣的权力所能达到的地步。这个案件以颁布敕令的方式做出的结论是皇帝本人行使权力的结果，王安石丝毫不会比他的辩论对手司马光更有能力和权力左右宋神宗运用权力。其实，如同"奏裁"是从程序方面保障君主的司法权一样，颁布敕令来解释或补充法律，乃是君主立法权的体现。王安石只是发表自己的见解，宋神宗才是一锤定音的决策者。宋神宗支持王安石的观点，这不是王安石的错。

不巧的是，该案恰恰发生在王安石变法开始的时刻，这使它在时间上有了被当作党争的可能。同时，该案的争论被纳入党争意气之争的范畴，也在一定程度上凸显传统中国法的一个重要特征——法律本身的逻辑演绎未被承认。这未必是中国古代法本身的缺点，因为中国法是政治的一部分。皇权政治当然不会给司法机构独立的地位，原因之一在于法律本非独立的系统。法律乃是治国方略的一部分，被嵌入"礼乐刑政"的框架之中。同样，司法也是帝国政治的一部分，由皇帝与官僚系统对上天承担治理万民、维持秩序的政治责任。

西周曾经实行礼治；秦朝试图厉行法制；汉朝罢黜百家、独尊儒术，用儒家思想改造秦朝法制，实现儒法合流。"儒家化"之后的中国法制可以概括为"礼治－法制"二元规则体系。唐律"一准乎礼"的立法原则可以说是这种二元规则体系的完成式。唐律解决了立法解释的问题，为司法官员提供了系统、准确的立法解释。宋代以后的司法则通过情、理、法的兼用，即以情理释法，把执法者与法律适用对象（老百姓）结合起来，整合立法视角和平民视角，使司法在体现官意（天理）的同时也贴近民情（人情），从而解决了司法解释兼容官－民的问题，法律的"有效性"也因此得以实现。

虽然宫崎市定认为，体现古代礼制的唐律到宋朝时因为这些礼制的过时而使自身被搁置，但我们看到，唐律的法条和立法解释即疏议，实际上在"阿云之狱"这类疑难案件的奏裁过程中仍是官员辩论的依据，也是制定相关敕令的依据。只不过，在"礼治－法制"二元规则体系中，王安石更侧重法，司马光则侧重礼，但二者都在二元规则体系的系统之内。第十六章还将申述二元规则与传统中国法的特色之间的关系。

同时，王安石与司马光的辩论亦未超出宋代君主"异论相搅"的统治法术的掌控范围。皇帝奉行"异论相搅"的法术，允许大臣在争论中持异议，使皇帝自己因争论双方都想要赢得他的认可而获得稳固的地位。因此，"阿云之狱"的审理过程存在两种政治：第一，在宋代"异论相搅"的法术之下，王安石与司马光有机会发表自己的法律见解，他们的争论虽来自两人不同的治国思路与法制理念，但因未曾超出皇帝驾驭帝国政治的法术所能掌控的范围而得到容许甚至鼓励，在这个意义上，没有理由把他们的争论视为帝国政治的异端而褒扬或贬斥；第二，众所周知，宋高宗等人为给宋朝内政外交的失败找替罪羊而有意把王安石塑造为党争小人，从而使"阿云之狱"的争论反过来被当成证明王安石人格弱点与政治劣迹的证据。正是第二种寻找替罪羊的政治，使第一种本来属于正常的帝国政治被曲解成王安石"不懂法而好议法"的反常政治。好在今天已经有越来越多的学者把第二种政治从第一种政治中剥离出来。比如，萧公权先生在《中国政治思想史》中为王安石变法平反。[①] 李华瑞也指出："王安石主张变法，司马光反对变法，两人在政治上站在相反的立场，但两人的政治目的则是相同的——都希望有利于国家和百姓，所以两人的争执是政见不同的争执，不是夺取私利的争执。"[②] 如今，为王安石的法律推理恢复名誉显然是水到渠成的事。很多学者都同意："熙宁之争乃是改革派内部的一场争论……正反两方的严重对

---

① 萧公权认为，"宋人反新法者每斥王氏之学为申商之异端。其实安石乃'儒而有为者'，排斥老庄则有之，入于申商则未也。" 萧公权：《中国政治思想史》，台湾"中国"文化大学出版部1954年版，第464页。

② 李华瑞：《王安石变法研究史》，人民出版社2004年版，第516页。

立在总体是出于原则上的歧异，亦即两种取向的不同。"①

这些学者在为我们正确理解王安石变法提供依据的同时，也为我们澄清"阿云之狱"争论的真相奠定了基础。王安石在"阿云之狱"中的推理既不能被认为是他秉性的执拗，也不能仅仅斥之为"党争"的意气用事。总之，不能仅仅把"阿云之狱"看作王安石偏执地贯彻朋党政治的手段。与其说是朋党政治，还不如说是君主政治造成了这次争论。其实，王安石和司马光都是在坚持君主可以灵活适用法律的基础上严格解释法律。根据马端临的《文献通考·刑考·详谳》，王安石认为："有司议罪，惟当守法，情理轻重，敕许奏裁。"司马光也指出："夫执条据礼者，有司之职也。原情制义者，君相之事也。"可见，君主与臣宰在司法过程中的职能分工是他们解释法律的政治共识。只不过王安石更愿意就法论法，而司马光更乐意用礼教的准绳来衡量法律解释的是非得失。

如此说来，"阿云之狱"实际上是法律解释过程中不同解释方法与刑事司法政策的自然结果，同时也不出宋代皇帝驾驭政治的法术之外。这样的理解反而能够使我们更真切地逼近宋代乃至整个帝国司法政治与华夏刑统（中华法系）的真实特征。"阿云之狱"为我们提供了合适的个案，借以观察传统中国法如何在实践中应用，即白纸黑字的法律文本如何在司法实践中通过法官的法律解释成为活法。下一章我们仔细研讨作为哲人与法官的朱熹如何解释法律并执行法律，以便我们能够从一个法官的司法实践了解传统中国法怎样成为"活法"。

---

① 李华瑞：《王安石变法研究史》，人民出版社 2004 年版，第 478 页。

第十一章 法官朱熹

　　唐宋社会转型是自日本学者内藤湖南以来国际汉学界最热门的研究课题之一，其中哈佛大学历史教授包弼德（Peter K.Bol）特别注意到宋明之际新儒家在唐宋社会转型时期的作用。在《唐宋转型的反思——以思想的变化为主》一文中，他指出，唐宋之际"思想文化已经转向：从中世世家大族的人文文化取向，转向宋代文人的基于心念的看法，在前者的取向中，一个完整的文化体系向所有的臣民教导与其角色相宜的举止行为；在后者中，文化的作用就是教给人一个普遍有效的思考方式，这样每一个文人学者就能够看到事物内在的协调、完整的理，并按照这种理来做出回应……与早先的时代形成对比的是，当朝廷要负责保持和整理过去的文化时，在宋代所出现的思想一致是文人学者所创造的，这些文人学者独立于国家的襄赞，对儒家的经典、历史评价的标准以及文学典籍等等进行全面的重新阐释"①。

　　不用说，包弼德所说的"文人学者"中最重要的人物非朱熹莫属。朱熹编订的《四书》即《大学》《中庸》《论语》《孟子》，从元仁宗皇庆二年到清德宗光绪三十一年（1313—1905），一直是中华帝国公务员考试即科举制度的标准教材，甚至明太祖朱元璋还规定，只能用朱熹的《四书集注》所提供的注解作为科举考试的标准答案。如果说唐宋中国社会转型意味着个人"心念"的确认，那么，朱熹重新整编、解读传统儒家经典，就是为此"心念"

①［美］包弼德：《唐宋转型的反思——以思想的变化为主》，刘宁译，《中国学术》第三辑，商务印书馆2000年版，第82页。

提供经典文本的依托和支撑。

包弼德指出："宋代是中国历史上第一个拥有如此丰富的历史、文学和思想记载的时期，因此我们可以按照一代代人物和地域来研究士人社会和思想文化的历史。"① 为此，他认为，唐宋转型的进一步研究应该是"以观察特定的地区和时代为主的研究，这些研究表明国家的制度、经济系统、地方精英和许多文化产物的形式是如何相连的"。虽然唐宋社会转型是西方中心主义历史观在中国史学研究方面的延伸，但包弼德注意宋代制度、文化与精英之间具体的关联，不无道理。而作为传统中国法叙事的一部分，朱熹自己的执法经验及其对立法、司法的认识与反思，应该也是考察唐宋中国社会转型在法律方面的表现的最佳个案。同时，我们也可借此勾勒传统中国士大夫作为法官的典型形象。下面以具体案例为线索，叙述作为法官的朱熹如何将其理学运用于司法实践及法理思辨，从而形成宋代"活法"的一个重要组成部分。

一、朱熹执法

1. 抑挫豪横

用朱熹自己的话来说，执法就是要"保佑善良，抑挫豪横"。以下用三个案例说明朱熹如何抑挫豪横。这三个案例分别涉及恶少、强盗、恶霸。其中，朱熹执法最有名的案例是涉及恶少的"子弟跃马踏人"这一危害公共安全的案件。那时，朱熹是南康军

---

① ［美］包弼德：《唐宋转型的反思——以思想的变化为主》，刘宁译，《中国学术》第三辑，商务印书馆 2000 年版，第 86 页。

的行政长官，这是相当于州的行政单位，治所在今江西省庐山市（原星子县）。有人在集市骑马疾驰，把一个小孩几乎踩死。当时，朱熹让人把罪犯送到官府，第二天早上他还专门叮嘱政府秘书长即知录事参军办理此案。当晚路过宿舍，此人跟朱熹说，已按照您早上的命令依法将犯人惩治。朱熹不大相信，回到官府，发现犯人依旧衣冠楚楚，后来朱熹坚持叫下属将犯人送到筑于城门上用以瞭望的谯（qiáo）楼下施以杖责。

第二天，有熟人跟朱熹说："此是人家子弟（跃马于市的人有家庭背景），何苦辱之？"反对朱熹严明执法的熟人显然更看重与地方权贵的关系，至于"踏了一小儿将死"，只要小儿没背景，那就不必追究"跃马于市"的纨绔子弟。朱熹对自己的执法给出这样的理由："某（朱熹自称）曰：'人命所系，岂可宽弛！若云子弟得跃马踏人，则后日将有甚于此者矣。况州郡乃朝廷行法之地，保佑善良，抑挫豪横，乃其职也。纵而不问，其可得耶！'"[1]

朱熹不放过跃马于市危害公共安全的权贵子弟，一方面是因为人命关天，不能放任；另一方面是因为，作为州郡官员，职责所在，乃是行朝廷法度，锄暴安良。前者是就被害人而言，后者是就官员职责而言。利用朝廷官职为自己拉关系，不符合朱熹对自己职责的理解。

朱熹的这种执法理念，源于他对受害人群体即"民"的认同。从南康军卸任后，朋友们为他饯行："某为极口说（张载）《西铭》'民吾同胞，物吾与也'一段。今人为秀才者，便主张秀才（替秀才说话）；为武官者，便主张武官；为子弟者，便主张子弟；其所

① 黎靖德编：《朱子语类》第 7 卷，中华书局 1986 年版，第 2640—2641 页。

陷溺一至于此！"[①]

　　作为朝廷之"官"，职责是护庇小民，而民乃"同胞"，官也是民的一分子。官员的双重身份，即作为朝廷之官，有责任锄暴安良；而作为民之同胞，理应同情百姓的处境。张载"民胞物与"的哲学观念，即与人民大众及天地万物同呼吸共命运，乃是朱熹执法理念的源头活水。个人的利害得失，不是他的关切所在。然而，"好言家世"即对家庭背景很在乎的朱熹弟子刘子澄，则对老师朱熹的这次执法不以为然。于是，"某因讲西铭'凡天下疲癃（lóng）残疾，茕独鳏寡，吾兄弟颠连而无告者也'"[②]。也就是说，朱熹认为，加害人的"家世"如何，不是其不负刑事责任的理由；而作为"疲癃残疾，茕独鳏寡"者的兄弟，官员不能不为这些"颠连而无告者"提供法律保护。

　　朱熹没有"人权"的概念，但他作为精英能与弱者共情，使他得以自觉将其执法权用于安民，从而使小民从官的方面得到权的保护，百姓便由此获得与人权相似的救济途径。如果朱熹活在今天，他也许会争辩：似乎不必是"人权"，哪怕是正当行使的"官权"，也可以起到人权保护的作用。

　　因此，朱熹依法制裁权贵子弟，完全不是为个人立威，而是对弱势群体的认同与护庇。一边是"豪横"，一边是"颠连而无告者"。作为官员，他认为，"君子之为政，且要主张这一等人"，就是说君子掌权要为弱者"主张"，为孤苦无告者发声。朱熹这样做当然不是把自己看作豪强的敌人，只是因为他的原则是"大概人不可有偏倚处"，也就是说要公平。

---

① 黎靖德编：《朱子语类》第 7 卷，中华书局 1986 年版，第 2641 页。
② 黎靖德编：《朱子语类》第 7 卷，中华书局 1986 年版，第 2641 页。

朱熹举这个案例来解释自己民胞物与的哲学，说明他执法的依据不仅是法律，也有他的理念，这是他所适用的法律的"上位法""高级法"。可以说，朱熹法律哲学的核心价值观是"民胞物与，人命关天"；官的责任就是守护这一价值观。

除了权贵子弟豪横不法，在地方上为害一方的还有"强盗"。朱熹在南康严惩刘邦逵，是他锄暴安良的又一举措。南康军下辖都昌县有一个叫刘邦逵的人，因与刘彦才竞争而利用其作为地方保甲首领的身份聚集民众，公报私仇，聚众斗殴，甚至对抗官府追捕。他在师友通信中提到这件事，"强盗三人（刘邦逵等）配隶（发配边远地区服役）岭海，乃向来惊恐都昌之人，昨以其情重法轻，稍加毒手"。朱熹不仅严惩公器私用的刘邦逵等人，还为此上书上司，希望由此以特别法形式加重处罚地方豪强借保甲制度报私仇、拒官司的行为，其用意在于"庶几豪强知畏不致夤（yín）缘败坏良法"（《晦庵别集卷三·黄商伯》）。

朱熹不畏人言，一心公正执法，既不买权贵的账，更不会任凭地痞流氓狐假虎威把政府维持地方治安的保甲制度当成私人打击私敌的工具。他这样抑挫豪横，无非是为守法良民营造一个和平的秩序，给弱者一个生存的空间。当他因"情重法轻"而对豪强"稍加毒手"，并非任意滥用权力，而是要在严重的案情与力度尚显不足的法定刑罚之间寻求一个轻重得当的平衡，一如他在下文提及的"情轻法重"的案件中轻判情有可原的官吏。

对朱熹而言，官员、国法只有站在善良百姓一边，才能禁暴止奸，安顿"疲癃残疾，茕独鳏寡"。因此，朱熹对于不分是非善恶的宽厚执法不以为然："今人狱事，只管理会要从厚。不知不问是非善恶，只务从厚，岂不长奸惠恶？ 大凡事付之无心，因其所犯，考其实情，轻重厚薄岸之当然，可也。若从薄者固不是；只云我只要从厚，则此病所系亦不轻。"① 为了说明这个道理，朱熹举了自己在长沙任上涉及恶霸的案例，也是此处要引用的第三个案件："某在长沙治一姓张人，初不知其恶如此，只因所犯追来，久之乃出头。适有大赦，遂且与编管（即阿云受到的那种惩罚：视犯罪轻重程度不同而遣送近处或远方州郡，编入当地户籍，为官府服劳役）。后来闻得此人凶恶不可言：人只是平白地打杀不问。门前有一木桥，商贩者自桥上过，若以柱杖拄其桥，必捉来吊缚。此等类甚多，若不痛治，何以惩戒！"②

被告乃称霸一方的无赖，朱熹一开始因为并不了解被告为人而从轻发落，后来得知实情，才知道放过了一个恶霸。朱熹作为地方官当然不能任凭豪强任意打杀人命，吊缚无辜，所以他主张"痛治"此辈。这不是说他会一味严刑峻法，而是说重罪即应重罚，从而使罚当其罪。从以上三个案例来看，朱熹执法显示出对欺压良善的强者依法严惩的特点，这既是出于儒家爱民如子、民胞物与的身份认同，也是因为官员有公平执法的职责。他人会在乎加害人的身份与背景，朱熹则更看重受害者的处境与受到的伤害。他不允许自己把手中的权力当成个人拉帮结派的工具，而是要把权力用于抑制豪横，为弱者撑腰，为良民发声。官职使他能够成为豪强与小民之间的一道屏障，因此他要严明执法，保一方平安。总之，他的严明执法主要是针对暴寡凌弱的豪强，而且，他的执法标准不是一己之私，而是案件的实情、法律的规定、被告的善恶、道理的是非。

---

① 黎靖德编：《朱子语类》第 7 卷，中华书局 1986 年版，第 2657 页。
② 黎靖德编：《朱子语类》第 7 卷，中华书局 1986 年版，第 2657 页。

2. 惩治权贵

朱熹不仅依法严惩土豪，而且严待劣绅。地痞流氓固然要被挫抑，精英和权贵也不可任其弄权乱法。这一部分有两个案例，分别针对士人与宗室。

淳熙五年（1178 年），朱熹差知南康军兼管内劝农事，他的朋友吕祖谦劝他赴任，以使世人"见儒者之效"。朱熹任上，一方面为穷人减税免役，另一方面依法追究权贵刑事责任——前面三个案例也是在南康军任上发生的事情。结果，他仅仅因为征收一名江姓官员亲戚的船税，差一点被上面论劾，四处响起他"治财太急，用刑过严"的流言蜚语。① 甚至他的朋友也不无微词。在回答张栻的质疑时，朱熹提到两个案例，一个涉及"士人"犯法，一个牵扯宗室弄权。他在给张栻的信中解释道：

> "士人犯法者，教唆把持，其罪不一。但后来坐法结断，赃罪为重耳。然亦但送学夏楚（jiǎ chǔ，责罚士人的刑具），编管江州（今江西九江）。其人经赦，便计会（串通）彼州官吏，违法放还。今日到家，明日便陪涉宗室（皇家成员），教唆词讼，为人所诉。复追来欲挞之，而同官多不欲者，只决却小杖数下，再送他州，亦不为过也。弊政固多疎脱，至此一事，往来之人虽有苦口见规者，问于道途，无不以此事为当也。"

---

① 束景南：《朱子大传："性"的救赎之路》（增订版），复旦大学出版社 2017 年版，第 337 页。

此案载于《晦庵先生集》卷三四，所涉"士人"，主要是"教唆把持"，从事帝国官员最为痛恨的"讼棍"行当。私人获得律师的法律服务，这在中华帝国始终是禁区，朱熹个人也反对为小民或权贵提供法律帮助。也许在朱熹看来，为私人提供法律服务的人，往往只为私利，而且也不利于官司及时了结。虽然朱熹也认识到官员公平执法不容易，但他也不认为私人法律服务会有助于问题的解决。他对讼师的态度与其他官员如出一辙。从朱熹的叙述中我们不知此人究竟如何"教唆词讼"，只知朱熹对此人一再涉足他人诉讼大为不满。或许朱熹最为痛恨的是此人"陪涉宗室"，为权贵出谋划策、欺压小民。朱熹对于勾结权贵的讼师不满，或许在于他担心平民会因此而受害。可惜"同官"不乏有人站在权贵及为其服务的讼师一边，对朱熹"苦口见规"，而朱熹只好"问于道途"，求得街头巷尾的公论，以便为其执法得"当"做出民意的注脚。

此外，张栻还质疑朱熹在另一案件的"判语之失"。关于该案，"其所争者，乃是一人与妻有私而共杀其夫，暑中系狱病死，而此宗室者乃认为己仆，而胁持官吏，禁近十人在狱，逾年不决。势不得已，须与放却。但一时不胜其忿，故词语不平至此耳"。此案虽是普通的杀人案件，但因为"宗室者"涉足其中，认"暑中系狱病死"的杀人者为"己仆"，导致多名办案官吏下狱一年多。在放走这些无辜的官员时，朱熹在判词中表达对"宗室者"仗势欺人的愤慨。其"词语不平至此"，乃是对权贵干涉司法的不满，因为他所看重的公平执法受到挑战。面对权贵种种不法，朱熹总是坚守"不可有偏倚处"的执法底线。

对于贪赃枉法的官员，朱熹更是痛心疾首。他的弟子提道："先生一日说及受赃者，怒形于言，曰：'某见此等人，只与大字面配（即刺配，脸上刺大字或小字后发配）去！'"① 这些例子都说明，朱熹执法主要是严待地痞流氓或有身份、有背景的人，这些人有可能仗势欺人或逍遥法外，因此更应受到严厉追究。严待豪横与权贵的主张与实践，和盘托出朱熹的执法理念：他把法律当作护庇良民与弱者的盾牌，他要为他们撑起保护伞。

其实，因为"连获江湖间积年杀人之贼，以正典刑"（《南轩集》），朱熹也质疑张栻是否嗜杀。朱熹与朋友们互相质疑对方用刑过严，朱熹质疑张栻，吕祖谦质疑朱熹，这恰恰说明他们各自追求的都是公平执法。无论是其对豪强"稍加毒手"，对教唆词讼的士人施以杖责，还是对宗室干扰司法而为受害人鸣不平于判语，都是为了把权贵与豪强的强权逻辑纳入帝国司法公正的叙事。

3. 轻重得当

朱熹执法严明并不等于严刑峻法。民胞物与的哲学、人命关天的法理、锄暴安良的职责使他特别注意一手抑挫地痞，一手重惩权贵，目的是把最有可能弄权坏法的人士规范在儒家社会秩序的范围内。当然，他的执法也不是单向度的从严，也有反向的从宽。这一部分有四个案例，其中两个是他自己办的案子，另外两个是和弟子讨论问题时带出的案例，分别涉及妻弃夫、子诉母、下犯上等伦常秩序。

朱熹判案最基本的准则是维护纲常礼教，其次是分辨是非曲直。《晦庵集》卷十四《戊申延和奏劄一》记录了他给宋孝宗的奏折，里面说得最清楚："凡有狱讼，必先论其尊卑、上下、长幼、亲疏之分，而后听其曲直之辞。"对于朱熹而言，礼教通过

---

① 黎靖德编：《朱子语类》第 7 卷，中华书局 1986 年版，第 2673 页。

赋予人不同身份而确立的尊卑贵贱秩序乃是办案的第一考虑因素，其次才是分清是非曲直。他的这一司法哲学倒也并非独创，而是西晋《泰始律》"准五服以治罪"不折不扣的体现。他给皇帝的奏折特别强调维护纲常礼教，这在很大程度上是因为，破坏伦常的犯罪也往往从轻发落，不仅危害伦常秩序，更是架空杀人偿命的正义观念："臣伏见近年以来，或以妻杀夫，或以族子杀族父，或以地客杀地主，而有司议刑，卒从流宥之法，夫杀人者不死、伤人者不刑，虽二帝三王不能以此为治。"

然而，在自己办案或评判他人办案是否恰当时，朱熹特别留意把礼教"大义"和具体案情结合起来，以便得出合宜的结论。比如，朱熹和弟子谈到一个妻弃夫的案例，是福建建阳县主簿即县政府秘书长代理县长办的一个案件："有妇人，夫无以赡，父母欲取以归。事到官，簿断听离（即主簿准许离婚）"。对此，朱熹的弟子不以为然："谓夫妇之义，岂可以贫而相弃？官司又岂可遂从其请？"然而，朱熹换了个角度看待这件事："这般事都就一边看不得①。若是夫不才，不能育其妻，妻无以自给，又奈何？这似不可拘以大义。只怕妻之欲离其夫，别有曲折，不可不根究。"②

由此看来，朱熹倒比他的弟子更开明。对待夫妻关系这种关涉"三纲"的事情，他并未苛责妻子，而是转谈丈夫的责任。如果丈夫未能尽到养家糊口的义务，妻子也就没有必要饿死夫家。朱熹从来都不单方面强调权威，而总是留意君主、父亲、丈夫作为权威应负的责任。这种态度与董仲舒如出一辙。虽然伦常秩序是判案考虑的首要因素，但权威一方依其身份是否履行所应尽到

---

① "这般事都就一边看不得"属宋人口语，是"不能只见其一，不见其二"之意。
② 黎靖德编：《朱子语类》第7卷，中华书局1986年版，第2644页。

的义务，也是需要"根究"的"曲折"故事。考虑原则的同时，必须有真实案情的支撑，才能做出恰当的判决。鲁庄公"必以情"的承诺，在作为法官与学者的朱熹这里落到了实处。

另有两个子讼（继）母的案件，其中第一个是他人办的案例："有继母与父不恤前妻之子。其子数人贫穷不能自活，哀鸣于有司。有司以名分不便，只得安慰而遣之，竟无如之何。"此案官员因为"名分"而不予深究，只得听任诸子忍饥挨饿。朱熹并非刻板的腐儒学究，而是世事洞明的智者。他说："这般所在，当以官法治之。也须追出后母责戒励，若更离间前妻之子，不存活他，定须痛治。"[①]固然要对违犯礼教且违犯法律的诸子依法惩治，同时也要劝勉继母负起母亲的责任，并且要查清继母是否离间父子关系，致使诸子食不果腹。倘若继子忍饥挨饿出于继母离间父子关系，那就必须追究继母的法律责任，予以"痛治"。

由此可见，维护伦常秩序的朱熹并非刻板的教条主义者，他很注重日常生活的人之常情。忍饥挨饿的儿子固然不应告父母的状，然而继母与继子的关系中可能存在继母虐待继子的情形，这也是不容忽视的世态人情。卑幼的生存问题不应仅因尊卑名分而完全置之度外，父（继）母必须履行养儿育女的责任，这些都是朱熹评判案件是否得到妥善处理的考虑因素。丈夫需要尽责扶养妻子，（继）母应抚养（继）儿女，诸般责任都不能因名分而免除。诸如此类的例子说明，朱熹维护尊长的权威，但也从来不忘卑幼作为弱者的生存处境。

此外，朱熹本人也经手过一个涉及继母的案子，那时他提举浙东常平茶盐公事，"绍兴有继母与夫之表弟通，遂为接脚夫（夫

① 黎靖德编：《朱子语类》第7卷，中华书局1986年版，第2645页。

死后妇女在婆家入赘之夫），擅用其家业，恣意破荡。其子不甘，来诉。初以其名分不便，却之。后赶至数十里外，其情甚切，遂与受理，委杨敬仲。敬仲深以为子诉母不便。某告之曰：'曾与其父思量否？其父身死，其妻辄弃背与人私通，而败其家业。其罪至此，官司若不与根治，则其父得不衔冤于地下乎！今官司只得且把他儿子顿在一边'"①。

这个案子进一步说明，遇到涉及名分的案件，朱熹不忘变换角度看问题。此案表面看来是儿子告父母，涉及法律上难以逾越的名分障碍，但朱熹善于在具体案情中找到争讼背后潜在的名分关系与法律责任：难道可以为禁止卑幼告尊长而听任接脚夫挥霍亡夫的财产吗？实际上，亡夫的冤屈比表面上卑幼告尊长的名分关系更需要执法官员的关注。此案中，受害人与其说是被控告的继母，还不如说是已死而遭到背叛的丈夫。朱熹之所以能够在他人固持的表面现象背后看到更复杂的利害关系，是因为他丰富的阅历，也因为他始终站在弱者一方与强横不法的人抗衡，捍卫弱者的利益。为此他随时愿意刺破家族名分的假面，看透暴寡凌弱的真相，并采取合法措施，惩戒强者，护佑弱者，等于是在新的时代接续当年董仲舒通过司法重建家庭秩序的工作。

朱熹捍卫纲常礼教，并未妨碍他依据案情为卑幼声张，这还表现在他主政南康军期间为马辛说情。当时，朱熹奉本路提刑按察使之命办理马辛冒犯上司的案件。按法条，马辛应判二年徒刑，发配临州。但朱熹认为事出有因：马辛实际上是因其上司方彦首先违反按察使司的规定私买板木而导致与马辛的纠纷。因此，朱熹请求按察使从轻发落。如果仅仅依据法条判案而不全面考虑案

①　黎靖德编：《朱子语类》第 7 卷，中华书局 1986 年版，第 2645 页。

情，就会导致"情轻法重"的偏差："熹窃详本人所犯，却因发觉方彦故违使司元降约束，私买板木，遂致争闹，若便依条断罪，窃恐情轻法重，或非台慈之本意，未敢便行决遣，亦不敢辄具公状申陈，敢以此私于下执事，欲望矜察行下，稍从宽典，不胜幸甚。"（《晦庵集》卷二十）

宋代官员判案需要斟酌情、法之轻重，反复推敲。无论是刘邦逸案的"情重法轻"，还是本案"情轻法重"，都是需要避免的执法瑕疵，官员要尽力找到合宜的处理方案，以便情与法相互匹配。对朱熹而言，纲常礼教确认的尊卑长幼之间井然有序的"阶级"界限固然不容紊乱，但尊长的过错也是判案不能忽略的因素。在朱熹那里，尊长的权威需要配以对等的自律，否则会成为做出不利于卑幼判决的理由。为受害人着想，为弱势群体撑腰，抑挫豪横，严待权贵，乃是朱熹"用刑过严"的真实内容：严就严在依法惩处官宦子弟、土豪劣绅和违法官员。相应地，他对弱者和受害人总是呵护有加，为情有可原的罪犯寻求减刑的机会，为其"稍从宽典"，为此不惜代其向上级求情。带着怜悯之心行使正义，才是朱熹执法真正的特色。

4. 申冤昭雪

朱熹在前引案例中涉及人伦的地方仍然能够深究其中是非曲直，然后给出恰当的评判。朱熹曾与弟子提及他知漳州任上时所亲历的一段"死者为祟"而促使申冤的故事："妇杀夫，密埋之。后为祟，事才发觉，当时便不为祟。此事恐奏裁免死，遂于申诸司状上特批了。后妇人斩，与妇人通者绞。以是知刑狱里面这般事，若不与决罪偿命，则死者之冤必不解。"[1]

---

[1]　黎靖德编：《朱子语类》第 1 卷，中华书局 1986 年版，第 44 页。

朱熹认为"人死则气散"为"生死之常理"。曾有弟子问"有人死而气不散者"是怎么回事,于是朱熹讲了这个故事,说明不得其死的人一时气未散,所以为祟,即死者鬼魂作怪,一旦得以申冤,也就会气散,不再为祟。朱熹把他触及宗教的人生哲学与司法正义结合起来,更显司法正义的重要。此案死者已被埋葬,妻子杀夫的证据应该属于事涉疑似,因此被当作疑难案件,按照宋朝制度应走"奏裁"的特殊程序,由皇帝定夺。朱熹深信丈夫为妻子所杀,而他向来认为妻子通奸杀夫属于严重违反礼教的刑事案件,理无可恕。为避免节外生枝,他依法促成该妇处斩,而他也得到自己执法确当的一个佐证——丈夫的鬼魂不再作怪。

这个案件说明,对于朱熹而言,刑事司法意味着有时需要让非法剥夺他人生命的加害人付出生命的代价,这有两方面理由:一方面,加害人需要对自己的违法行为承担充分的责任;另一方面,如果不"偿命",就意味着被害人的生命被法律轻视,仿佛加害人的生命比受害人宝贵。为此,充满理性精神、终生反对迷信的朱熹甚至愿意承认鬼魂"作祟"来为死者的冤屈作证。

在"凌犯阶级"的马辛一案,朱熹为作为下级官吏的马辛求情;在涉及忍饥挨饿的儿子的案件中,朱熹体谅卑幼的处境;而对于逆伦杀夫的案件,朱熹从严执法,主要是为了替被非礼、非法剥夺生命的丈夫申冤。

从朱熹在案例分析中的言论来看,关于夫妻与家庭关系,一方面,他强调丈夫养家糊口的责任,另一方面,他注重妻子忠诚及继母善待丈夫前妻所生子女的义务。朱熹并非单方面苛责妻子,而是不容杀害像丈夫这样有特殊伦理关系的家人。人命加上人伦,使得夫妻间的相互杀害成为朱熹法律伦理的大禁忌之一。

由以上案例分析可见,朱熹对土豪劣绅及权贵违法犯罪主张严明执法。此外，对于违反纲常如妻杀夫的案件更是反对从轻发落。这种严明执法的态度并不妨碍他为情有可原的下级求情，为忍饥挨饿或捍卫家业的儿子告发继母法外开恩。他总能兼固礼教、法律的原则和"别有曲折"的案情，只是拒绝考虑当事人的特权背景。执法不是为个人的私利，做官就要替弱者撑腰，此乃法官朱熹严待权贵、凶徒，宽待平民、良善的司法立场。

二、法律滥用

作为长期致力于系统性、一致性思考的学者，朱熹对法律问题也有不俗的洞见。他不迷信法律，因为深知法律容易被滥用。站在理学的高度，朱熹常从法律与情理关系的角度谈及法律的滥用。比如，他以"理"衡量立法的是与非："乾道（1165—1173）淳熙（1174—1189）新书更是杂乱。一时法官不识制法本意，不合于理者甚多。又或有是计嘱（行贿，通关节）妄立条例者。如母已出嫁，欲卖产业，必须出（嫁的）母（亲）着押（签字画押）之类。此皆非理，必是当时有计嘱而创此条也。"[1]

法律滥用既有这样"必须出母着押"的不合理规定，也有父母在不许分家析产这样"法意极好"却被用作"负赖"或侵吞孤儿寡母财产的依据。因此，关键在于"知其情"："敬之问：'淳熙事类（指宋孝宗淳熙年间的《淳熙条法事类》），本朝累圣删定刑书，不知尚有未是处否？'曰：'正缘是删改太多，遂失当初立法之意。如父母在堂，不许分异，此法意极好。到后来因有人亲在，私自分析（分家析产），用尽了，到亲亡，却据法负赖，遂着

---

[1] 黎靖德编：《朱子语类》第8卷，中华书局1986年版，第3081页。

令许私分。又某往在临漳，丰宪送一项公事，有人情愿不分，人皆以为美。乃是有寡嫂孤子，后来以计嫁其嫂，而又以己子添立，并其产业。后委郑承看验，逐项剖析子细，乃知其情。'"① 也就是说，一方面，要依理判断立法的好坏，另一方面，执法中，要仔细剖析才能知道诸如情愿不分家的"善举"背后的隐情。总之，立法和司法方面都有可能遇到对法律的滥用，或为"计嘱"而立法，或为侵吞而弄法，不一而足，唯有以情、理解释法条、推演法意，才能做出恰当的判断。

朱熹如此认真对待法律问题，所以他对宋朝的法律沿革一清二楚，更对司法实践中的情伪多有洞察。他并非法律专家，但完全称得上是一个法律行家。朱熹重视法律，是因为法律乃人命关天的大事，是维护人伦的手段，是护庇百姓财产免于巧取豪夺的工具，是教化甚至恢复人之"常性"的途径。

三、罚当其罪

每逢解释经典、回答学生提问或回顾自己的司法经验，朱熹一以贯之地站在受害人的立场上，同情弱势群体，既考虑礼教的尊卑贵贱，又自觉为受欺压的人们发声，强调法律禁暴止奸的功能。从上文引用的案例可知，在刑法方面，他主张惩罚以下犯上、以卑犯尊的违礼行为；在民法方面，他注重保护弱势群体的房地产，抑制土豪劣绅的巧取豪夺。比如，他在给宋孝宗的奏折中希望停收"经总制钱"。这是宋代杂税经制钱和总制钱的合称。经制钱始于宣和四年（1122年），系经制江淮荆浙福建七路诸司财计

---

① 黎靖德编：《朱子语类》第7卷，中华书局1986年版，第2650页。

（简称经制使）陈遘所创。各种苛捐杂税压在百姓身上，使朱熹不由得感叹："臣愚不知州县之煎熬局促，果何日而少纾。斯民之叹息愁怨，果何时而少息也。"他为弱者发声的急迫心情溢于言表。"某衰病支离，求去未得，日惟得罪于士民是惧，然近日两邑得同官协力，词诉却粗衰少，但赋租之弊，未能有以宽之，殊不自安耳。"（《晦庵集·别集》卷三）

　　总体而言，朱熹认为法官的任务就是在分清是非曲直的基础上做出公平裁决，既让尊长因其身份获得优待，又让弱者不因弱势而失去财产安全。

　　现在看来，对朱熹法律思想最为公道的评论，来自他在哲学上的论辩对手陆九渊。查阅《陆九渊年谱》，"使罚当其罪，刑故无小，遽可以严而非之乎：某尝谓不论理之是非，事之当否，而泛然为宽严之论者，乃后世学术议论无根之弊。道之不明，政之不理，由此其故也"。陆九渊认为，离开"理之是非，事之当否"泛泛而谈"宽严"没有意义，关键在于是非做到了"罚当其罪"。而朱熹正是时时处处注意在区别尊卑贵贱、分清是非曲直、准理酌情的基础上追求罚当其罪。认识到朱熹的这些执法理念，有助于我们正确解释下文有关朱熹与唐仲佑的纠葛中的是非曲直。

四、朱熹蒙冤

　　朱熹从不隐晦自己严明执法的态度，一如他反复陈述"民胞物与"的执法原则。大概正是因其执法严明，所以史上有以讹传讹的说法，诬其在知潭州（长沙）兼荆湖南路安抚使任上赦前杀囚。

　　关于此事，朱熹专家陈荣捷见到的是清朝同治七年（1868年）《长沙县志》的记载。陈荣捷辨析朱熹的执法问题，对此事真伪表示怀疑，他问道："究竟是否有其事，果有之，（被告）所犯之罪为何，均不可考。"既然如此，陈荣捷认为，判断这个问题"只可以朱子一生之思想行动以揆之"。[①]然后他举了朱熹在长沙、漳州严惩犯罪的例子，但没有明说自己对赦前杀囚之事的结论。我猜测该县志的记载来源于《荆溪林下偶谈》，因未见有人提起比此书更早的记载："晦翁帅潭，一日得赵丞相（赵汝愚）简（信）密报，已立嘉王（赵扩）为今上，当首以经筵召公。晦翁藏简袖中，竟入狱取大囚十八人立斩之，才毕而（宋宁宗）登极赦至。"

我倾向于认定此事不实。理由是，叶绍翁在《四朝见闻录》卷四《庆元党》写道，沈继祖当初曾指控朱熹"帅长沙则匿藏赦书，而断徒刑者甚多"，此事未见有其他依据，而吴子良所谓"藏简袖中"也没有其他证据，至于"取大囚十八人立斩之"，如有其事，正好证明朱熹严明执法，朱熹不会不跟弟子谈起，因为朱熹喜欢用执法来谈政治和哲学问题。朱熹从来都是敢作敢当的人，既然口口声声扬言要把赃官"大字面配去"、把不称职的官员"即时便与刺两行字配将去"，那么对于斩杀十八个强盗的壮举自然不会不提及。而且，从宋朝严格的死刑程序来看，朱熹擅自斩杀十八人也完全不可能。比如，阿梁明知其情人叶胜图谋杀害其夫，却抱着孩子在门口一小时之久无所作为，直到其夫跑出门外求救才跟着呼救。"阿梁之狱"在朱熹任职南康军前后经过十一次复审，历时九年，最后阿梁被皇帝处以脊杖二十，送二千里外州军编管。而朱熹认为，阿梁明知叶胜意图谋杀而不及时营救，应判斩刑。[②]

此外，有关朱熹执法还有一个谣言，与官妓严蕊有关，其传

---

① 陈荣捷：《朱子新探索》，华东师大出版社 2007 年版，第 528 页。
② 《朱文公文集》卷二〇，《论阿梁狱情札子》。

闻属于朱熹的政敌洪迈捏造，而后又经周密《齐东野语·台妓严
蕊》添油加醋，再由凌濛初演绎成小说。周密的谣言主要是说，
出任提举浙东常平茶盐公事时，"朱晦庵以使节行部至台（州），
欲擢与正（唐仲友）之罪，遂指其尝与蕊为滥，系狱月余，蕊虽
备受箠楚，而一语不及唐，然犹不免受杖"。如今经学者澄清的史
实主要是：朱熹检举唐仲友是因为台州百姓的举报，而朱熹从未
亲自审理过该案，他在弹劾唐仲友的六份奏折里列举的犯罪事实
也是来自具体办案的官员。[①]

　　因唐仲友案而被拘押的主要有两个人：蒋晖和严蕊。蒋晖是
唐仲友指派盗印假钞（官会）的要犯，严蕊是唐仲友受贿的特定
关系人。关于蒋晖，朱熹在奏折中写道："臣因巡历至台州，见唐
仲友委有不公不法事件，已于前月二十七日具录奏闻，仍将一行
干连人（指蒋晖等人）送绍兴府根勘，乞诏有司毋得观望，严敕
根究依法施行，以为郡守贪残之戒。"至于严蕊，朱熹是从百姓举
报得知她涉案的情况："人户张见等状诉仲友与弟子行首严蕊，情
涉交通关节及放令归去，今据通判申，于黄岩县郑爽家追到严蕊，
据供每遇仲友筵会，严蕊进入宅堂，因此密熟，出入无间，上下
合干人并无阻节。"而且，严蕊也是唐仲友挪用公款、私役百姓
为官妓制造衣物一案的证人。《晦庵集》卷十九："仲友以公库钱
六百九十九贯五十二文买暗花罗等与弟子严蕊等制造衣服，其严
蕊等亦已供招，件数在案分明。"

　　蒋晖被押送绍兴府审理，严蕊则留在台州受审，朱熹均未直
接参与审理。因朱熹当时的职务是提举浙东常平茶盐公事，负有

---

① 　束景南：《朱子大传："性"的救赎之路》（增订版），复旦大学出版社 2017 年
　　版，第 550—554 页；《朱熹年谱长编》卷上，华东师范大学出版社 2001 年版，
　　第 736—740 页。

检举贪官污吏之责，但没有审理案件的权力。而且，他也在弹劾唐仲友的奏折中言及，《晦庵集》卷十九《按唐仲友第六状》曰："臣契勘（查考），在法：监司（宋代转运使、转运副使、转运判官与提点刑狱、提举常平皆有监察辖区官吏之责，统称监司）按发公事，不得送置司处（办公机构所在地），盖防本官于所勘狱情辄有干预。今绍兴府虽系臣置司处，臣自按发之后，见在巡历，不曾回司，所勘狱情无容得有干预。"并且，"朱熹自（宋孝宗淳熙九年，1182 年）7 月 16 日离绍兴府巡历，直至 8 月 18 日离台州罢归，未再回绍兴府"。 严蕊虽在台州受审，朱熹却并未直接参与办案，负责审理的是台州通判赵善伋。朱熹在奏折中也提到唐仲友干涉赵善伋办案，说唐仲友派人告诉赵某，不要下判决，因为上级已经指派浙西提刑按察使办理此案，《晦庵集》卷十九《按唐仲友第五状》曰："及至本州结录引断蕊等罪案，仲友又遣客将张惠传语通判赵善伋云，已得指挥差浙西提刑前来体究，未可引断。"

朱熹明知唐仲友的弟媳正是当朝宰相王淮之妹，也正是王淮举荐他出任提举浙东常平茶盐公事一职，但朱熹从未把拉帮结派、官官相护当作从政的目的，他甘冒政治风险为正在遭受大灾荒的浙东百姓铲除因贪赃枉法、鱼肉乡民致使民不聊生的唐仲友。因为作为儒者，朱熹以护庇百姓为己任，这使他不得不时常站在权贵与豪强的对立面，因而时常遭受政治迫害与造谣中伤。唐仲友因有王淮等人的保护，最终没有获罪，而"其绍兴府见勘已招伪造官会人蒋晖等，亦闻已得朝旨尽行释放迄"（《辞免进职奏状二》）。

五、"公共道理"

朱熹认为，执法是否得当，其基本判断标准，应是"公共道理", 这也正是我们从朱熹自己的哲学透视其法律理论的最佳视角:"大率天下事, 循理守法, 平心处之, 便是正当。如盗贼入狱, 而加以桎梏箠楚, 乃是正理, 今欲废此以诱其心, 欲其归恩于我, 便是挟私任术不行众人公共道理。"

在朱熹看来, 执法就是将公共道理与法律运用于案件中的当事人, 分辨是非曲直。在与弟子讨论执法时, 师生之间有这样的问答:"谓李思永曰:衡阳讼谍如何? 思永曰:无根之讼甚多。先生曰:与他研穷道理, 分别是非曲直, 自然讼少。若厌其多, 不与分别, 愈见事多。"[1]

朱熹认为执法过程中还应认同当事人特别是受害人, 把受害人视为自己的同胞兄弟。关于权贵子弟在大街上骑马伤人的案件, 同事希望朱熹注意搞好和权贵的关系, 而朱熹却站在弱者的立场上, 主张抑挫豪横。他把自己与弱势群体的关系提升到"民胞物与"的哲学高度:"民吾同胞, 物吾与也""某因讲(张载)《西铭》'凡天下疲癃残疾, 茕独鳏寡, 吾兄弟颠连而无告者也'。"[2]

在强调认同小民的同时, 朱熹也注重官员自身的角色意识, 职分观念:"况州郡乃朝廷行法之地, 保佑善良, 抑挫豪横, 乃其职也。"[3] 与小民的认同不仅是民胞物与的哲学使然, 也是官员作为朝廷命官的职分所在。

朱熹阐释其法律理论, 用到的核心概念是心、理、性, 这些词也正是他哲学体系的基本概念。显然, 需要以其整个思想体系为背景, 才能恰当理解其法律理论。实际上, 朱熹的学问是一套具有高度一致性的概念体系, 可以用"道理"两个字概括, 诚如

① 黎靖德编:《朱子语类》第 7 卷, 中华书局 1986 年版, 第 2734 页。
② 黎靖德编:《朱子语类》第 7 卷, 中华书局 1986 年版, 第 2641 页。
③ 黎靖德编:《朱子语类》第 7 卷, 中华书局 1986 年版, 第 2641 页。

其所言："某近看得道理分明，便是有甚利害，有甚祸福，直是不怕。只是见得道理合如此，便做将去。"① 他的道至少有两层含义：道统之道与"明明德、亲（新）民、止于至善"意义上的"大学之道"。

作为最先系统使用"道统"一词的学者，朱熹为圣贤所传之道统编定一个完整家谱，把孔子、孟子、周敦颐和程氏兄弟纳入传道的"圣家族"。朱熹通过编订《大学》《中庸》《论语》《孟子》"四书"经典，把儒学道统的基本内容确定下来。其中，《大学》的基本内容被归纳为"三纲领"（即明明德、亲民、止于至善）和"八条目"（即格物、致知、诚意、正心、修身、齐家、治国、平天下），成为儒家主张的"内圣外王"的标准路径，诚如在《宋史·朱熹传》中，朱熹给宋孝宗的奏折所言："帝王之学，必先格物致知，以极夫事物之变，使义理所存，丝悉毕照，则自然意诚心正，而可以应天下之务。"

朱熹讲"道理"，其"道"与其"理"相通、"理"与"性"相关、"性"与"心"密契。朱熹采纳程颐"心统性情"与"性即理"的理论："恻隐、羞恶、辞让、是非，情也。仁、义、礼、智，性也。心，统性情者也。""性即理也。"（《四书集注·孟子·告子上》）于朱熹而言，人所传之道，乃天所代表的理。此理不外乎人性本身，而又为人心所体认。

朱熹把"尊德性"与"道问学"结合起来，使学问之道与道德修养相辅相成。朱熹所理解的"大学"，就是要使人知其"性分之所固有，职分之所当为"（《四书集注·大学序》）。在朱熹这里，大学之道与德行相通，《学校贡举私议》道："德行之于人大

---

① 黎靖德编：《朱子语类》第7卷，中华书局1986年版，第2889页。

矣，然其实则皆人性所固有、人道所当为，以其得之于心故谓之德，以其行之于身故谓之行。"人之所学不外乎人的本性、本心"所固有"的东西，也就是人的本分、职分"所当为"的东西。大学之道就是要打通"所固有"与"所当为"，使德行与学问紧密相连。

朱熹的儒学虽被称为"理学"，且受到陆九渊、王阳明等人的"心学"挑战，然而，朱熹实际上也把"正心诚意"视为自己学术的基本原则。当有人劝他不要跟皇帝提及"正心诚意"的主张，因为"正心诚意之论，上所厌闻"，朱熹回应道："吾平生所学，惟此四字，岂可隐默以欺吾君乎？"（《宋史·朱熹传》）在朱熹那里，"意诚心正"才是"应天下之务"。也许这就是为什么包弼德把"心念"视为唐宋思想文化转向的标志。

朱熹把周敦颐"太极而无极"的形而上学理论和《大学》"正心诚意""格物致知""修齐治平"的政治与道德哲学结合成一个有机的理论体系，进而抵制道家之无与佛教之空。道统所传之道既是格物致知所知之理，更是个人及社群（民）共同追求的至善。按照朱熹的理论，通过道统的代代相传，也通过君子的"明德"，参与"亲（新）民"的工作，从而建立一个"至善"的道德共同体。总之，在心、性、理相通的基础上，朱熹构建的哲学系统把一切学问的旨归确定为正心诚意、弘扬个人的美德进而建立兼容家族、社会、国家的共同体。朱熹为法律与司法倾注心血，说明它们也是建构道德共同体不可或缺的一环。在下一章，我们可以见到更多的南宋官员通过"准情酌理"的公正司法建构儒家心仪的道德共同体。

第十二章 准情酌理

一、殊未合法

南宋宝庆府（今湖南邵阳）曾二姑系独生女，幼年丧父。其父曾仕殊死后，因二姑年幼，依照当时法律，家产经官府检校，即盘点，由官府掌管，拨出部分钱财作为日常开销，委托伯父曾仕珍抚养二姑。但曾仕珍与其子擅自支用已检校财产，导致二姑告状。告状时，曾二姑已出嫁。于是宝庆府的金（qiān）厅及推官等执法部门与官员拟给二姑三分之一的财产，但知府胡颖认为"殊未合法"，他认定"合用在室女依子承父分法给半"，理由是二姑提出诉讼时虽已出嫁，但曾仕殊户绝时，其女二姑尚在室未嫁。此处所谓"户绝"，指一户人家无男性继承人，这也是曾仕殊死时官府为其检校财产的原因。"子承父分"即代位继承，是指在父亲先于祖父死亡时，准许儿子代替父亲继承祖业。

胡颖判定二姑继承一半财产，另一半财产，"本合没官"，即本该归官府，但胡颖"素不喜行此等事，似若有所利而为之者"，即从来不喜欢把私人财产收归公有，让人觉得法官审理绝户财产案件只是为了利益，哪怕是"公共利益"，因此他把这一半财产均分给二姑的两个叔伯仕亮与仕珍。[1]

---

[1] 该案案情参见"侵用已检校财产论如擅支朝廷封桩财物法"，《名公书判清明集》上册，中华书局1987年版，第280—282页。

其实，胡颖的判决与南宋法律并不完全吻合。戴建国指出，这里存在两个问题：其一，按照南宋财产继承法，绝户仅有在室女时，其遗产尽由在室女继承，而不该依照子承父分法；其二，另一半财产"本合没官"的法律依据是什么？[①]

依照宋代法律，户绝时已出嫁的独生女可分家产三分之一，如女儿未嫁，即"在室"，则全给。胡颖的判决与此不符。戴建国认为，这可能是因为胡颖考虑到曾仕殊户绝时曾二姑并未出嫁，因此给三分之一不合法；但二姑告状时毕竟已出嫁，如依户绝法尽给二姑亦不合理，于是胡颖采取折中办法，依子承父分法给半。另一半财产"本合没官"的依据是《宋刑统·户婚律·户绝资产门》："有出嫁女者，三分给与一分，其余并入官。"从上文可知，胡颖不喜欢官府共百姓之产，于是将其分给仕珍、仕亮。此外，"仕殊私房置到物业，合照户绝法尽给曾二姑"。所谓"私房置到物业"，戴建国认为是曾仕殊妻家的随嫁妆奁田产，而根据《宋刑统·户婚律·卑幼私用财》："妻家所得之财，不在分限"，即不在分家析产的范围之内。[②]

本案法官的最后裁定是"合用在室女依子承父分法给半"。戴建国分析了这一裁定的三个组成要素：在室女、子承父分法、给半。"在室女"是财产继承人的身份，"子承父分法"是判决的法律依据，"给半"是自由裁量的结果，并非法律的规

[①] 戴建国：《唐宋变革时期的法律与社会》，上海古籍出版社2010年版，第380页。

[②] 戴建国：《唐宋变革时期的法律与社会》，上海古籍出版社2010年版，第382页。

定。因此，戴建国指出，裁决既不是完全依户绝法，也不是完全依在室女得男之半，而是一个比照子承父分法及在室女、出嫁女应得份额的折中裁定，这是一种变通的做法。[①]

关于"检校"，下文会提到另一位官员叶岩峰，他在其判例中有所解释："揆之条法，所谓检校者，盖身亡男孤幼，官为检校财物，度所须，给之孤幼，责付亲戚可托者抚养，候年及格（等到孤幼成年），官尽给还。"[②]按照叶氏所引法律规定，应该是在孤幼成年后全部发还财产，但不知二姑成年后官府为什么没有执行这一规定。

曾二姑的案件让我们看到，宋代政府为孤幼的利益而设立的信托制度即"检校"得到了实施。虽然运作中会出现问题，但官员会通过司法判决予以纠正。胡颖在本案中的法律适用固然给包括戴建国在内的中外专家造成困扰，但无论如何，大体上，诚如胡颖在本案判词所言，"本府之所处断，未尝敢容一毫私意己见，皆是按据条令"，[③]即法律在帝国官员的执法中处于举足轻重的地位，因皇帝通过让官员严格依法办事既得以限制官员权力，又因官员依法办事实现司法正义而使皇帝自己获得当政的正当性（legitimacy）。

当然，法律的适用需要解释，而董仲舒早在汉代就已通过"原心定罪"把道德动机引入法律解释，从而纠正法家建造的

---

① 戴建国：《唐宋变革时期的法律与社会》，上海古籍出版社 2010 年版，第384 页。
② "不当检校而求检校"，《名公书判清明集》上册，中华书局 1987 年版，第 228 页。
③ 《名公书判清明集》上册，中华书局 1987 年版，第 281 页。

法律体系更注重行为后果的偏差。宋代法官进一步主张"原情定罪",此情即鲁庄公当年所言"小大之狱,所不能察,必以情"的"情"。就是说,一定充分考虑每个案件的具体情况,避免一刀切,同时,也把具体情况放在法律规范字里行间透露的法理以及朱熹所谓"公共道理"的语义脉络中去评估,如此即可恰如其分地适用法律。这也就是为什么胡颖说自己在宝庆府这个"好讼"的地方任职以来,"每事以理开晓,以法处断"。①

曾二姑的案例名为《侵用已检校财产论如擅支朝廷封桩物法》,收录于《名公书判清明集》。为了说明南宋其他官员如何用情理作为法律解释原则,以便与朱熹执法相参照,展示南宋帝国活法的宏观画面,下面再讲三个与曾二姑案同出于《名公书判清明集》的案例。该集大约成书于宋理宗景定二年(1261年),目前市面上流传的是中国社会科学院历史研究所宋辽金元史研究室以上海图书馆所藏明刻本为底本、宋刻本作补充的点校本,中华书局1987年版,收录南宋"名公"即知名官员书判(判决书等)共473篇,是研究南宋司法审判的第一手材料。

二、理所当然

母舅与外甥争房产,舅舅有契约在手,却是外甥一家一直在出租经营。法官遇到这样的案件,首先感叹:"舅甥争屋,

---

① 《名公书判清明集》上册,中华书局1987年版,第280页。

非义也。"① 一个"义"字，道出南宋官员对亲戚之间财产纠纷的评价标准。非义、不义，即不宜、不合适、不得体、不应该。早在《孟子》就有"义，人路也"的定义，即人日常行事为人的恰当方式。从孔子在《论语·里仁》声称"君子喻于义，小人喻于利"开始，儒家就秉持"义利之辨"，反对以利害义，甚至必要时要像孟子主张的那样舍生取义。显然，在南宋官员叶岩峰看来，无论出于什么理由，舅甥之间争财都不合适，属于不义之举。这不是说南宋官员会用道德标准取代法律。恰恰相反，就像"阿云之狱"作为刑事案件在程序法和实体法两方面都得到认真的执行和解释，这一舅甥争财的"民事案件"其实也有充分的法律推理和说理。

叶岩峰判的"舅甥争"，即舅舅张诚道诉外甥钟承信案，据"钟承信供称，母亲置到杨家巷屋七间两厦（厢房），租赁与外人；张诚道供称，于内买得前二间及一小间，遂致互争为己物"②。之后，叶氏提及房产纠纷的解决需要依据契约与管业两方面的法律："大抵交易当论契书，亦当论管业。"③ "管业"就是产业的实际经营状况。就此案而言，钟承信一家出租此房即属管业。问题在于，"张诚道不曾管业一日，却有张洵正卖契一纸，遂谓有契岂不胜无契。钟承信止有张模等上手契三纸，更无正典卖契，却管业二十八年，遂谓管业岂可使失业"④。"正卖（典）契"是业主获得该项产业的交易契约。"上

---

① 以下该案案情与判词原文均引自"舅甥争"，《名公书判清明集》上册，中华书局 1987 年版，第 191–192 页。
② 《名公书判清明集》上册，中华书局 1987 年版，第 191 页。
③ 《名公书判清明集》上册，中华书局 1987 年版，第 191 页。
④ 《名公书判清明集》上册，中华书局 1987 年版，第 191 页。

手契"可指正契之前历次交易订立的契约。在交易中，某项产业最新的业主可能会获得一份或多份上手契，如果历次交易的契约粘贴在一起，则是"连契"。土地交易的连契有时候可以证明长达三百年内的交易记录。舅舅拥有张洵的正卖契，而外甥只有张模的上手契，这让叶岩峰不得不慨叹"二说相持，莫决是非"。[①] 于是，他在判决书里叙述并评论双方的主张：

张诚道（舅）说"亲姐（即钟承信之母）贫，无以养，权借此屋收赁，以助买油、菜"。叶氏颇不以为然："此论未通，近世浇薄，兄弟姊妹相视如路人，若能损己业，以赡同胞，我未之信也。"[②] 法官的意思是，这是一个人情淡漠的时代，他根本不能相信还有人肯为亲姊妹牺牲自己的财产。钟承信说自己之所以没有正契，是因为"母置此屋，恐以孤孀见欺于人，遂托舅之名以立契，竟执留而不还"。也就是说，母亲怕自己和孩子作为孤儿寡母（购房时钟父显然已去世）置办产业可能被人借故侵吞，所以立契时假借舅舅（作为成年男人）的名义，没想到舅舅拿去正契就不再给还。叶氏对此表示认同："此恐有之，安固习俗，常假姓以置产，凡讼牍间，盖屡见之矣。"[③] 凭自己的司法经验，叶氏知道安固这个地方常有借他人名义立约的情况。

对于双方的主张，法官从人情世故与风俗习惯两方面予以分析，他不相信兄弟会把房子出借给姐姐，让姐姐通过出

---

① 《名公书判清明集》上册，中华书局 1987 年版，第 191 页。在本案中，直接卖房子给张诚道（或其姐）的人是张洵。张模是卖房给张洵的人。

② 《名公书判清明集》上册，中华书局 1987 年版，第 191 页。

③ 《名公书判清明集》上册，中华书局 1987 年版，第 191 页。

租房子挣钱补贴家用，因为当时是一个"兄弟姊妹相视如路人"的社会。出于人情世故的考虑，叶氏否定兄弟姊妹之间可能会有情同手足的经济援助。虽然连悲观厌世者都未必同意叶氏的判断，但该案及法官的评论可以让我们看到南宋社会小人物的实际生存状态。孤儿寡母在市场交易中置办产业容易受人欺凌，甚至是亲戚的侵害，就像孤女曾二姑的案件中私自挪用她父亲遗产的不是别人，正是自己的伯父与堂兄弟。这是一个暴寡凌弱的社会，而儒家官员的责任正在于依法为弱势群体夺回属于他们的财产。所以法官不能只发人心不古、世风日下的感慨，而要依法构建一条"证据链"，借以匡扶正义，把财产判归它真正的主人。于是，叶氏写道："何况钟承信之母，管业多载，身故已二年，至今钟氏每日点印赁钱，有簿历（账本）可照。前后赁屋者，如张溢老、徐十三等，莫不曰赁钟之屋，有租札（租约）及供责（口供）可凭。"①

叶氏用账本、租约、证人、口供组成一个证据链，并由此得出结论："此管业分明，岂不过于有契乎！两词曲直，于此可占（zhān，预测、判断）矣。"法官认为单凭契约不能判断产业归宿，在契约与管业不一致的地方，管业的证据链胜于契约本身。

本案最可能引起争议的地方在于法官基于世态炎凉而对张诚道人品的评判，不过这只是他据以驳回张某主张的理由，并非做出本案裁决的关键因素，管业的证据链才是。何况，在得出房产应归钟氏的结论后，法官照应其在本案判词伊始

---

① 《名公书判清明集》上册，中华书局1987年版，第191页。

即已提到的"义"字，认为如果抛开契约、管业不谈，单从张
某自称当初借房给姐姐出租赚钱、补贴家用而言，亦可通过
把正契还给外甥的方式使自己好事做到底，因此把房产判归
外甥也是法官帮助"全张诚道始终之义"——既然你说自己是
好人，那么就把好人做到底吧："今不必论契书之有无，亦不
必论管业之久远，当照张诚道所供，及其初意可也。始焉既
能举此屋，以奉乃姐，终焉岂不能返此屋，以归乃甥。弓得
于楚人，毡还于王氏，理所当然，在渭阳何辞焉。仰钟承信
万钧仍旧管佃此屋，乃所以全张诚道始终之义，案给契付钟
承信，庶得允当。"①

　　为论证其成全张某义举的"理所当然"，叶氏使用了"弓
得于楚人，毡还于王氏"的典故，意思是，都是自家人，东
西具体到谁手里无所谓，不必计较。"渭阳"是指《诗经·国
风·秦风·渭阳》中描述的舅甥情谊。由此可见，法官既依据
契约、管业等法定证据及证据链并参照人情世故、风俗习惯
来推理，也同时以义、理来说理，借以表明自己的判决既合
乎法律又不违背法律赖以获取其意义的义理脉络。如果说义
理代表了法律推理的原则性，那么对人情世故、风俗习惯的
斟酌则是法律推理不能忽视的"人情"，即个案背景，也就是
像张某、钟某等芸芸众生日常的"生活世界"。正是在此生活
世界，法律规范及其依据的义理获得了展示其规范与原则的
实际意义的具体场景，因此仅当理之是非、情之轻重得到充
分推敲，法之取舍才能"允当"。

---

① 《名公书判清明集》上册，中华书局1987年版，第191—192页。

三、参酌人情

宋高宗绍兴年间（1131—1162），临安府昌化县（今临安县）寡妇阿章"将住房两间并地基作三（份）契（约）卖给徐麟，计钱一百五贯"①。此时一百贯钱可在东南地区买一头牛。②十一年后，阿章及其孙子徐鼎孙声称当初是典卖，要求赎回房产。此案见于《名公书判清明集·户婚门·赎屋类·已卖而不离业》，办案官员是吴恕斋。

典卖是可在约定或法定的年限内以原卖价回赎的出卖。该房产早在九年前已由阿章的小叔子徐十二援照"亲邻条法"赎回。"亲邻条法"是指近亲在卖主无力赎回的情况下赎归己有。"当是时，阿章，寡妇也，徐鼎孙卑幼也，律之条令，阿章固不当卖，徐麟亦不当买。"由此可见，当时的法律不许孤寡老人出卖房产。当然，南宋的法官会把法律的适用放在真实的司法场景中去评判，他们深知小人物生活的现实社会，并非群贤毕至的群英会。阿章的实际处境乃是法官裁判此案的真实法律语境："但阿章一贫彻骨，他无产业，夫、男俱亡，两孙年幼，有可鬻以糊其口者，急于求售，要亦出于大不得已也。"③死了丈夫与儿子的阿章违法出售房产，吴氏作为法官体谅其"一贫彻骨"之时的"大不得已"，不会让法律的适用成为机械的条文比对，而是在还原当事人的行为背景的基础上，让法律的适用符合立法宗旨：禁止孤幼出卖房产显然是为避

① "已卖而不离业"，《名公书判清明集》上册，中华书局 1987 年版，第 164 页。
② 周紫芝：《太仓稊米集》卷 49《答田券示徐伯远》。
③ 《名公书判清明集》上册，中华书局 1987 年版，第 164 页。

免他人乘孤幼之危强买强卖，而不是为了禁止阿章这样食不果腹的人在迫不得已的情况下卖房糊口。

那么，阿章当时是出典、典卖还是出卖、断卖（后世称绝卖）？"今年正月，忽同鼎孙陈词：当来只典与徐麟，不曾断卖，仍欲取赎。"据此，"本（昌化）县已令徐十二交钱还业"。就昌化县的判决，徐十二上诉到临安府，"称是徐麟见其修整圆备，挟曩（nǎng，往）年吝赎之恨，扶合阿章、鼎孙，妄以断卖为典；且缴到赎回徐麟原卖赤契三道"。徐十二认为，阿章之所以要求回赎，是因为徐麟对自己当年回赎此房产耿耿于怀，对其把房子修整一新更是嫉恨，因此蛊惑阿章与鼎孙祖孙二人谎称当年是典卖而非出卖，以期回赎。为证明阿章撒谎，徐十二提交"徐麟原卖赤契三道"，即阿章卖给徐麟房产时的三份盖有官府印章的红契。与红契对应的是白契，指未交房产交易契税而未能在契约上加盖官府红印的契约。

临安知府吴恕斋据此指出，"阿章既有卖与徐麟赤契，分明该载'出卖'二字，谓之不曾卖不可也"。同时，孤幼出卖房产本属违法，且时隔十多年，本不该受理其案件，何况，"向使外姓辗转得之，在阿章已断无可赎之理"[1]。徐麟毕竟是徐姓，这也许是为什么阿章"断卖"而不是出典给徐麟之后徐十二还能回赎。

就法律而言，当初阿章出卖房产属违法，而且又是出卖，不是回赎，所以阿章的诉求可以驳回。但法官"参酌人情"，考虑到"阿章与徐十二为从嫂叔（阿章的丈夫与徐十二是叔

---

[1] 《名公书判清明集》上册，中华书局1987年版，第165页。

伯兄弟）"，且"据阿章供称：见（现）与其孙居于此屋，初不曾离业"。果真如此，则"徐十二合念其嫂当来不得已而出卖之意，复幸其孙克自植立，可复旧物，以为盖头之地。楚人亡弓，楚人得之，何忍迫之出外，而使一老二孤无所归乎？此阿章所以为尚可赎也"①。

吴恕斋所谓"人情"，首先，是当事人之间的叔嫂关系；其次，是阿章自称还在房中居住，即未曾"离业"；最后，是阿章和两个孙子如果完全失去其房产，将无家可归。本来，依照法定典卖程序，业主一经典卖，即应与产业脱离关系，即离业，但实际生活中往往有业主典卖而不离业的情况，如典卖房屋以后作为租户仍在原处居住；典卖田产以后作为佃户仍在原地耕种或继续交租。正如钟承信案件所表明的那样，管业是法官确认产权归属的主要依据。因此法官需要了解阿章究竟是否仍在管业。在阿章未曾"离业"的情况下，如果一定要依法办事，那就会使当初"不得已而出卖"房屋的"一老二孤无所归"。执法如果造成这样的后果，显然不符合立法的本意，也有悖于地方官执政的宗旨。

当然，"人情"的介入并不意味着罔顾事实。法官在乎的一个事实是：阿章究竟是否离业？法官显然不能依据阿章的一面之词做出裁决。"据徐十二供：阿章离业已久，只因徐麟挟仇，教讼兴词。"如果徐十二所言是实，即阿章已离业且的确是因徐麟挑唆而兴讼，那么仅因人情就让阿章回赎其依法本不该回赎的房产，"则又难堕小人奸计，以滋无根之讼"。

---

① 《名公书判清明集》上册，中华书局 1987 年版，第 165 页。

于是，阿章究竟是否离业，即是否还住在早已卖断的房子，就成了关键事实，在乎人情的吴恕斋也不能无视。在吴氏这里，人情可以使有关房产交易的法律变通，让通常情况下不能回赎的房产得以回赎，但人情也不能完全取代法律，法官的职责毕竟是依法裁决，情理也只是解释法律的规则，使法律的解释与应用更能体现法律的原则与立法的宗旨，更何况"官司予决，只有一可一否，不应两开其说"。为使裁决得当，阿章是否离业作为关键事实，就成为绕不开的问题："本府未审阿章果曾离业与否，难以遽为一定之论。"当时正值盛夏，知府吴恕斋不肯让双方当事人及证人"牵连迫对"，因此要求"昌化佐官更与从公契勘（查明、研究），限五日结绝（结案）"。①

吴恕斋责成昌化县五日内在查明阿章是否离业的基础上做出裁决。我们虽未看到本案最终判决，但从吴氏批词可知，昌化县会按照吴氏的提示尽量照顾阿章的利益，使其老少三口不失"盖头之地"。比如，让徐十二匀给阿章一间，免其流落街头。当然，如果阿章已离业，那么她已卖断且离业的房子就很难全部索回，毕竟，作为最重要的利益协调机制，不能完全抛开帝国的法律。

四、原情定罪

北宋"阿云之狱"因王安石的主张得到宋神宗支持而以从轻发落阿云告终，结果司马光责难神宗皇帝未能从礼的角度

---

① 《名公书判清明集》上册，中华书局1987年版，第165页。

处理此案。至少从唐律开始，儒家帝国的立法即"一准乎礼"，以礼为准。根据礼之仪、义（理）、制之间，理即礼、事理即义理的"礼论"，高明士认为"探求固有法的特质，可化约如下：理贵原情、原情制礼、纳礼入法"。因此，"一准乎礼"实际上意味着以情理为准，既然如此，"论法不可忽视情、礼（理）。但因礼为理的规范化，情、理（礼）、法乃成为量刑定罪的三要素，最终目标在求其'平'"。[①]

以此三要素为依据的立法例，高明士追溯至房玄龄在唐太宗贞观二年（628年）三月的奏折，其中指出"旧条疏"（当指开皇、武德律）有兄弟连坐俱死而祖孙配没（发配为奴隶），房氏认为不合理，因"祖孙亲重，而兄弟属轻"。所以"据理论情"，兄弟以"配流（发配、流放到边远地区）为允"。此修正案已收入贞观《贼盗律》，见于《唐律疏议》第248条。以此为据，高明士认为："礼通情理，以礼为准即以情理为准。"[②] 既然立法以情理为准，即后来乾隆皇帝在《御制大清律例序（1740）》所谓"准诸天理、揆诸人情"，那么司法审判过程当然也要在理的普遍原则与情的个案境况间寻求法的确切适用空间。理为法条提供了贯通整个法律体系的语义脉络，从而使法律推理具有整体性与一致性；情则为个案究竟该适用哪个法条提供了具体的信息，包括当事人的处境及其行为的动机、方式、结果等。本章所举三个如今可称之为"民事"案件的实例，从不同角度展示了司法审判过程中法官如何以

---

① 高明士：《律令法与天下法》，上海古籍出版社2013年版，第183页。
② 高明士：《律令法与天下法》，上海古籍出版社2013年版，第183页。

情理释法。最后让我们再从一个"刑事"案件进一步了解南宋官员的司法实践。

此案见于《名公书判清明集·户婚门·墓木》蔡久轩（1193—1259）所判"争墓木致死"。蔡氏名杭，号久轩，曾任江东、浙东提点刑狱。提点刑狱司是宋代中央派出的"路"一级司法机构，简称"提刑司""宪司""宪台"，负责监督管理所辖州、府的司法审判事务，审核州府案卷，可随时前往各州、县检查刑狱，举劾在刑狱方面失职的州、府官员。

本案系因胡家砍伐余家墓地林木而引起斗殴，致胡家佃户危辛一死亡。人命案件通常需要抵命，但在蔡氏看来，此案不可与其他人命案一概而论。他开宗明义提出裁决命案的基本原则："决断大辟（死刑）公事，要见行凶人起争之因，所谓原情定罪者是也。"[①]从董仲舒"原心定罪"到蔡氏所谓"原情定罪"，13个世纪、1300年冬去春来，中华帝国的立法与司法经历漫长演变，从引入道德动机的主观因素来解释法律，到将更为全面还原案件的事情与相关的人情作为定罪量刑的依据，帝国的司法越来越贴近普通人生活的实情，正如孤女曾二姑、孤寡钟承信母子与阿章祖孙的案件所呈现的那样，这是一个有许多人在欺压与穷苦交织的环境中苦苦挣扎的世界。儒家官员作为精英，常以君子的标准严于律己，但他们也不忘以通情达理的执法，为德行与智慧都有欠缺的芸芸众生撑起一片公平的蓝天，好让小人物也有生存下去的社会环境。这正是胡颖、叶岩峰、吴恕斋、蔡久轩等南宋"名公"既

---

① 《名公书判清明集》上册，中华书局1987年版，第330页。

清且明的判词所要发挥的作用。

　　蔡氏认为，本案之情关键在于"行凶人起争之因"。本案"行凶人"是余细三十与其子余再六、侄余再三，其祖墓与买官人胡小七田地连接。所谓"买官人"，就是通过向官府输送钱财等方式获得荣誉性官位的人。蔡氏在叙述这一因财产纠纷而导致的命案时尽力还原案情真相，以此说明"起争之因"。他先从胡小七明知余家祖墓林木茂盛，不免遮蔽附近田地，胡某却还是购买与余家祖墓毗邻之地说起："余家墓山，累世之业也。胡家之田，近年得之也。墓林茂盛，宁免岚蔽田地，在在（处处）如此。傥使此田为木岚蔽，胡小七当日勿买可也。"① 然后言及租佃其土地的洪某声称因林木遮蔽田地而退佃，其实只是为了让田主胡小七减租："及至交业之后，佃人洪再十二欲行退佃，不过与干甲通同，欲邀田主退减苗租而已。"②

　　胡小七的仆人向他报告洪某声称退佃的事情，他便指派仆从率佃户一百多人以"自耕"的名义带刀斧任意砍伐余家墓地的林木，整座坟山几乎砍光："胡小七之悍仆胡再五、周先乃具状申闻胡小七者，小七遽就状批判，差诸悍仆率群佃百余人，名曰自耕，其实将带刀斧，喧嗷直将田畔余家墓木恣行斫伐，几于赭（zhě）山。"③

　　蔡久轩认为，余家人保护墓林，属"人情之常"，只是不该带"管刀杖棒"："其余细三十并子若侄闻之，急往占护坟

①《名公书判清明集》上册，中华书局1987年版，第330页。
②《名公书判清明集》上册，中华书局1987年版，第331页。
③《名公书判清明集》上册，中华书局1987年版，第331页。

木，此亦人情之常，但不当将带管刀杖棒而前。"但如果不带这些工具，赤手空拳又如何阻止一百多个手持刀斧的砍伐者，蔡氏没说。好在余家三人到场时砍伐者已散去，"一时余再六登山赶捕不获，已行回归，适又遇见危辛一持斧上山，遂成对头。危辛一先以斧头抵敌，余再六次以管刀敌搠（chuò，戳、刺），余再三又以长棒击打，遂致危辛一为刀伤要害身死"。[1] 危某也是胡某佃户，他也是参与砍伐余家墓林的人，不知何故，在众人散去后又独自持斧回山，斗殴过程中被余家三人打死。

说完案情，蔡久轩转向"起争之因"，以此回应其判词开篇即已明示的"原情定罪"原则："推原起争之因，皆胡小七者以判状付之悍仆，依凭威势，平白斫（zhuó）伐他人墓木。余再六所以不忿者，爱护墓木也。爱护墓木者，所以爱护其祖宗也。"蔡氏把胡某仗势欺人、砍伐他人墓林而余家护林合乎情理当作关键，并以设问的方式作结："人谁无坟墓，此其起因，原情实有可悯。"[2] 对于蔡久轩而言，子孙为保护祖墓而杀死砍伐墓林之人，其情"可悯"，值得同情。"人谁无坟墓"，这一必然引起时人共鸣的设问，等于强调人人都会与毁损其祖坟的人发生冲突。"正当防卫"属于另一种法律概念体系，但在"人谁无坟墓"的同情理解中，自然有一种没有正当防卫概念的正当防卫意识在里面：护坟乃在情理之中，而护坟作为"人情之常"，即是防卫墓林的"正当"所在。

---

① 《名公书判清明集》上册，中华书局1987年版，第331页。
② 《名公书判清明集》上册，中华书局1987年版，第331页。

说完余家保护墓林的情由，蔡氏转谈胡家的霸道："买官胡小七事发一年有半，更不出官，州院虽已勾追，竟以本人见在绍兴辛提干处为言，通神之钱，且有免追之判，可见豪强。"南宋各州有州院，负责审理案件。州院虽已追捕胡某，但事过一年半仍然逍遥法外，竟然还得到"免追"的判决。蔡氏认为此人属于典型的土豪劣绅。这些情况显然对蔡氏适用法律有影响："照得余再六所犯在减降赦前，其（堂）弟余再三已毙于狱，其父余细三十已作余超名，前经刑部特与贷命（免处死刑），决脊杖二十，刺配二千里军州牢城。"①也就是说，余家已有余再三在监押过程中死亡，已改名余超名的余细三十也已在脸上刺字后发配到距家两千里外的牢城，即宋代囚禁流配罪犯的场所，而余再六的犯罪是在赦前，所以他可以因赦而被释放。

宋代和汉代以来的儒家王朝一样，会因皇帝登基、祭天、天灾等各类事情而实施范围不等的赦免。严格的执法与频繁的赦免并存，既有正义，又不乏怜悯。关于中华帝国的赦免制度，会在第十六章末尾进一步论述。

从判词可知，为保护祖坟林木而在斗殴中杀死一个砍伐者的余家已经为此付出惨重代价，父亲已经刺配，侄子也已死于监禁；仗势欺人的胡家却毫发未损，是典型的黑恶势力。蔡久轩扫黑除恶，在根据赦令放掉受害人余再六的同时，对胡家"为恶之人"依法惩治："胡再五、周先凭恃威势，号召诸佃，决脊杖十三，编管一千里，方辛四、梁兴二皆佐助胡

---

① 《名公书判清明集》上册，中华书局1987年版，第331页。

小七为恶之人，勘杖一百，编管邻州。"办案过程中，舞弊的州、县公职人员也受到处罚："县吏周元、州吏徐必选、周思民免追，杖一百，罢逐，并牒州照断。"[1] 即要求州官对三个责任人杖一百后罢职。

最后，蔡氏要求州官派专人抓捕此次事端真正的祸首——"黑社会头目"胡小七："其买官胡小七，何物小子，乃以威力激成凶祸，牒州专人追解赴（提点刑狱）司，两限不到，定追都吏。"[2] 就是说，如果抓不到胡小七，唯负责追捕的职员是问。

当然，蔡氏不会忘记余家的经济损失。他要求将被砍伐的林木及其土地证明文件还给余家："其已斫伐木赃及砧基簿（登载田亩东西南北方位即'四至'的簿册）责还余家有分之人取领入案。"[3]

从刘邦与关中父老约法三章，确认皇帝掌权的正当性在于执行"杀人者死"的正义原则开始，偿命、抵命等为死者生命神圣不可剥夺的价值观张目的法律原则与规则，始终是中华帝国的"宪法"条款，这并非"同态复仇"的报复心态，而是为死者的性命申冤、把杀人者当作有能力承担完全责任的人来尊重，进而要求其为自己行为负责的人命观念。与此同时，原情定罪的南宋官员在其体察的生活世界中深知人生在"世"自有其不得不"在"的生活逻辑：面对豪强的欺凌，小人物有时不得已为自存而杀人，剥夺暴寡凌弱之人或其仆从的生命，

---

① 《名公书判清明集》上册，中华书局1987年版，第331页。
② 《名公书判清明集》上册，中华书局1987年版，第331-332页。
③ 《名公书判清明集》上册，中华书局1987年版，第332页。

其实只是其免于被剥夺"在世"机会的自保措施，只要官员认真查找"起争之因"，即可获知其违法之"情"，属于官员及他人可以认同、自己在相同处境也会如此这般的"可悯"之举。带着悲天悯人的情怀执法，法官就不会要求每个人被杀都要偿命。这与其说是杀人偿命的规则有例外，不如说杀人偿命的绝对规则不该适用于为了护卫祖坟而杀死砍伐者的情况。因此，称职的法官应该知道，法律规则也该适用于什么情况，又不该适用于哪些情况。至少在像余再六这样的案件中，南宋官员"原情定罪"，为不必甚至不应"杀人偿命"的被告获得个案正义。是"情理"的棱镜，为"法"的光线折射出适于本案的光谱，让法官对相关法律的七彩有了清晰的辨识机会。

五、君子之约

南宋虽是"偏安"南方的王朝，但其士大夫群星璀璨，除了让北方辽国等"夷狄"敬畏三分的朱熹及上述处理各案的"名公"，还有不能不在此特别提到的真德秀（1178—1235）。真氏是福建路建宁府浦城县人，今属福建省浦城县仙阳镇。作为南宋后期理学家，因其号西山，人称"西山先生"。宋理宗崇奉理学，真德秀获重用，知泉州、福州，端平元年（1234年），入朝为户部尚书，次年升参知政事，成为副宰相，旋即病逝，谥号"文忠"。真德秀学宗朱熹，为理学正宗传人，创"西山真氏学派"，在确立理学正统地位的过程中发挥重大作用，所修《大学衍义》，成为元、明、清三代皇族学士必读书，今有《真文忠公集》传世。

朱熹、真德秀等南宋士大夫在对儒家经典文本所揭示的自然、社会真理与道理进行整体性、一致性思考的同时，将理学运用于执政为民的政治实践，做到知行合一，从而使其对真理的探求与对正义的担当并行不悖，使得帝国的政治与法律有了一群通情达理、严于律己的君子作为载体。这种君子的担当精神在真德秀知泉州任上劝诫同僚的《谕州县官僚》告示中表现得淋漓尽致：

> 公事在官，是非有理，轻重有法，不可以己私而拂公理，亦不可徇（wěi，枉）公法以狥（xùn）人情。诸葛公有言：吾心有秤，不能为人作轻重。此有位之士所当视以为法也……殊不思是非之不可易者，天理也，轻重之不可踰者，国法也。以是为非，以非为是，则逆乎天理矣！以轻为重，以重为轻，则违乎国法矣！居官临民，而逆天理，违国法，于心安乎？雷霆鬼神之诛，金科玉条之禁，其可忽乎？故愿同僚以公心持公道，而不汨于私情，不挠于私请，庶几枉直适宜，而无冤抑不平之叹。[1]

这是我们所见到有关天理、国法、人情的最早的系统表述之一。从中可以看出，天理乃是非判断的最高准据；国法则是罪、刑轻重的不二法门；人情则是于"公法"有碍的私情、私请。真氏此处所讲人情与上文其他几位官员所说人情

---

[1] 《名公书判清明集》上册，中华书局 1987 年版，第 6 页。

含义不同。如果沿着鲁庄公所谓"必以情"、蔡久轩所谓"原情定罪"的语义脉络理解人情，则人情可指与事实相关的案件实情及评判此情所需要的同情，比如吴恕斋对阿章一老二孤可能无家可归的同情，那么，这样的人情加上天理、国法，就是宋元明清时期中华帝国受儒家思想影响的官员心目中的法：法既是礼与天理演绎出来的具体行为规范与裁判规则，也是需要循着人情的路数恰如其分地落实到小民身上的公共道理。[①]一方面，情理法三位一体，共同构筑法律帝国的大雅之堂；另一方面，情理乃是官员执法时解释法律的准据，仿佛登堂入室的台阶，借以接引芸芸众生，从中获取正义与怜悯的垂青。而帝国的官员，犹如沿情理的台阶指引百姓在法律的大雅之堂遮风避雨的导师。这就是为什么真氏会"以四事劝勉同僚，曰律己以廉，抚民以仁，存心以公，莅事以勤"[②]。这可以说是一个理学大师与同僚的君子之约吧。

　　对于朱熹、真德秀等士大夫，他们在华夏国家遭受内忧外

[①] 刘馨珺的评论也可以帮助我们理解本章所列南宋士大夫的判例："宋代的官府处理民间的产业纠纷时，以不影响正常赋税收入的情况下，力求保持产业经营的原状。官员比较常理与事理的结果后，于是度量出两词的轻重。至于审理特殊如大辟死罪，则要注意'行为动机'，不能固执于'杀人则偿'的一定之法，要'贴近人情'，实践'原情实有可悯'的仁恕精神，并以'诛心论'指责有违常情者。地方官若具备'近人情'的能力，能更迅速地发掘事实，'合理''依法'酌风土人情查知当事人的行为动机，即使只是阅读历来'案牍'，亦能贴近人情分析事实。南宋的'名公'行政官僚们所建立'吾心如秤''酌情区处'的司法态度，即详究案牍所载的'事情'、透过'理法'的行政程序，找出'道理'，检查'法令'，通贯'天理'，平衡'人情与法意'，做出最合于'情理法'的判决。"刘馨珺：《论宋代狱讼中"情理法"的运用》，台湾中国法制史学会，《法制史研究》2002年第3期，第137页。

[②]《名公书判清明集》上册，中华书局1987年版，第5页。

患的艰难时刻，秉持理学的精神之光使自己安身立命，又把"公共道理"的温暖通过为官作宰的政治手段，传递给挣扎在生存底线上的芸芸众生，他们使人们在至暗时刻依稀可见真理的光辉、略感正义的温暖。

六、超级法官

朱熹等南宋官员以公共道理和情理释法，构建生活共同体的法理，也是20世纪美国学者德沃金的法理学的历史先声。他在解释法律究竟是什么的时候，特别强调法律是一种态度。比如，法律是一种友爱的态度，尽管我们的事业、利益、信念千差万别，但法律彰显的友爱态度可使我们联合成一个共同体。他进一步指出，法律作为一种友爱的态度，意味着我们想要成为怎样的人民，以及我们想要建造怎样的共同体。[1]

为了给英美两国的宪法与普通法提供具有整体性与系统性的解释，德沃金提倡"整全法（law as integrity）"。为了实现整全法，法官需要在识别法律权利和义务时假定这些权利和义务均出于独一作者，即拟人化的法官群体，该独一作者表达的是有关正义（justice）与公平（fairness）的一致性观念。在整全法的意义上，如果法律命题遵循正义、公平、程序性正当程序（procedural due process）等各项原则，并由此产生法官群体当下的法律实践所能给出的最佳法律解释，那么，

---

① Ronald Dworkin, *Law's Empire*, Harvard University Press, 1986, p. 413.

这些法律命题即属真实无伪。①

为了使法律的整全性成为可能，也为了给他所说的独一作者找到一个恰当的比喻，德沃金以希腊神话中的大力士赫拉克勒斯为依据，塑造了一个理想的法官形象，他才能超凡，长生不老，因此可以保持法律解释一以贯之。②这位超级法官以正义与公平的政治道德作为法律解释的基本原则，从而象征在漫长的历史岁月中众多法官的法律解释仍具有整体性与一致性。

总之，德沃金认为法官作为一个职业共同体能够做到以正义与公平的原则做出前后一致的法律解释，由此可以建造一个自由、平等的社会共同体。这与朱熹等南宋官员通过公共道理、情理释法，构建"民胞物与"的至善共同体有异曲同工之妙。何况，宋元明清科举取士所形成的儒家士大夫群体，也为帝国官员以天理人情的公共道理为一以贯之的释法原则，提供了源源不断的人力资源。如果我们将皋陶塑造成为德沃金版的赫拉克勒斯式超级法官，那么朱熹等南宋法官就可以被视为南宋的皋陶。只不过，德沃金不会塑造一个阴间版的皋陶，因为他的法学缺乏神圣之维，而传统中国法却不同。下一章，我们转向中华帝国的正义之神，阴间版的皋陶，即城隍。

---

① Ronald Dworkin, *Law's Empire*, Harvard University Press, 1986, p. 225.

② Ronald Dworkin, *Law's Empire*, Harvard University Press, 1986, p. 245.

第十三章 阴阳太守

据湖南《零陵县志》记载，明宪宗成化年间（1465—1487），湖南永州知府杨诚在赴任途中，有人自称永州太守前来拜会。杨诚知其为永州城隍神，与其交谈起来，到达目的地便彼此道别。此后，杨诚每次去城隍庙烧香，城隍神都在门内迎接。某次，杨诚在庙门内走廊下见有妇女一只脚被吊起来受罚，问是何人。城隍神说是罗三守的妻子，因为"天命谴责"，自己只好照办。杨诚问解脱的办法，答曰："烧《解冤结经》千卷，即可也。"杨诚告诉罗某这件事情，适逢其妻脚疼，便如法炮制，果然痊愈。[①]

"解冤释结"是道教道场科仪（仪式）的重要内容。道教所谓冤结，指世间人际纠葛引起的"阴讼"，须用科仪和符文解冤释结，以求阴鬼升仙，阳世平安。作为道教塑造的司法正义之神，城隍神建议杨知府用道教经典破解"天谴"，也是顺理成章的。这个阴阳太守的故事乃是城隍神信仰被帝国政府正式收编的经典例子。

一、正义化身

儒家帝国政府既排斥又利用道教与佛教，在城隍神漫长的造神过程中集中体现出来。史料最早提及城隍，是《周易·泰卦》第六爻爻辞中的"城复于隍"，指城墙倒塌在干涸的护城壕沟。《礼记》也有关于"天子大蜡（zhà）八"即天子八大祭祀的记载，

---

① 《钦定古今图书集成·方舆汇编·职方典》。

其中有"水庸"之祭："水则隍也，庸则城也"，水庸即指城隍。清代学者赵翼所著《陔余丛考》卷三五"城隍神"条，对城隍神的历史演变有详细记载。此外，《中国城隍信仰》一书也详细描写了城隍逐渐从沟渠之神变为村落保护神，又升为城市守护神的过程。①赵翼认为，"城隍之祀盖始于六朝也，至唐则渐遍"，其间经常被人引用的例子出自《北齐书·慕容俨传》，其中提到在今武汉市武昌蛇山的郢城中，"先有神祠一所，俗号城隍神，公、私每有祈祷"。

从城防工事转向城镇守护神，最终转向司法正义的守护神，城隍"神格"形成的关键时期，正是传统中国的法典达到顶峰的唐代，尽管在唐律本身，城隍的意思还是城防工事，完全没有神的意思。比如，《唐律疏议》第251条的"疏议"中提到"或攻击城隍，或虏掠百姓"。在其拥有中华帝国公认的模范法典之时，唐代还能成为司法正义之神形成的关键时刻，或许是因为良好的法典需要称职的法官去执行，但是疑难案件并非只要有优良的法典、法官就可迎刃而解，更不用说有些事情虽非法律可以追究，但却于天理人情有碍。这正是城隍神可以大显身手之处。

总体而言，城隍神作为司法正义之神漫长的形成过程与佛教、道教在这个社会中的传播密切相关。这两大宗教各有关于彼岸世界的理论、自己的司法机构与法官：因果报应论为人们的言行编织出来比世俗法律更为严格的行为标准；世俗法律不管或管不了的行为在"阴律"中可以找到处罚依据；阴曹地府与地狱的塑造为因果报应与阴律提供执行场所；虚构的"判官"或现世执法官员"入冥"也为阴间执法配备了人选。于是，这种以城隍神为中

---

① 郑士有、王贤淼：《中国城隍信仰》，上海三联书店1994年版，第20—28页。

心的文化建构，使得一个人必须为自己生前的一切行为负责，而承担责任追究的主体与机制又能横跨阴阳两界——此乃中国主流宗教共同构建的伦理道德与司法正义体系。

具体而言，城隍神作为司法正义之神的神格形成过程中，"生人判冥事"的书写做了很重要的铺垫，既为此后城隍神审判提供了被告，更为城隍的法官角色提供了出自现实生活中真实法官的模板。有关"生人判冥事"的书写中，"唐太宗入冥"尤其值得注意。此事最早见于唐人张鷟（zhuó，660—740）所著《朝野金载》①，其中说到太宗有次夜半梦见有人召他："帝问：'君是何人？'对曰：'臣是生人判冥事。'太宗入见，冥官问六月四日事，即令还。"此"事"指"玄武门之变"，是唐高祖武德九年六月初四（626年7月2日）秦王李世民在首都长安（今西安）太极宫的北宫门即玄武门附近发动政变，他亲手射死太子李建成，两个月后又逼李渊"禅让"。

唐太宗杀兄、逼父退位，严重违反儒家伦理。但作为帝王，人间法律无可奈何，只有通过让他"入冥"，进入阴间，异地审判，才能让他对自己在阳界的行为负责。这个故事通过让帝王成为被告，被送上法庭，表明人世法律有所不能及，需要另类法官依据另类法律在另类法庭予以追究。

追本溯源，"生人判冥事"的书写发端于唐临的《冥报记》。②其中有柳智感的故事。此人在太宗贞观初年出任长举县（贞观三年即629年起，其辖区属今甘肃省徽县）县令。故事说他"夜判冥事，昼临县职"，即晚上到阴曹地府判案，白天照常当县令。这种由现任官员一人兼跨阴阳两界充任法官的模式，为我们下文的

---

① 《朝野金载》第6卷，中华书局1997年版，第148页。
② 陈登武：《从人间到幽冥界——唐代的法制、社会与国家》，北京大学出版社2007年版，第295页。

故事阴阳太守提供了有趣的先例，只是在阴阳太守的故事中阴阳两界太守各有其人而已。

记载唐太宗阴间受审故事的张鷟曾任唐朝侍御史，负责纠察官员犯法；广为流传的《冥报记》录有人间法官到阴间法庭办案的故事；其作者唐临曾任唐朝最高司法机构大理寺、刑部的长官，且曾亲身参与《唐律疏议》编写——这些例证说明，唐朝人，包括精英在内，并不认为完备的法制体系足以实现正义。那时的人知道，需要借助超人的力量跨越阴阳两界才能使人隐而未显的罪恶受到追究，并让唐太宗这样至高无上的人成为被告，而佛教与道教长期以来的竞争也使道教有动力在佛教的地狱书写外塑造自己的司法正义之神，候选人就是久已流传的城市守护神——城隍。于是，"生人判冥事"的阴间审判由"生人"转换为城隍神的工作，即所谓"入主冥籍"；而曾任法官的"生人"在死后也可能被封为城隍神，成为阴间"常任"法官——如此这般，以城隍作为司法正义之神的造神工作也就大功告成。就历史的过程而言，从唐朝到明清，城隍神神格与角色的演进大致如下：

> "城隍信仰，一方面在中晚唐神格提升，并且因入主冥籍，成为重要的阴间审判官；另一方面，因世俗权力的推波助澜，城隍受到封爵，使城隍信仰更确立其地位。及至宋朝，道教为了对抗佛家声势惊人的'地狱观'，所以很自然地将本土新兴城市保护神纳入道家系统的幽冥世界，最后在宋朝佛道融合的地狱幽冥世界中，成为常驻民间的阴间司法审判官，至明清更加受到重视。"①

---

① 陈登武：《从人间到幽冥界——唐代的法制、社会与国家》，北京大学出版社2007年版，第326页。

所谓"明清更加受到重视"，主要表现在：明朝开始正式把城隍神列入官方祀典，从而使民间城隍信仰登入官方大雅之堂。明朝叶盛（1420—1474）所著《水东日记》记载："洪武元年（1368年），诏封天下城隍神，……四年（1371年），特敕郡、邑、里、社各设无祀鬼神坛，以城隍神主祭，鉴察善恶。未几，复降仪注，新官赴任，必先谒神与誓，期在阴阳表里，以安下民。盖凡祝祭之文，仪礼之详，悉出上意。于是城隍神之重于天下，蔑以加矣。"就是说，由于朱元璋的推行，新官上任，必斋宿城隍庙，参拜城隍神。此后每月初一、十五，官吏必须再到城隍庙参拜。

就这样，城隍神成了类似于鲁班之于木匠、皋陶之于狱吏的行业神。阴阳太守的传奇故事在明朝开始流传，正是城隍神作为帝国官僚行业神神格成熟的标志。到了清朝，有两个阴阳太守的故事，从中既可见到法律与宗教，也可以看到法律与文学的互动。其中第一个故事出自曾任都察院副都御史、兵部右侍郎的温汝适（1755—1821）的《咫闻录》。

二、城隍破案

《咫闻录》所记"阴阳太守"的故事，说到某太守（知府别称）赴任途中遇到另一人赴同一任所，心中诧异。但二人相谈甚欢，到达目的地后此人有言："子乃阳间太守，我乃阴间太守。吾见子之诚也，是以告情于子也。"阳太守曰："同事一方，民间诈伪，可朦于阳，难朦于阴。有疑事可仰指教，幸哉，民间可无冤狱矣！"阳太守深知，为官一任最难办的是"民间诈伪"。作为外地人，官员对任职之地的方言土语、风土人情都欠缺了解，特别是涉及人命的刑事案件，不易收集证据，破案又有时间限制，办错案还要面临上级问责，所以困难重重。城隍神代表的阴间超人力量，有助于官员实现"无冤狱"的理想。

阳太守辖区内某县曾发生"谋死亲夫"的案件。死者家有老母，领养一女为媳，女已长成，完姻。母有一嫡侄，业裁缝，善诱人妻，坏人名节。常来母家。防之甚严。某晚，其母未归，其子宿楼上，媳宿姑（即婆婆）房。三更时，闻有人叩门，其子起而开之，被人一棍打死。其妻闻声，起而烛之，见夫身倒仆门扃（jiōng，从外面关门用的门闩、门环等），半在门内，半在门外，惊喊四邻起视。恰好当天裁缝来过，于是人们怀疑其与女有奸约，即控之于官。

经过刑讯逼供，二人承认有奸；而于通奸情形，究有未确。连讯十余堂，案多疑窦。一个月即将过去，某晚，负责帮助知县办案的师爷草拟向上级汇报的文稿，还没写完，困乏打盹儿，忽见一男一女，站立于前，似有哀泣之状。一惊而醒，醒则尚有恍惚之形也。师爷心里想，"若以奸办，必有冤抑；若再延挨，东人（知县）难免处分"。师爷一筹莫展，不知如何是好，于是借酒浇愁，正要举杯，恰逢知县走来，跟师爷说："适在睡眼蒙眬之间，见一男一女，泪眼跪求。"知县与师爷由此都认为此案有冤。

第二天，知县让人验明童养媳还是处女。因此，在确认两名嫌疑人有冤而自己又查不出凶手的情况下，他请知府另派高明的官员审理此案。知府晚上就此案拜见城隍，答曰："吾已知之矣。此案乃贼殴死，非由奸也。四路查访，半月获犯，破案矣。"得到知府函示，知县与下属四路察访。知县有个少年仆人，能说当地土话，行止某村，进小庵歇足，坐于佛前蒲团上，听到隔壁房内，有人言语，起而细听，其人说："放心吧，此案已在县里结案。"于是知道凶手就在隔壁，案就这样破了。

另有某县"杀卑幼图赖人"一案。某人与邻居有嫌隙，想找机会报复，见自己的儿媳在水缸打水，以手向后抬之，其媳翻入水缸死亡，然后诬其邻居推入身死，以自己的小儿子为证。县以命案为重，见有证人、口供，即判邻居死刑。案件移送到知府这里，邻居喊冤，但那个作为证人的小孩并不改口。太守带涉案人员在晚上到城隍庙开庭。太守让人把大堂之钟用煤涂黑里面。审讯到一半，让嫌疑人和证人把手伸到钟内，跟他们说，"昨晚神已吩咐，能将杀人名字，写在掌上，不许将手按钟里"。而死者的公公惧神写字，手按钟内。事后让大家伸出手来，发现只有死者的公公手黑，太守就说："是尔（你）杀媳图赖人也。"于是凶手伏罪。

此后有十多起各州县疑难案件靠城隍的帮助得到解决，太守也因此名闻遐迩。后来城隍忍不住告诉太守，其母将不久于人世，须锦衣美食，尽力供养，太守照做不误，其母一个多月后果然死亡。城隍也知道自己会因为泄露"天机"而遭劫。不久之后，在雷雨交加的晚上，城隍神像果然被雷劈开。

城隍虽然凭借神力帮助知府查明凶手、申冤昭雪，但也因情不自禁为朋友能够在其母最后的日子尽孝而自取灭亡。温汝适在这一传奇故事的最后试图解释城隍"何待友则灵，而自处则昧"。他说是因为"是非曲直之间，难差毫厘"，也就是说，真假对错来不得半点含糊，即使是"神"也不例外。在这里，温汝适是说，是非曲直的客观标准即使是神灵也需要服从——而且，真正的最高权威是天，它以雷劈之刑惩罚了泄露天机的城隍，尽管城隍为的是友谊，为的是朋友能够尽孝。从城隍也需要顺服天的权威，我们看到，在传统中国，人们对城隍作为正义之神的理解中包含这样的意思：神灵可以跨越阴阳两界执法，但其自身也不能违反是非曲直的天理。

三、阴律何为

除了帮助官员查明真凶、申冤昭雪，城隍还有执行"阴律"的职责。这在清代由宣鼎（1832—1880）撰写的另一阴阳太守的传奇故事里有所反映。这个故事出自光绪三年（1877年）出版的《夜雨秋灯录》中的"紫葳娘"。聊城新任县令鲁时杰上任时，也有与《咫闻录》中太守上任时相似的遭遇。途中另有一只官船与鲁或前或后，不离左右，船头旌旗上居然也写着"新任聊城令"，问其仆役，知其与县令本人领委任文书的日期别无二致。县令拿名帖前去拜访，见那船主人举止安详，衣冠华美，操浙江口音，自称姓韦，祖上乃是曾任苏州刺史的唐代诗人韦应物。此人当晚回访，递过来的名帖上写着"韦君弼"。此后，每到晚上停泊，两人便促膝谈心、相谈甚欢。

船到聊城境内，县令忍不住问道："一路同行，我实在疑惑，我任聊城县令，你也任聊城县令，难道聊城有两个县令？"韦君弼答道："使君（州郡长官的尊称）有所不知，你是聊城的新县令，我是聊城的新城隍。你我阴阳两路邂逅相遇，成为朋友，也是命中注定吧。"即将分手，县令遗憾地说："希望以后还能相聚，蒙您开导，指点迷津。"韦君弼答道："城隍庙西院有间小屋，你若想念我，在此屋入眠，可梦中相见。"

县令上任，政绩卓著，时而拜访城隍，发现其面貌与赴任途中所见一致。有一次他在西院小屋过夜，得到城隍所示对联一副，醒来后将其写出，挂在城隍神祠堂门柱：

> 莫道我泥塑木雕，糊糊涂涂，遇善恶不分皂白；
> 惟愿你家安身泰，清清楚楚，得工夫还读诗书。

　　另有一次，县令在城隍庙梦见韦君弼以小女紫葳娘相托，希望以后替她寻个好女婿。县令笑着说："梦中人怎么能带走呢？"五更时分，县令猛然醒来，适逢仆人前来禀报，姨太太刚才生了女孩。县令赶回府衙，见婴儿容貌酷似梦中所见紫葳娘。

　　第二年，聊城县有个姓谔的人家，其童养媳因忍受不了婆婆的虐待而在半夜上吊自杀。她在阴间告状，白天还作祟向婆婆索命。婆之姐正是紫葳娘的奶妈，求县令向城隍神说情。此日晚间，县令夜眠城隍庙中那间小屋。韦君弼来后，二人进后堂喝酒聊天。县令转达谔氏妇人的请求，韦君弼当即拒绝。县令再三相求，韦君弼不为所动。县令辩称，谔家童养媳系自杀，即使婆婆不好，逼儿媳自尽，按照人间法律（"阳律"）也不算死罪。韦君弼捋胡须笑着说："你奉行人世法则（阳纲），我奉行阴间法则（阴纲），阳律有原情（研究具体案情）之（法）条，阴律重诛心（追究行为动机）之论。"童养媳初来乍到时，婆婆就嫌她丑陋，常私下对儿子说："好儿子，早晚要给你娶漂亮媳妇。"这说明她早就想害死儿媳。"且此（阴）间性命最重"，即使误杀动物，也认为是作孽，"孽必报，无论人、物之巨细，称谓之尊卑也"。

　　县令还想与城隍理论，韦君弼已起身拱手道别。县令从梦中醒来，询问谔家婆婆的情况，知其已在五更时分气绝身亡。此后，县令再也梦不到城隍。

　　县令在聊城十年，离任时百姓恋恋不舍，前来送行的有一千多人。临行前，他写了一副对联挂在神座两边：

　　　　你和我本是同寅，倘存片念偏私，恐笑倒两旁鬼卒；
　　　　阴与阳无非折狱，惟有一心正直，方对住十殿阎罗。

　　紫葳娘长大成人后，才貌双全，嫁了也被委任聊城县令的黄姓进士。有一天，黄进士早晨起来，忽见衙署后院树梢挂一金环，叫来紫葳娘察看。她猛然想起小时候，在楼上靠着栏杆戏耍，把它挂在那儿，当时忘记取下来，没想到还在这里！

　　次日早晨，夫妇俩一起参拜城隍庙，紫葳娘指着帷幕中城隍的神像，对黄进士说："这就是我父亲。"

　　黄进士很是惊奇，紫葳娘就将以前的事详细说了一遍。于是黄进士将城隍庙修葺一新，并献上一副对联：

> 层层地狱总知防，多因两字利名走滑了脚；
> 处处天堂谁不想？莫为半生穷困冷透此心。

　　据说这对联就出自紫葳娘的手笔。

　　比起温汝适的阴阳太守故事，宣鼎的这个故事更重于写"阴"，特别是对阴律的描写。唐代以来，有关唐太宗入冥及"生人判冥事"的传奇故事为地狱审判提供了被告与法官。同时，城隍作为司法正义之神的形象也逐渐定格——与其说城隍是一个神，还不如说它是一组神，有众多化身分布于全国各地的官僚机构，特别是朱元璋的册封，使得城隍最终赢得官方的认可，成为与帝国官僚机构并驾齐驱的另类执法系统。

　　宣鼎的故事以三副对联与紫葳娘为线索，巧妙地描述了城隍神出于人间法官又到阴间辅佐人间法官的角色转换。鲁时杰作为聊城县令，得到城隍韦君弼的帮助，自己死后又成为新的聊城城隍帮助后任县令。就这样，贤明的法官死后作为具有超人能力的神明辅佐人间法官，为人间司法平添超人的智慧与力量。与此同时，阴间的司法还能突破人间法律的瓶颈，为蒙冤受屈者提供超越人间标准的正义。因为，在那里，"无论人、物之巨细，称谓之尊卑"，就是说，人间礼教赋予的等级身份不再有效，婆婆也需要为自己虐待儿媳至死的行为承担生命的代价，不容讨价还价。佛教众生平等的信念转换成为道教冥司中的"阴律"，在阴间突破儒家主宰的人间礼教与法律，为卑微无告的受害人主持正义。

在宣鼎的故事中，韦君弼、鲁时杰、黄进士（紫葳娘）分别书写的三副对联层层递进，揭示了国人对城隍神职能的系统理解。第一副对联以城隍自己的口吻表明它是善恶有则的神灵，会帮助精通儒家诗书经典的县令分辨案件的是非曲直；第二副则以县令本人的身份彰显阴阳两界执法者的互补职能，突出了法官"一心正直"的品质自有鬼卒、阎罗等阴间神灵的鉴别与护佑；第三副更以天堂、地狱的对比劝同僚与世人不值得为名利二字失脚堕入地狱。

就城隍故事的内容来看，温汝适与宣鼎共讲到三个有关儿媳的案件，其中两个是童养媳。通过她们的冤屈得以昭雪，我们可以看到，城隍神的书写把帝国中最弱势的群体纳入其关于司法正义之神的叙事，显示出城隍神的司法职能寄托了人们对孤苦无告者的悲悯；阴律的表述更以众生平等的诉求越过礼教秩序，为冤死的生灵讨还来自彼岸世界的公道。

四、神圣之维 [1]

城隍神成为传统法律文化中的正义守护神，集中体现了古代

---

[1] 参见张守东：《城隍神的构造原理：法律与宗教互动的古代中国经验》，《财经法学》2020 年第 2 期，第 92-93 页。

中国熔法律与信仰于一炉的文化取径。城隍神既是出于政府神道设教的策略，又是万民心中报应正义的回应，同时为宋代儒家理学无法解释，但确属日常经验的"鬼摄""冥诛"等神迹提供了行为主体。正义守护神的构造，清楚地显示了中国古代把法律的正义价值植入信仰领域的文化策略，为法律与信仰休戚相关的互动，提供了范例。

有趣的是，1971 年，哈佛法学院教授伯尔曼在波士顿大学的演讲中惊呼："我们的文化似乎正面临一种精神崩溃的危机。"而这个危机的两个征兆则是"对于法律信任的严重丧失"和"宗教信仰的丧失殆尽"。① 他为此找到的症结乃是"过去 9 个世纪里一再威胁着西方人整体性的二元思维模式：主体全然分离于客体，人疏离于行为，精神疏离于物质，情感疏离于理智，意识形态疏离于权力，个人疏离于社会"②。伯尔曼认为，问题的出路在于克服这种二元论："我们期待的乃是一个综合的时代。借由将法律与宗教的价值融合于一的各种友爱团体的经验，旧的二元论的死亡将唤来新生。"③

借伯尔曼对西方世界精神危机的诊断来反观中国传统法文化，我们发现法律与宗教那时在中国正是处于伯尔曼所期待西方世界重新拥有的那种"综合"。城隍神信仰有效地整合帝国官僚体制、民间社会以及儒释道三家的信仰。城隍神的构造原理避免传统中国法律与宗教的二元分离。不管城隍神是否真的承担守护正义的

① ［美］伯尔曼：《法律与宗教》，梁治平译，中国政法大学出版社 2003 年版，第8-9 页。
② ［美］伯尔曼：《法律与宗教》，梁治平译，中国政法大学出版社 2003 年版，第5 页。
③ ［美］伯尔曼：《法律与宗教》，梁治平译，中国政法大学出版社 2003 年版，第5 页。

责任，至少人们相信是这样。

然而，研究中国法律文化的政治与社会层面的学者较少涉足宗教层面。康豹在其研究中国古代神判制度的著作中，发现法律与宗教的互动其实至今仍在台湾延续。他认为，学界忽略中国法文化的宗教层面乃两个原因所致：一是因为有的学者坚持认为中国古代法理属于世俗人文主义；二是因为同情乃至支持五四运动的西化、现代化主张的学者摒弃中国传统，鄙视其认为处于边缘地位的法律文化。为了还原中国法律传统，康豹提出了"中国司法连续统"（Chinese judicial continuum）概念，涵盖中国传统司法中调解、官审、神判仪式等三个层面。他认为，如果摒弃"理性／非理性"的二元模式，就可以看到中国法文化实际上是在同时使用正式与非正式司法机制，神判仪式乃是追求正义可以接受甚至不可或缺的组成部分。[①]

这样看来，传统中国融法律与宗教为一体的法文化，正是伯尔曼所期待的那种"综合的时代"。然而有趣的是，一方面，我国法学界不太重视传统中国法文化的宗教层面，往往视其为迷信；另一方面却又非常神往法律被信仰。如何使法律成为信仰在中国法学界曾经是热门话题，正是因为大家很认同伯尔曼的这句话："法律必须被信仰，否则它将形同虚设。"[②]摒弃宗教信仰的法律是伯尔曼认为法律陷于危机的原因。当然，伯尔曼不是说法律应该变成信仰，也不是说法律取代信仰。伯尔曼主张的是"法律与宗教的互动"，这也正是他在《法律与宗教》（*The Interaction of*

---

① 参见 Paul. R. Katz, *Divine Justice:Religion and the Development of Chinese Legal Culture*, Rutledge, 2009, p.7.

② ［美］伯尔曼：《法律与宗教》，梁治平译，中国政法大学出版社 2003 年版，导言，第 3 页。

Law and Religion）一书中所要表达的意思。他强调，"没有信仰的法律将退化成为僵死的法条……而没有法律的信仰将蜕变成为狂信"①。也就是说，法律与宗教应该你中有我，我中有你。比如，法律"不仅包含人的理性和意志，而且还包含了他的情感，他的直觉和献身，以及他的（宗教）信仰"②。一言以蔽之，"（法律保障的）正义是神圣的，否则就不是正义的。神圣是正义的，否则就不是神圣的"③。

通过本文对城隍神作为正义守护神的构造原理的研究，我们不难得出这样的结论：城隍神曾是中国法文化中，法律与宗教互动的一个实例。我们曾经拥有神性的正义和正义的神性，神圣的正义和正义的神圣。今天，我们当然不会再请回城隍神。但城隍神的确可以帮助我们思考如何使当今的中国法律从另立其信仰根基开始赢得神圣的生命。

---

① ［美］伯尔曼：《法律与宗教》，梁治平译，中国政法大学出版社 2003 年版，第 38 页。

② ［美］伯尔曼：《法律与宗教》，梁治平译，中国政法大学出版社 2003 年版，第 3 页。

③ ［美］伯尔曼：《法律与宗教》，梁治平译，中国政法大学出版社 2003 年版，第 105 页。

第十四章 财产细故

一、"第四领域"

清朝道光二十年（1840年）阴历六月二十八日，重庆府审理蔡世德财产纠纷案。据蔡世德等人的供词，道光十五年（1835年）九月初二日，他将部分地产卖与堂弟蔡世薰，约定价银三百九十两，当场交付定银二百两。由于此款不足以偿还自己欠下的债务，世德又要把田业全部卖给世薰，世薰不允，于是世德赴璧山县告状，经过几次审讯，最终由于世薰无力承买，知县断令世德还给世薰定银二百两，实际上世德只缴银五十两给世薰。[①]

道光十六年（1836年）九月，世德又将一半田产卖给亲弟世臣，世臣付清了实价银七百五十两，但契约上写的却是一千一百两，其中三百五十两是浮价（名义上的价格）银，目的是盼日后世薰能以此一千一百两的价格从世臣手中买去这一部分地产。世薰不仅坚持不买，还屡次向世德催缴定银，世德没钱，就要赖向胞弟世臣讨要名义上的三百五十两"浮价银"，世臣因此向璧山县控告，知县判令不给。

在此期间，世德的佃户朱访朋向世德长子启坤追讨蔡家所

---

① 本章有关蔡世德案的全部案情与引文均出自四川大学历史系、四川省档案馆编：《清代乾嘉道巴县档案选编》上册，四川大学出版社1989年版，第203—204页。

欠"押佃银"五十两，启坤因叔叔世臣不肯出"浮价银"而气愤难平，就在世臣宅后自缢身死，家人报璧山县查验尸身。所谓"押佃银"，是防止佃农欠租的制度，佃农如欠租，地主就在押金中扣除。押金无利息，退佃时归还佃农。

为了筹措打官司费用，世德还在吴合兴名下借银六十两，据吴合兴口供，"小的怕他日后措还不齐，浮（虚）写一百二十两借字"，之后世德只还了三十两。又因家里日用匮乏，世德、启开父子领人在世薰佃户赖四仓库内挑出世薰寄存的十四石粮食。

世薰三番五次在璧山县告状催世德缴纳欠款，世臣又不肯向世德支付浮价银两，且由重庆府上诉到四川省负责司法的提刑按察使，世德也不肯示弱，拦四川总督的轿子越级告状，总督批示由重庆府提集当事人及证人，结果认定世德不应无理取闹，牵累无辜，于是将世德、启开父子"掌责锁押"，即打手心并监禁。

经重庆府审断，世德承诺："小的情甘把业大半股扫卖（全卖）与世臣、世薰分买；所欠世薰前欠银一百五十两，按月一分行息（支付利息）；抢挑谷十四石照市合价，均准田价内扣除，所欠朱访朋押佃银五十两，俟收世臣前欠银缴给；下欠吴合兴银三十两，秋收酌量措还。小的们情甘先行具结备案，回（璧山）县交明界址，照算收领田价，不得翻异（翻供）只求详覆（上司核准）就是。"

同时，重庆府还就本案认定：璧山县差役吕胜、陈奇、李芳并未在办案过程中勒索当事人钱财；吴合兴因在借据中把六十两借款写作一百二十两而被"掌责"；世臣承买蔡世德田业的中人袁文炳也被认定并未像世德指控的那样唆使世臣告状；赖四供称蔡启开率领多人，两次共挑去谷物十四石；世臣以实价银七百五十两购买其兄世德田产，有蔡世极、张家龙、唐宗显为证。

从1835年到1840年，蔡世德先后卖地给堂弟与亲弟，又为土地买卖而打官司，从璧山县直打到四川总督，最后由重庆府结案。五年的时间里，还发生了儿子启坤因被佃户逼还"押佃银"而到世臣后宅自杀的惨剧，最终以卖掉自己所有地产告终。从《清代乾嘉道巴县档案选编》记载的当事人和证人的供词来看，世德似乎一开始就是因欠人巨额债务而被迫卖地，卖地过程中还有图赖堂弟乃至亲弟的情况发生。这个在自家人中间发生的买卖与相关纠纷耗时五年，直到四川总督命重庆府审理才结案，其间世德还不得不为告状而借贷。此案多少让我们瞥见清帝国后期，小民日常生活风平浪静中骤兴的波澜。

重庆府在道光年间多次给本府及下属各县官员发布"札"文，告诫官员审理民间产业纠纷时注意公平裁判，不得偏袒。因为重庆府所属地区常有强买强卖的事情，有时其实是穷人强卖，而"地方牧令，动存济急怜贫民之忿，每劝富户多出钱财，以为息事之计，讵（岂）知富民之恶气未舒，贫民之刁风愈长，寻衅滋闹，酿成命案"。[1] 本案蔡世德基本属于强卖，其子启坤在被佃户朱访朋逼还"押佃银"的情况下却泄愤于叔叔世臣。因为世臣不肯付本来就不属于实际卖价的三百五十

---

① 四川大学历史系、四川省档案馆编：《清代乾嘉道巴县档案选编》上册，四川大学出版社1989年版，第193—194页。

两"浮价银",结果启坤就吊死在叔叔的房子后面。

为了进一步了解该案,我们需要介绍中华帝国的案件分类。儒家帝国政府将受理案件粗略分为"财产细故(琐事)"与"(人)命(强)盗重案"两大类。对于后者尤为重视,有严格的办案程序:一经得到报告,知县需要在第一时间带着仵作(法医)赶赴现场。"人命关天"的信念与"身体发肤受之父母"的生物伦理为没有人格概念的传统中国提供了不亚于人权观念的价值标准。哪怕是小民百姓被人杀死,也必牵动帝国政府。通常情况下,从知县到皇帝的整个体系会把死因查个水落石出,并最终由皇帝批准凶手的死刑,让死者的生命因为凶手抵命而得到尊重。即使是自杀,就像本案启坤的情形,官府也必须"验明"。

同时,本案蔡世德的地产买卖,作为"财产细故",帝国政府其实也并未含糊,弄清了各当事人和证人在本案的角色及属于他们的财产份额、钱财数额,其审断结果也得到当事人的认可。正如前引重庆府的"札"文所言:"民间买卖田产,原宜公平交易,亦宜两厢情愿",重庆府在裁判中试图不偏不倚,不因贫富而有所不同。即使是富户,重庆府也不同意官员让其破财消灾,为息事宁人而让其多出钱财,因"富人为天地间之(元)气,邻里多有其人,缓急亦可相济,切勿听其视富为仇,任意剥削,同归于尽,益窘生计也。"[1]帝国政府不打算通过司法劫富济贫,一则不符合"公平交易"的原则,二

---

[1] 四川大学历史系、四川省档案馆编:《清代乾嘉道巴县档案选编》上册,四川大学出版社1989年版,第194页。

来有"同归于尽"的危险，仅当富人未被不公平的交易盘剥、不公正的司法剥夺，才能因其保有财富而在邻里穷急之时伸出援助之手。为富不仁固有其人，富而有礼亦不乏其人。是否行善，要让富人有自主决定的空间，不必通过司法替富人施舍。

从更宏观的角度来看，大清帝国的民事司法虽说是为财产细故，但也蔚为大观。据日本学者寺田浩明估计，清代中期人口约为3亿，一个州县平均人口约为20万，每年平均所收新案大约1000件，全国的数字可达160万件。为此，他承认："在前近代时期，这已属于一种明显的诉讼社会了。"[1] "虽说很难在数量上进行比较，但显然清代的官府在十七、十八世纪世界上所有国家权力中都应属最热心于受理和解决民事纠纷的权力机构之一。"[2] "事实上，比起世界史上同时代的任何国家权力来，清代国家在受理和解决民事纠纷上都显得更为积极和活跃。"[3]

黄宗智研究了清代三个县628件民事案件档案，其中包括1760—1850年四川巴县（今属重庆）档案，1810—1900年河北宝坻档案，1830—1890年台湾淡水、新竹档案，发现民事案件占基层法庭即州县政府受理案件的三分之一。[4] 黄宗智指

---

① ［日］寺田浩明：《权利与冤抑——寺田浩明中国法史论集》，王亚新等译，清华大学出版社2012年版，第426页。

② ［日］寺田浩明：《权利与冤抑——寺田浩明中国法史论集》，王亚新等译，清华大学出版社2012年版，第300页。

③ ［日］寺田浩明：《权利与冤抑——寺田浩明中国法史论集》，王亚新等译，清华大学出版社2012年版，第308页。

④ 黄宗智：《清代的法律、社会与文化：民法的表达与实践》，上海书店出版社2007年版，第11页。该书原著为英文，由刘昶、李怀印翻译，原著作者黄宗智本人审校，译著出版时译者未署名，故书中引用该书的时候不写译者的名字。

出，档案显示"县官在处理民事纠纷时事实上是严格按照清律规定来做的。只要可能，他们确实乐于按照官方统治思想的要求采用庭外的社区和宗族调解。但是，一旦诉讼案件无法在庭外和解而进入正式的法庭审理，他们总是毫不犹豫地按照《大清律例》来审断"①。

通过研究清代民事审判的档案及州县官员的笔记等一手资料，黄宗智发现清代民事诉讼有三个阶段。在第一阶段，即从告状到县官做出初步反应之间，他所研究的 628 个案件中有 126 件获得庭外和解。黄氏认为约有三分之二的案件在第二阶段结案。其中有些案件是当事人自行解决，更多的案件是在官府传讯、当事人答辩或对质之时由邻里或族人为避免当事人把官司打到底而调解结案。第三阶段是堂审，在 628 个案件中有 221 件最终是堂审结案，其中四分之三由法官判定一方胜诉，其余的则是双方各有其理，或是官员要求富裕的当事人做出慈善性的让步。②

黄宗智进一步指出，在上述第一阶段与第三阶段之间，存在一个"第三领域"，介于民间调解与正式审判之间，在此领域，"民国调解与官方审判发生交接、互动。有大批争端，虽然随着呈递告状而进入官方审理过程，但在正式堂审之前，都得以解决。在此中间阶段，正式制度与非正式制度发生某种对话，并有其既定程式，故而形成一个半官半民的纠纷处理地

---

① 黄宗智:《清代的法律、社会与文化：民法的表达与实践》，上海书店出版社 2007 年版，第 12—13 页。
② 黄宗智:《清代的法律、社会与文化：民法的表达与实践》，上海书店出版社 2007 年版，第 108—130 页。

带"①。黄氏认为其研究的 628 个案例中，在第三领域解决的案件可能多达 258 件，而经正式审判结案的有 221 件，因此，"通过半正式途径解决争端的可能性要大于正式的审判"②。

官府正式审结的案件虽然少于第三领域结案的数量，但第三领域结案也是在官府有可能正式审判的前提下才有了结案的可能，为的是节省把官司打到底的费用，并使当事人不至于因官府审结而撕破脸皮。蔡世德案就是一个反面的例子：他为了打官司不得不借吴合兴的钱，亲弟世臣在官府的供词也说他"昧良（心）"，还受到打手心的处罚。

通过系统研究 628 件司法档案及相关材料，黄宗智得出一个结论：清代司法之"表达"与"实践"之间存在矛盾与背离：

> "尽管照人们所信奉的道德理想，不应存在细事官司，（官员的办案手册与）笔记中的实用规诫却告诉人们应如何处理这些官司；尽管理想上县官并不做出裁决，实用诫谕却不厌其详地告诉人们应如何研读律例并据之裁断；尽管清代法律制度就表达形式而言，只是一套刑事法律，实用诫谕却认定细事争端的处理鲜用刑罚；尽管民事纠纷处理在表达上系受道德规范而非法律条文主宰，实际规诫却明确区分基于和解的民间调解与基于法律的官方审判；尽管讼案裁决在理

---

① 黄宗智：《清代的法律、社会与文化：民法的表达与实践》，上海书店出版社 2007 年版，第 108 页。
② 黄宗智：《清代的法律、社会与文化：民法的表达与实践》，上海书店出版社 2007 年版，第 108 页。

论上同时受道德原则、人情和法律的约束，实际规诫却毫不含糊地指出法律的主宰地位；尽管人情之'情'是以道德化的包装表达出来的，实际规诫却提出一个更接近'情实'的实用性解释；尽管法律并未做出民、刑事之分，实际诫谕却把这两者如此区分；最后，尽管理论上并无产权的概念，实际训诫却要求一以贯之地做出维护产权的裁决。"①

就蔡世德案而言，经过正式审判，重庆府查清了所有相关事实，包括衙役是否趁传唤当事人和证人的机会勒索钱财，并对各人的财产与债务作了清楚明白的认定，并据此做出判断：土地该卖的要卖，债务该清偿的清偿。无论官府如何"表达"，必要的情况下，官府会根据契约与事实依法裁判。虽然息讼和调解从未失去优先的地位，但依法审判也从来都是随时可以采纳的手段。

在《过失杀人、市场与道德经济：18世纪中国的财产权暴力纠纷》一书中，步德茂（Thomas Buoye）研究中国第一历史档案馆所藏18世纪"刑科题本"②后认为："州县官在调查中通常是公平而彻底的。他们检视契约、税单和地契，熟练

---

① 黄宗智：《清代的法律、社会与文化：民法的表达与实践》，上海书店出版社2007年版，第208-209页。引文中"实用规诫""实用规谕""实际规诫""实际诫谕""实际训诫"在原著中均为"practical instructions"，意即法官实际上做出的批示与指示。

② 清朝雍正以后，中央与地方政府部门经内阁上报皇帝批示过的正式公文称为题本。其中，由都察院抄给刑部等衙门执行的、与刑事案件有关的内容称"刑科题本"。

地发奸摘伏，勘丈地界，公正地衡量竞争性的主张，有时运用强力确保他们的判决被遵行。"[1] 重庆府审结的蔡世德案也可以在官府的更高层级上印证这一结论。

然而，步德茂也发现，官员的胜任与公平并不能防止"财产细故"的纠纷转变为"命盗重案"。经过抽样研究广东、山东、四川三个省份在乾隆朝六十年间来自数百个州县的司法案件，"清楚显示了时间与空间因素，对理解和财产有关的争讼行为，是有关键影响的。当产权在18世纪这个产生巨大人口增长与商业化发展的历史背景里逐渐地发生演化时，无论是出现在（黄宗智所谓）第一（官方）、第二（非官方）还是第三领域（半官方）之内的那些用来解决法律诉讼的非正式调解或是正式审判制度，……其效果仍然是存在一定脆弱性的：即使当知县们做了清楚而且在我看来又是合情合理的判决，某些争讼在最后仍是以发生暴力致死事件的'第四领域'而收场"[2]。

在清代，司法审判的宏观考察中把"第四领域"纳入视野，无疑为我们全面理解清代的官府司法与百姓的社会生活各自的实际情况及彼此间的关系提供了一个不可或缺的维度。步德茂对"第四领域"的研究表明："这些争端最终仍以暴力告终的事实并不表示官府和民间审理调处的失败。事实上，县官在审断时灵活而富于创新，依据大清律以及惯例、文化解

---

[1]［美］步德茂：《过失杀人、市场与道德经济：18世纪中国的财产权暴力纠纷》，张世明、刘亚丛、陈兆肆译，社会科学文献出版社2008年版，第218页。

[2]［美］步德茂：《过失杀人、市场与道德经济：18世纪中国的财产权暴力纠纷》，张世明、刘亚丛、陈兆肆译，社会科学文献出版社2008年版，第277页。

决争端。不幸的是，经济变迁产生产权纠纷，亦对农村社会所持的伦常规范造成破坏，这在县官掌控资源有限的情况下对官方裁断的贯彻至为关键。无论县官如何技巧娴熟，因强迫遵（照法官判）断的手段有限，暴力仍然难以避免，且当争端各方认为经济制度的变迁不公正时，争议者较少可能寻求于调解。直到经济制度被调适以反映变迁中的现实，直到被广泛接受为公平的经济制度，暴力争端——其中有一些以命案告终者，方是可避免的。基于我对数百件命案题本的研读，我得出的结论是，在许多情况下，诉诸暴力的原因在于对18世纪商业化和人口膨胀所形成的经济和社会秩序变迁难以接受的人们的挫折感和愤怒感。"①

步德茂的研究解释了为什么官府称职、公平的财产纠纷处理最终仍不免有一部分案件以人命案告终。人口的增长、土地资源的相对匮乏及由此在人们心中产生的不公平感受与抗争的冲动，乃是其中重要的原因。就蔡世德案而言，我们不知道他为什么背负了巨额债务，以至于需要卖掉所有的土地，但他竟然需要强卖自己的土地给堂弟和亲弟，卖不出去的情况下又遭到佃户逼其偿还"押佃银"，其子启坤迁怒于世臣而吊死在叔叔宅中，从中也让我们看到19世纪小民的生活仍然延续着步德茂研究的18世纪的生存困境。当然，步德茂的研究也发现，三省"历年有关田土、钱债的人命案件总数之中，因为财产权争讼而导致的人命案件比率，的确是随时间往后

---

① [美]步德茂：《过失杀人、市场与道德经济：18世纪中国的财产权暴力纠纷》，张世明、刘亚丛、陈兆肆译，社会科学文献出版社2008年版，第14页。

而愈来愈小"①。这或许是因为人们在心理上越来越适应土地交易造成的财产流动，更多的人不再用生命去争夺身外之物。

二、"民有私契"

以上我们通过蔡世德案从裁决层面描述帝国官府围绕民间契约如何实现财产归属的司法认定。虽无民法典，且"财产细故"引起的争执在孔子"无讼"的理念中显得既无足轻重又不道德，但官府实际上会在当事人不让步的情况下依照契约与法律做出明确判决。通过司法裁判，财产的归属得到帝国政府的确认。因此，老百姓在私人交易中形成的契约，与官府围绕契约做出的裁判，也就实际上构成中国式的财产保护体制。在此，我们以山西襄汾县举世闻名的旧石器文化遗址——"丁村人"所在地丁村的民间契约为例，说明传统中国的契约格式。②

根据官府的认可程度，可将契约分为白契与红契。红契，亦称赤契，是指向官府纳税后，在契约上粘贴官方统一印刷的契尾，加盖州县官印而成，否则即为白契。契尾是官契附联，是当事人纳税的凭据。黑色的官契为雕版印刷，是官方预先印刷的格式文本。乾隆十五年（1750年），由户部统一契尾内容："嗣后布政司（各省负责民政的部门）颁发给民契尾，编列号数，前半幅照常细书业户姓名、买卖田房数目、价税

① ［美］步德茂：《过失杀人、市场与道德经济：18世纪中国的财产权暴力纠纷》，张世明、刘亚丛、陈兆肆译，社会科学文献出版社2008年版，第290页。
② 以下凡是引用丁村契约的内容均出自张正明：《清代丁村田契研究》，《中国史研究》1990年第1期，第91—101页。

银两，后半幅于空白处预钤（布政）司印，投税时将契价税银数目，大字填写钤印，骑字截开，前幅给业户收执，后幅同季册汇送布政司查核"。①

除官契头额有"官契"二字并加盖官印、粘连契尾外，两种契约内容相似，即开始写明卖者姓名、出卖原因、所在地段的东西南北"四至"，接着声明卖于某某名下"永远为业"，在中人见证下当面收到以某某两银子支付的价格（"同中面受时值价银若干"），再由卖主保证所卖土地与他人无关（"日后如有一切违碍，卖主一面承当"），最后是卖主、中人签字画押（"恐口无凭，立卖存照"）。

以乾隆二十九年（1764年）白契和嘉庆十二年（1807年）官契两件田契为例。例一：

　　立卖地契人侯怀瑜，因为使用不便，今将自己村东坡祖遗坡地一段，计数一亩四分三厘一毫，其地东至侯国宁，西至丁永芳，南至丁参，北至道，四至分明，出入依旧，立契卖与本里甲丁世新名下永远为业，同中作时值价银六十五两八钱二分半，本日银业两清，并无短欠，日后如有一切违碍，卖主一面承当，恐口无凭，立卖契永远存照。

　　乾隆二十九年二月二十二日立。

　　　　　　　　卖地契人：侯怀瑜（画押）

　　　　　　　　中人：丁世礼 侯国宁 丁梦瑞

---

① 杨国桢：《明清土地契约文书研究》（修订版），中国人民大学出版社2009年版，第59页。

立卖地契人丁稠，因为使用不便，今将自己原分村东北坟茔南北坡地二段，计数七亩。东南二至丁醇，西至丁采，北至道，四至分明，往南路在坟前走，同中卖与本甲丁溪贤名下永远耕种为业，作时值价银二百一十两整，其银业当日两清，并无短欠违碍，恐后无凭，立契存照。

嘉庆十二年十二月初七日立。

卖契人：丁稠（押）

同中人：丁重离 丁致瑞 丁位西 丁效冉写

据张正明的研究，丁稠这张官契在嘉庆十三年"过割"，即在官府办理正式过户手续，并在契尾写有"业户丁溪贤买丁稠……地七亩，价银二百一十两，税银六两三钱""布（政使司）字九百十五号，右给业户丁溪贤"。

典当文契，按照乾隆二十四年（1759 年）定例，附在《大清律例》第 95 条"典买田宅"之后，作为该律文的实施细则："凡民间活契（为活卖即可回赎的出卖所订立的契约）典当田房，一概免其纳税。其一切卖契，无论是否杜绝，俱令纳税。其有先典后卖者，典契既不纳税，按照卖契银两实数纳税。"

这是道光十年（1830 年）丁村典契：

立典地契人侯李氏，因为不便，今将自己湾子里坡地上下二段南北畛约数五亩五分，典与丁铭名下耕种，同中作价元系银一百二十五两整，日后取赎无拘

年限为证。地系白地（没有未收割的庄稼），每年粮

元系银六钱六分，一概杂差在内。

　　银系铭平实马兑　同中人：丁元吉　溪莲

　　道光十年四月初六日立　典人：侯李氏

　　典买无须纳税，但典买人需要在买后每年缴纳该项地产的税额，丁铭所买侯李氏五亩五分地的税负是银六钱六分。

　　连契更能说明传统中国民间契约的特色。北京税务博物馆有一镇馆之宝，是一份长达 3.3 米的连契，显示自乾隆十一年至民国六年（1746—1917）北京中铁匠胡同十余间民房转卖（典卖）的执照和纳税记录。最后一次验契，是在民国二十二年（1933 年），前后历时 187 年，总共经过六次转卖、七次验契。历次转卖分别在乾隆、嘉庆、道光、同治、光绪和民国，因此也被称为"六朝长契"。这些房产的价格在转卖过程中经历了波动——乾隆三十六年（1771 年）房价较高，至道光、同治年间回落，到光绪年间又涨至新高。这十余间民房在第一次、第二次和最后一次转卖时，都写明了税银数额。经换算，契税的税率均为 3%，从而印证了顺治四年（1647 年）议定"凡买田地房屋，必用契尾，每两输银三分"的记载。这份长契所载第三次交易为典当，所以没有纳税。①

　　契约就像是房地产的身份证，是没有产权的时代的产权证。连契可清楚展示一项房地产在相当长的历史时期内流转

---

① 张丽荣、陈鹏：《弥足珍贵的"六朝长契"》，《中国税务报》，2019 年 04 月 29 日，http://www.ctaxnews.com.cn/2019-04/29/content_950756.html。

于不同业主之间的身份履历。契约作为房地产身份证的样式还表现在"合同契"与"单契"之分。早在南宋，"在法，典田宅者，皆为合同契，钱、业主各取其一。此天下所通行，常人所共晓"[1]。按照南宋法律，典卖房地产采用"合同契"，即一式两份，买主卖主各执其一，以便回赎时核对。

卖契或叫绝卖契则是单契，由卖主立契，交买主持有，其基本内容：①卖田地人姓名、籍贯，及其拥有的田地产权的自愿让渡，对买主产权的保证；②卖地原因；③已问过有先买权的房亲即本家近亲、土地周围的东西南北四邻；④土地的东西南北四至；⑤上手红契即卖主当初购买此房地产时从上个卖主那里得到的卖契的移交，表示原业主产权的消失；⑥声明"空口无凭立字为据"。

无论是单契还是合同契，都是民间习惯长期演进的结果。自从《周礼·地官·司市》写下"以质剂结信而止讼（用契约让人守信用从而止息诉讼）"，立约就是中国人的习惯，在大多数人是文盲的漫长历史岁月，无论是刻在汉代砖头瓦块上的契约，还是写在唐代敦煌纸张上的契约，或者是明清以来虽经战乱洗劫但仍保存下来的超过一千万份的契约，一起见证了一个生生不息的传统，书写了没有"财产权"之名但丝毫不乏其实的产权保护史。

就财产流转的习惯而言，民间有"典地千年活，卖地笔下亡"的法谚，形象而生动地展示了典与卖的区别。这典意味着"当"，即暂时以地换钱，更像是一种筹款的手段，即使叫典

---

[1] "典卖园屋既无契据难以取赎"，《名公书判清明集》上册，中华书局1987年版，第149页。

卖，也只能是"活卖"，活就活在可再买回来。而卖，通常意味着"绝卖"，即卖绝，不能赎回。民间还有"租不拦典、典不拦卖"的说法，即租户不能阻止业主出典，典户不能阻止业主出卖，租、典、卖之间的界限泾渭分明。这也说明了业主在是否租、典、卖的问题上相对于租户、典户的完全自主，只受"先问房亲、再问四邻"的先买权的限制。"房倒烂价"的交易习惯适用于典卖，比如甲将房屋典予乙，在未赎之前遇有被水淹毁或经火延烧等情况，甲只能收回原地皮及残余木料，不得向乙索赔房屋，而乙亦不得向甲索回典价，这是对自然灾害等不可抗力发生时约定俗成的责任配置。

典是附有回赎条件的土地转让制度，一旦出典，使用权便转让，但出典人将来能够以有利条件回赎。典价往往是市场价的70%，所以买主合算。但回赎价也是当初的卖价，因此若干年后回赎也不吃亏。

在清代和民国时期的农村实际生活中，典权制度不仅被应用于土地所有权，也被应用于土地使用权，包括田面权和永佃权。黄宗智认为，它既包含继承过去的前商业逻辑，也包含帝国晚期不断增长的商业化了的小农经济的市场逻辑，而且还体现一种生存伦理：一方面，它对那些不能够继续依靠所拥有的土地糊口的人给予了特别照顾，允许他们无限期地回赎土地；另一方面，根据市场逻辑，它允许转典。黄宗智相信，清政府之所以在成文法律上认可典习俗，是为了照顾农村被迫出卖土地的弱势群体，认为典权符合仁政的理想。[①]

---

① 关于典的制度，参见黄宗智：《法典、习俗与司法实践——清代与民国的比较》，上海书店出版社2003年版，第67—91页。

关于契约显示的交易过程，张研认为有三个环节：交易之前，寻找买主环节中的"土地买卖先尽亲房、原业"；交易之中，书立卖地文契、交纳田价环节中的"凭藉中人"和围绕"凭中"发生的"画字银""喜礼银""脱业钱"等；交易之后，直到土地真正易主环节中的"回赎"与"找价"。[①] "找价"或叫"找贴"，即在出典人无力回赎或不愿回赎时，要求典买人补齐当初出典时的差价，因为典价通常低于市价。找价后土地就算绝卖，往往为此订立绝卖文契。

再就"中人"而言，我们在丁村契约中见到的"中人"既是立约的见证人，也是未来发生纠纷时负责调解的人，因此他们往往是买卖双方都认识的亲戚或当地有身份的人。任何一方违约也都意味着损害了这些体面"中人"的面子。立约请"中人"的民间习惯，为诚实履约和避免违约设立了重要的保障机制和防护机制。可以设想，绝大多数民间契约从未引起纠纷，"中人"制度应该起到了很重要的作用，即使我们现在无法用数据证实。这些民间习惯已为我们勾画了"财产权"的基本框架。总之，民间经由代书人和"中人"的书写与见证，官府通过司法的鉴别与确认，共同为产权的归属与流转提供制度保障。

典卖制度因其对买卖双方都合算而成为中国历史上最出色的民间制度创新，且因其符合儒家仁政思想而得到国法认可，但在实际交易中存在的"回赎"与"找价"的乡规乡例，使土

---

① 以下有关张研论文的引用均出自张研：《关于中国传统社会土地权属的再思考——以土地交易过程中的"乡规""乡例"为中心》，《安徽史学》2005 年第 1 期，第 24—35 页。

地权属的转移和确立并非一次交易、银契两清就能完成。张研指出，土地权属的转移和确立，反映并涉及了传统社会全部的社会关系。国有与私有的对立统一、族有与家有的对立统一、土地权属的多重性，使"绝卖"不"绝"。原业主、上手老业主等完全无视"找绝文契"，一找再找的情况时有发生，买主拒绝多次"找价"的情况下还可能因肢体冲突发生命案。在这里，买主与卖主（甚至包括上手卖主及其亲房族属）不是买卖场上交易完成，即一拍两散的陌生人，反而由于土地交易、土地的先后权属联系到了一起。卖主通常以"饥寒不过"为由向买主"找价"，买主给价，则体现某种互惠。

另一方面，土地权属的转移和确立直接涉及土地价格问题。卖主向买主找价的另一个主要理由通常是"原价不敷""时价不足"。乾隆年间，人口的增长是土地涨价的原因之一。此外，张翼与蒋晓宇 2020 年的研究论文显示："综合明清两代估算结果，本文初步估计 1550—1830 年，通过海外贸易方式流入中国白银的总量约为 5.6 亿两（约合 2.1 万吨），同期国内银矿生产约为 0.6 亿两，海外流入白银约占中国白银增量（6.2 亿两）的 90%，大致占同期全球白银总产量（约 14 万吨）的 15%。考虑这一期白银损耗（约 0.7 亿两）后，中国白银净增约 5.5 亿两，国内白银存量从 1550 年的约 1.5 亿两提升到 1830 年的 7 亿两左右。"[1] 不难理解，中国对外贸易逆差造成的白银输入，使 15 世纪后半叶到 18 世纪中叶地价暴涨。比

---

[1] 张翼、蒋晓宇：《1550-1830 年中国白银流入及其影响》，中国人民银行工作论文 No.2020/11，第 14 页。http://www.pbc.gov.cn/eportal/fileDir/yanjiuju/resource/cms/2020/12/20201202113428561173.pdf。

如，湖南平江李二秦于雍正末年（1735 年）将 35 亩田卖给朱谦益，得价银 35 两，乾隆十年（1745 年）朱将田转卖高某，10 年间田价涨到了 540 两，相当于原价的 15 倍。在这样的背景下，卖主通过"找价"，补偿地价上涨部分，使最后的总价接近于时价。

通过分析土地交易的实际过程，张研得出的结论是，从土地买卖完成、银契两清、报官投税、更写档册、过割钱粮，直到土地权属的转移在真正意义上被彻底确立，少则几年，多则 70 年。张研认为，这一过程中的"回赎""找价"，同时体现了土地的"非运动性"与"运动性"，成为认识传统中国特色土地权属一个重要的切入点。①

如果我们从基层的民间习惯往上看官府的法律，可以发现官府主要是通过设置禁令的方式保护民间财产与交易。《大清律例》有关财产的规定主要在"户律"这一篇的"田宅"部分，其条款有欺隐田粮（禁止并惩罚百姓不按实际地产纳税）、检踏灾伤田粮（禁止并惩罚官员不如实报告、不实地考察自然灾害造成粮食减产的实际情况）、功臣田土（功臣在朝廷赏赐的"公产"之外自己置办的田产要纳税）、盗卖田宅（禁止并惩罚妄认、盗卖、侵夺他人或官家财产）、任所置买田宅（禁止并惩罚官吏在任职辖区内购买房地产）、典买田宅（禁止并惩罚买卖房地产不纳税、重复典卖同一份房地产、拒绝原业主回赎房地产）、盗耕种官民田（禁止并惩罚擅自耕种他人或官府

---

① 张研：《关于中国传统社会土地权属的再思考——以土地交易过程中的"乡规""乡例"为中心》，《安徽史学》2005 年第 1 期，第 35 页。

田地）、荒芜田地（禁止并惩罚业主及所在地的里长、县官任凭田地荒芜）、弃毁器物稼穑等（禁止并按盗窃罪惩罚故意毁坏他人财产）、擅食田园瓜果（禁止并惩罚偷吃、毁弃他人田园瓜果）、私借官车船（禁止并惩罚官吏擅自借用或转借官家车船、店舍、碾磨）。

张益祥指出，清代官方始终认为田产买卖须经税契与推收，该笔买卖方为完整。事实上，从买卖形态的角度观察，清代官方基本上认为田产买卖与现金交易无异。因此，严格说来，只有成交时，买卖才会发生并已完成。他以清律中盗卖田宅律、任所置买田宅律、典买田宅律和给没赃物律（规定各种非法所得的财物的认定与追缴）为买卖瑕疵的四大类型，认为清律原则上把这些有瑕疵的买卖当作应予制裁的犯罪，而田宅的原业主就成为被害人。因此，官方若非以田产及田价还给原主的方式，使买卖双方回复未买卖前的状态，就是将田产还给原业主而田价入官的方式，使出价的买主受到财产上的责罚。[①] 蔡世德案的处理也可以证明清政府的这种财产逻辑。

上述清代有关房地产买卖的法律中最重要的是《大清律例》第95条"典买田宅"，其中第一款是"税收与过割条款"，主要为保护政府税收："凡典买田宅不税契者笞五十[仍追]，[②]契内田宅价钱一半入官。不过割者一亩至五亩笞四十；每五亩

---

① 张益祥：《清代民间买卖田产法规范之研究：以官方表述为中心》，台湾政治大学法律学研究所2004年硕士学位论文。

② 此处及以下 [ ] 内均为大清律例内夹在中间的"注"文，用以解释或补充律文。

加一等；罪止杖一百。其[不过割之]田入官。"第三款是回赎条款（保护原业主利益）："其所典田宅、园林、碾磨等物，年限已满，业主备价取赎，若典主托故不肯放赎者，笞四十；限外递年所得[多余]花利，追征给主，[仍听]依[原]价取赎，其年限虽满，业主无力取赎者不拘此律。"该条所附例文中有一与律文第三款相关的"三十年回赎条款"，该例文制定于乾隆十八年（1753年），针对民间契约往往不注明回赎期限，因而时常造成纠纷甚至酿成人命的情况，规定回赎须在三十年以内："嗣后民间置买产业如系典契务于契内注明'回赎'字样。如系卖契，亦于契内注明'绝卖，永不回赎'字样。其自乾隆十八年定例以前典卖契载不明之产，如在三十年以内契无'绝卖'字样者，听其照例分别找赎；若远在三十年以外，契内虽无'绝卖'字样，但未注明'回赎'者，即以绝产论，概不许找赎。如有混行争告者，均照不应重律（即不应得为而为，事理重者，杖八十）治罪。"该条实际上并未严格执行。国法虽欲规制民间习惯，但官府执法往往迁就民间习惯。

律文第三款还有一个相关的例文，即"找贴条款"，同样反映了民间习惯与国法规制间的互动："卖产立有绝卖文契并未注有找贴字样者，概不准贴赎。如约未载'绝卖'字样或注定年限回赎者，并听回赎。若卖主无力回赎，许凭中公估找贴一次，另立绝卖契纸。若买主不愿找贴，听其（卖主）别卖，归还原价。倘已经卖绝，契载确凿，复行告找告赎，及执产动归原先尽亲邻之说，借端揯（kèn，强迫、刁难）勒，希图短价，并典限未满而业主强赎者，俱照'不应重律'治罪。"无论是三十年回赎的限制，还是只许"找贴"一次的规定，都未能成为现实，在与习惯的互动中，国法往往不足以改变习惯势力。一方面，典习俗的交易条件对双方都有利，这是其优点；另一方面，它也造成产权长期不确定，容易发生纠纷，甚至酿成命案，这是它的弊端。

无论如何，就法典而言，黄宗智不赞成中华帝国没有民法的说法，他指出："我们不要以为清代法律只是一个刑法，没有民事内容。它与民事有关的规定，总共有 80 多条律，300 多条例。其中关于继承的规定就有 1100 多字，相当详细。"[1]一如《美国宪法》第 1 条第 10 款"（各州）……不得通过……损害契约义务的法律"。这一契约条款曾经是美国最高法院保护私人产权的王牌条款，特别是 1819 年的达特茅斯学院案[2]，为私人公司的勃兴进而为美国经济的发展奠定了坚实的宪法基础。中华帝国也是通过在法律上保护民间契约进而保护私人财产，可以说，财产法隐身于契约法，契约法蕴含着财产法。

三、一田两主

与国法承认典习俗形成对照的是，一田两主的民间习惯始终未得到国法认可。一田两主就是"把同一块地分为上下两层，上地（称田皮、田面等）与底地（称为田根、田骨等）分

---

[1] 黄宗智：《清代的法律、社会与文化：民法的表达与实践》，上海书店出版社 2007 年版，第 7 页。
[2] Trustees of Dartmouth College v. Woodward, 17 U.S.（4 Wheat.）518（1819）.

属不同人所有，这种习惯上的权利关系就是'一田两主'。田面权（上地上的权利）与田底权（底地上的权利）并列，也是一个永久性的独立物权"①。就其形成过程而言，田面权的三个来源反映了田面与田底以抽象概念的方式分离，在物理意义上其实无法剥离的实物土地的动态过程：①农民代地主把荒地开垦成熟地，在该地亩上花有大量工本，从而转化为田面权；②农民在出卖土地时，只卖田底，保留田面，虽然成为田底业主的佃户，但自身仍是田面业主；③农民花高价向地主买得田面，而田面价往往等于或高于田底价。其中，由典卖田地演变而成的永佃制，也是"一田两主"名词的来源。②

但是，杨国桢以现代民法的所有权与使用权概念区别永佃权和田面权，强调二者并非同一概念。他认为，前者反映土地所有权与土地使用权的分离，属于租佃制度的变化；后者反映土地所有权的分割，属于所有权制度的变化；前者反映的地主土地所有制结构并无变化，而后者则反映了地主土地所有制结构的变化，即出现了新兴的二地主阶层。③

民商事习惯调查表明，"一田两主"制下田皮权和田骨权的内容，即两个权利束中的具体权利各有不同。收益权方面，田皮权人向田骨权人交租，剩余为田皮权人的收益；田骨权

---

① ［日］仁井田陞：《中国法制史》，牟发松译，上海古籍出版社 2011 年版，第 222-223 页。
② 张研：《关于中国传统社会土地权属的再思考——以土地交易过程中的"乡规""乡例"为中心》，《安徽史学》2005 年第 1 期，第 24-35 页。
③ 杨国桢：《明清土地契约文书研究》（修订版），中国人民大学出版社 2009 年版，序言，第 4 页。

人向国家纳粮，剩余为田骨权人的收益。[1] 如果说典卖习惯的优点在于出典人与典买人在价格上都有利，即出典时典买人可以通过相对便宜的价格买到土地，而出典人可以在将来回赎时仍以出典时的低价买回。那么，"一田两主"对双方当事人都有利的地方则在于责任的配置上田皮权人只需交租，无须向政府纳税，田骨权人则无须耕种便可以获取粮食。典卖与"一田两主"都是通过民间习惯为人们耕种或投资提供合理的利益与责任配置，充分显示了哈耶克所谓自生自长的秩序（spontaneous order），即并非由人的预先设计而是由人自发的行动自然形成的秩序魅力。[2]

就典卖与"一田两主"存在的问题而言，典卖主要是给典买人的产权造成了长期的不确定性，因典卖人找贴而酿成命案的情况也时有发生。比如，乾隆八年（1743 年）安徽灵璧李本义将地 5 亩卖与妹夫殷圣修。当时，李本义之兄及侄在外不知。乾隆二十七年（1762 年），李本义之侄李多贵等"想起这地是祖上遗下来的"，要回赎，殷家不依，凭中退出 3 分给李家做坟地，立了议约，又给李多贵等 800 文"倒根钱"。李多贵后来又想这地是叔父李本义背着父亲卖的，且不止 5 亩，不甘心。乾隆三十二年（1767 年）发生争斗，打死了殷家一人。[3]

"一田两主"的问题则是政府税收受影响。因政府的田赋

① 赵晓：《中国近代农村土地交易中的契约、习惯与国家法》，《北大法律评论》第一卷第二辑，法律出版社 1999 年版，第 479 页。

② Friedrich A.Hayek, *Studies in Philosophy, Politics and Economics*, Touchstone. 1969, p. 97.

③ 张研：《关于中国传统社会土地权属的再思考——以土地交易过程中的"乡规""乡例"为中心》，《安徽史学》2005 年第 1 期，第 24-35 页。

出自地租，一田两主、田皮买卖容易形成皮主欠租，从而导致政府税粮无着，故"确保赋役的征收，便成为政府的目标。在这个问题上，政府直接的考虑只停留在如何有利赋役的征收，并没有想到要强化土地所有权的效力、确立所谓的近代所有权等等"。然而，政府取消田皮、禁止田皮买卖、否认一田两主的命令，"最终也只是停留在三令五申、一再树碑而已，其实际效力照例是相当微弱的"①。

　　就实际交易情况来看，买卖田底权差不多总是在两个"不在地主"，即本人并未在乡村耕种土地的地主之间进行。田底权的变换仅仅意味着农民要换一个地方去交租，但在更多情况下，甚至连这样的变动都没有。在佃农们看来，田面权才是真正重要的，因为这决定谁耕种哪块地。江苏吴县孙家乡有一周姓农户，在光绪四年（1878年）得到一块七亩五分的荒地，于光绪二十九年（1903年）将田底权卖给了住在镇上的陆姓地主，之后在民国十五年（1926年）、十九年（1930年）将田底权先后转手彭姓地主和王阿泉。田面权却一直保留在周家未动，由周福宝经周金宝传给周柱宝。②

　　"一田两主"制度的形成凸显了"业"作为中国民事习惯与国法中最核心的概念所具有的抽象性质，反映了中国民间习惯中的法概念具有高度概括的先进水平。"土地法秩序中成为交易对象的并不是具有物理性质的土地本身，而是作为经

---

① ［日］仁井田陞：《 明清时代的一田两主习惯及其成立》，载刘俊文主编：《日本学者研究中国史论著选译》第8卷，中华书局1992版，第409—460页。

② ［日］林惠海：《中支江南农村社会制度研究》（上卷），有斐阁1953年版，第150—156页。

营和收益对象的抽象土地，即'业'。"①由此，"业"与"业主"之间的关系取决于同一块田地不同的收益方法的归属情形："某一特定土地的收益方法如果正好统一握在同一主体的手里，则呈现出一田一主的状态；但若是同一土地上形成了复数的收益方法，各自以某种相对稳定的形态分别被不同主体交易的话，则构成了在'一田'上复数'业主'并存的状态"。②复数业主并存于一田，既是生存环境的压力所致，也是致力土地耕种与仅以土地作为投资手段的人们之间为了生活而进行的分工合作，在有限生存空间中实现双赢或多赢的人生智慧。

四、产权结构

最后，让我们以杨国桢的研究成果为线索概述传统中国的财产制度。他把民间的私有产权和乡族、国家联系起来，以此厘清土地私有的约束机制："中国土地私有观念早在战国时期便已出现，但在长期发展演变过程中，在地主佃户制主导地位确立之后，始终没有和国家共同体的土地国有观念及乡族共同体的土地共有观念相决裂。一般而言，所谓私人的土地所有权，都有形、无形地附着有国家的和乡族的共同体土地权利，而这种权利的获得，主要导源于很早就形成大一统

---

① [日]寺田浩明：《田面田底惯例的法律性质——以概念性的分析为中心》，载王亚新等译，《权利与冤抑：寺田浩明中国法史论集》，清华大学出版社，2012年，第24页。
② [日]寺田浩明：《田面田底惯例的法律性质——以概念性的分析为中心》，载王亚新等译，《权利与冤抑：寺田浩明中国法史论集》，清华大学出版社，2012年，第24页。

国家和宗族、村落聚居社会组织的传统习惯。"①

　　以个人、乡族、国家三级实体为基础，杨国桢分析了传统中国的所有权内在结构，将其形容为"纵横交错的立体结构"。他指出："它的纵向结构，指同一所有权并存着不同层次的权利；它的横向结构，指同一所有权并存着不同作用的权能，国家土地所有权利主要体现为分享部分收益权（赋税中带有部分地租的转化）和部分处分权（无偿籍没是'溥天之下，莫非王土'观念的体现），乡族土地所有权利主要体现为分享部分处分权（所谓'产不出户''同宗不绝产'原则和乡邻先买权）。"②他把具有多重性特征的中国封建时代土地私有制的内在结构图解为图 14-1 : ③

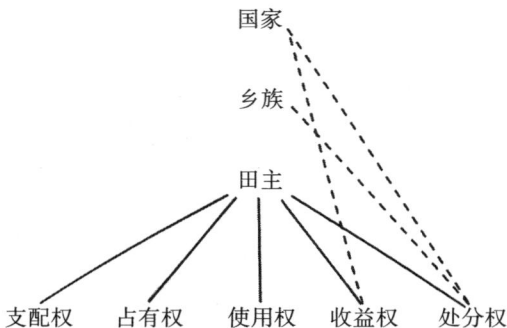

国家

乡族

田主

支配权　占有权　使用权　收益权　处分权

图 14-1　中国封建时代土地私有制的内在结构

---

① 杨国桢：《明清土地契约文书研究》（修订版），中国人民大学出版社 2009
　年版，第 294 页。
② 杨国桢：《明清土地契约文书研究》（修订版），中国人民大学出版社 2009
　年版，第 294-295 页。
③ 杨国桢：《明清土地契约文书研究》（修订版），中国人民大学出版社 2009
　年版，第 295 页。

这一静态的土地归属样态随着社会经济的发展，特别是商品经济的发展、农村和外界联系的加强，而导致其内在结构处于运动状态："这种运动，大体沿着上述图式中纵横两个方向进行。横向表现，是土地所有权积极权能与主体的分离，即田主享有的占有权、使用权、收益权、处分权，可以根据本人的意志和利益，通过口头或书面契约的方式，部分地或全部分离出去，而保留其中某些或某个权能以体现其所有权，直至仅有支配权。这种横向变化，我们称之为土地所有权权能的分离状态。纵向表现，是土地所有权的再分割。它可以是不同层次之间权利的归并和消长，也可以是同一层次内权利的再细分。前者是主体的更换，后者是在原有层次上衍生出次生的层次。这种纵向变化，我们称之为土地所有权的分割状态。"①

就所有权内在结构演变的历史过程而言，他指出："明清时代，特别是在嘉靖、万历之后，在商品经济高度发展的助力下，中国地主佃户制发展到烂熟并开始出现瓦解的征兆。与此相适应，私人所有权内在结构的重新组合出现比前代更为复杂的情形，横向结构和纵向结构都有重大的变化。其中体现历史发展趋势的是，在横向结构上，是永佃权的分离；在纵向结构上，是主体层次权利分割为田底权和田面权，即一田多主，以及主体层次从田主向乡族共同体的移转。"②换

---

① 杨国桢：《明清土地契约文书研究（修订版）》，中国人民大学出版社2009年版，第295页。

② 杨国桢：《明清土地契约文书研究（修订版）》，中国人民大学出版社2009年版，第295-296页。

言之，土地所有权的横向与纵向结构仿佛传统中国财产制度的经纬线，织出一幅中国式私人财产图画，这是帝制时代中国人民生活世界的画面，不妨说这就是那时很多人已经实现的"中国梦"，其中有他们祖祖辈辈耕耘的土地，是他们谋生、积累并传递财富的资源，也是死后叶落归根、与祖先一同埋葬的地方。正是在那里，他们的子孙继续耕作，守护他们的坟墓，传递他们的生命，延续他们的梦想。

第十五章　疙瘩老娘

一、讼师何为

　　曾衍东（1750—1830）曾任湖北江夏与巴东县令，其笔记小说《小豆棚》记载浙江湖州有位传奇女律师，号称"疙瘩老娘"，尽管未曾留下名姓，但时至今日也是一位令人津津乐道的人物，因其"能刀笔，为讼师，远近皆耳（闻）其名。凡有大讼（案）久年不结者，凭其一字数笔，皆可挽折，虽百喙不能置辩"。作为女性，又是民间"非法讼师"（律师），能在字数限定为300字左右的状纸中凭三言两语替客户赢得官府的胜诉判决，让对方无从辩驳，可以说她在法律与语言两方面功力非凡。曾氏笔记讲了关于她的三个简短故事，以下以其中两个为例，分析讼师在诉讼中发挥的作用。

　　湖州一富有人家，19岁的儿媳年轻守寡，想改嫁，公公不许。儿媳向疙瘩老娘求助，疙瘩老娘索取1600两银子，状子起头16个字："氏年十九，夫死无子，翁壮而鳏，叔大未娶。"状子要害就在此16字，可以说，这1600两银子为这16字就值：一个字100两银子！关于银价，有一个参考值：在清朝，过失致人死亡，虽然无须负刑事责任，但要赔死者家属12.42两"烧埋银"，即丧葬费，不足13两银子。银价在清朝（1644—1911）近三百年变化很大，但无论如何，1600两都是不小的数字。年轻寡妇乐意付出如此代价固然是她付得起，但也可看出女律师出色的状纸值这么多钱。

其实，女律师也仅仅是把年轻寡妇的处境说清了而已。16个字，完全都是事实描述，并无任何评论，也没引用法律，更未强求官府允许寡妇改嫁，但这个状子出色的地方恰恰在于它说的仅仅是事实，且全都是事实——本来官府也只需要当事人提供事实，依法裁判是官府的责任。

疙瘩老娘紧紧围绕事实，也仅仅陈述事实，虽未强求官府判寡妇改嫁，但状子陈述的事实所暗示的未来事态，会使官员自然地得出疙瘩老娘需要的判断：只有寡妇改嫁，才能逆转这一家三个成年人微妙而危险的处境。

按照清律，公公与儿媳、小叔子与嫂子之间自愿的性关系——"和奸"，均属十恶中的"内乱（亲属间违反儒家人伦的性关系）"，公公与儿媳处斩刑（刀砍使人身、首分离）、叔嫂处绞刑（用绳子等绞索使人窒息而死）。如此严重的刑罚，个中原因，诚如瞿同祖所言："性的禁忌在父系家族团体以内是非常严格的，不但包括有血统关系的亲属，也包括血亲的配偶在内。历代法律对于这种乱伦的行为处分极重。汉律称之为禽兽行……我们晓得亲属间的杀伤罪尊卑长幼的处分不同，在'奸非（不正当性关系）罪'则不分尊卑长幼，犯奸的双方处分完全相同，这是因为亲属间的性禁忌每一分子皆有遵守的义务，有犯同为淫乱，除强奸外，男女双方皆同坐（'坐'即处罚）。"[1] 就是说，强奸之外的人身侵害行为，长辈或年长者在法律上会受到优待，即尊长侵犯卑幼处罚较轻，而卑幼侵犯尊长处罚较重。但在乱伦的事情上，尊长并不会受到优待。尊长需要在性关系方面与卑幼承担同等的责任，可见乱伦是比人身侵害更严重的罪行。因此，疙瘩老娘代理的改

---

[1] 瞿同祖：《中国法律与中国社会》，中华书局1981年版，第49、52页。

嫁案中，公公与儿媳有绝对不能发生性关系的同等责任。如果知县不判寡妇改嫁，那么辖区内可能滋生乱伦的死刑案，给他带来麻烦。

我相信清代笔记小说记载的许多案例都在某个时间、地点、某个人或某些人身上发生过，尽管记载中张冠李戴、偷梁换柱的事情并不少见。清末举人丁治棠（1837—1902）在其《仕隐斋涉笔》中记载的无名氏故事有类似的状子："十六嫁，十七寡，翁无姑（婆婆）而不老，叔无妇而不小，不醮（jiào，出嫁）失节，再醮全节。"汪㧑尘（1891—1941）的《苦榴花馆杂记》中讼师的名字叫董小山，状词又有变化："翁年富而长鳏，叔齿轻而未娶，恐将来之失节，愿此日之从人。"由于曾衍东死时，后两位笔记作者都还没有出生，可以断定后两个版本是前者的翻版，词句也以曾氏所记疙瘩老娘的版本为佳。

疙瘩老娘代理的另一个案子涉及饥荒。有一年，长江北歉收，很多人从江南买米。江南人士怕造成米荒，因此拒绝卖米，结果江北来的米贩子纷纷告状，有人求助于疙瘩老娘，她开价三千两银子。状子递进官府之后，第二天就开始卖米了。状词中有一联："列国纷争，尚有移民移粟；天朝一统，何分江北江南！"

如果说寡妇改嫁的状词主要表述事实，使官员不得不帮助三个成年人摆脱危险的处境，卖米案则着重于讲理，这是一个官府也不能不讲的道理：统一的中央政府下属的不同辖区显然有互助的责任，何况还只是要求公平买卖，而不是要求慈善捐赠。无论是摆事实，还是讲道理，疙瘩老娘都得心应手，她的状词让官员没有别的选择，只能答应自己客户的诉求——这也正是任何时代、任何社会中，称职律师值得客户为其才智花钱的地方。

难怪曾氏在文末感叹："是妇亦奇矣！"本来民间讼师就是非

法的，何况还是女人。当过知县的曾氏既敬佩又困惑地猜测：人们称此女律师为"疙瘩老娘"，大概是因其"厉气（邪气）之结"。这是那个时代的精英常有的歧视。

二、情真理确

疙瘩老娘作为一个女律师受到歧视自不待言，其实那时整个民间讼师群体都受排挤。根据《大清律例》"教唆词讼"条，"凡教唆词讼，及为人作词状，增减情罪诬告人者，与犯人同罪（至死者，减一等）。若受雇诬告人者，与自诬告同（至死者，不减等）。受财者，计赃，以枉法重论。其见人愚而不能伸冤，教令得实，及为人书写词状而罪无增减者，勿论"。从法条可见，帝国政府虽然不时打压讼师，但清律并不一概禁止帮助人打官司的行为，只是特别强调会严惩任何人"教唆词讼"，即在当事人无意打官司的情况下，鼓动人打无理官司或不必要的官司，及在代写诉状的过程中"增减情罪诬告人"，即通过添枝加叶或隐瞒真相的方式诬告他人。至于帮助"愚而不能申冤"的人主张正义，只要"教令得实"即可，即为真有冤情的人提供的法律信息属实，则不受追究。同时，"为人书写词状而罪无增减"，即如实代写状子，也不属于法律要惩罚的"教唆词讼"。这一点可从该法条的历史沿革看出来。《大明律》将唐律"为人作辞碟加状（代写状子时添枝加叶）"和"教令人告事虚（鼓动人诬告）"两条合为"教唆词讼"，而为清律所沿用。总之，此条有一个主旨：法律允许自行或在他人协助下依据事实申冤。

与此律条有关的"例"即实施细则也围绕这一主旨设定具体措施，一方面，官府招考合法的代书，使不识字的人也能告状；

另一方面，严格官员的责任，令其查拿"讼师"，失察则须付相应的责任。关于代书，例文规定："内外刑名衙门，务择里民之中诚实识字者，考取代书。凡有呈状，皆令其照本人情词，据实誊写，呈后登记代书姓名，该衙门验收，方许收受，如无代书姓名，即严行查究，其有教唆增减者，照律治罪。"关于查拿讼师，例文规定："讼师教唆词讼、为害扰民，该地方官不能查拿禁缉者，如止系失于觉察，照例严处。若明知不报，经上司访拿，将该地方官照'奸棍不行查拿'例，交（吏）部议处。"

　　清朝广为流传着赫赫有名的讼师"谢方樽"的故事，他本有生活原型。该原型是乾隆年间的常熟辛庄人。由于对当时的社会不满，谢某常以机智的言行，讽刺和惩治贪官、恶霸，打抱不平，伸张正义，深受人民大众的喜爱，所以其事迹不胫而走，在民间广为流传。在温汝适的《咫闻录》中称他为谢芳津，夸他"具玲珑之笔，操决断之才，凡有冤抑难伸，倒悬莫解者，投而求之，一词入庭，即能脱兹罗网。其或心起讹诈，即事生情，出人意表；甚至蜃楼海市，平地风波，能使假者认而为真，曲者变而为直，四乡土民，咸推尊而畏惧之，名曰老大。官府幕友，亦慕其名。然救人多而害人少，以故官不加法"。就是说，谢某能够在诉状中把疑难案件的法律与事实说得一清二楚，为法官正确判案提供明晰的思路。当然，有时也颠倒是非、混淆黑白，只因大多情况下是帮助人们获得正义，因此官府未将其绳之以法。谢某的故事也说明，官府承认的"代书"之外的"非法讼师"，仍有其存在的空间，正如疙瘩老娘那样。

　　谢某为人排忧解难的故事中，也有涉及婚姻的案例。有两家富人早已为儿女订婚，后来男方家道中落，女方徐姓家长苦于没有理由悔婚，于是借口与男方谈迎娶，留女婿谈至半夜，忽有劫匪破门而入，洗劫财物，并用煤涂黑女婿之脸，然后报官，声称被抢。知县审案，歹徒坚称女婿与其一伙。其实这些人是女方父亲为陷害女婿而招来的亡命之徒。眼看未婚夫蒙冤陷入囹圄，徐家女儿忙与闺蜜商量，闺蜜推荐谢秀才，于是二人趁黑夜悄悄拜访。听到案情，谢秀才觉得女儿告父亲本身即属非法，帮不上忙。因为从汉朝到清朝，儒家帝国的法律都有"亲亲相隐"的原则，即住在一起的家人之间有互不举报犯罪的义务，特别是不许儿女告父母，除非涉及谋反等侵害皇帝的罪行。

于是，"女跪于地，痛哭求救。谢巡檐绕屋，数回而定，呼女起曰：'写一词与汝，投之于官，可两全也'"。谢秀才在女方的哭求下，踱步徘徊，终于想出妥当的诉状。官阅词，拍案曰："尔父竟如此之横逆也乎？"女曰："爱女过切耳。"官曰："尔乃护夫背父也。"女曰："妾（女子谦称）尚未离父母恩养也。"官默然，复阅至词尾，有"不告害夫，告则害父，不可告，不得不告"四语，曰："此词乃情真理确也。"

谢秀才陈词的绝妙之处不在于他想出了万全之策——因为此事根本没有万全之策，而在于他把徐家女子不可告又不得不告的尴尬处境和盘托出，让知县不得不承认女子的确正处于此种情景中，至于如何是好，这无须讼师出主意。知县也知道，解决之道只能由唯一有权做决定的自己来想。称职的律师不需要自作聪明代替法官做决定，有时候，他只需要帮助法官拿准事实与法律问题的要害，法官自然会自信地做出聪明的决定。当然，也有需要律师提示法官该如何解决问题的时候——出色的律师总能知道如何帮助法官锁定问题，如何替法官想出解决问题的办法。

看了状词，又经审讯，知县写出如下判语："礼重婚姻，律严谋害。女虽过爱，难违海誓山盟；婿或极贫，奚厌箪瓢陋巷，兹某嫌婿贫穷而设陷阱，恶过绿林；幸女识夫仁义而首穷奇（中国古代神话中的四凶之一），贞如霜柏。一词剖案，四语动情。得辨公冶之羊，始认昭奚之虎。罚银充赏，婿家可免饥寒；完娶于归，女心亦得安逸；若按情而定断，应科诬死未决之条；幸代首以从宽，聊治得相容隐之罪。徐某薄责三十板，所纠棍徒各与重杖枷示。此判。"

依照清律，抢劫"得财者不分首从皆斩"，徐父诬告女婿劫财，本该按照"诬告反坐"，即诬告人何罪即治诬告者以何罪的法条处罚。此外，诬告人死罪，但尚未被执行死刑，本该杖一百，流三千里，外加服劳役三年，因是女儿告发，按照清律也可算作父亲自首，所以徐父被从轻发落，只责三十板，另罚徐父三千两银子，给女婿用于完婚。事后，徐女以银五十两酬谢闺蜜，而其夫至谢庄，"馈银百两，以报一词救命之德"。结局可谓圆满。

知县在判词中特别称道状词"一词剖案，四语动情。得辨公冶之羊，始认昭奚之虎"，就是说，知县认为"不告害夫，告则害父，不可告，不得不告"这四句话恰到好处，使得此案真相类似于典故中"公冶之羊、昭奚之虎"一般得以澄清。由此可见，讼师在严厉打压的环境中仍可因其状词出色地呈现当事人真实处境而获得官方默许。毕竟，官府伸张正义有赖于事实真相，而讼师在此可以为官员帮忙而不是添乱。

我们所列疙瘩老娘与谢秀才的三个案例都只是代写状子，讼师并未出庭。事实上也有讼师挺身而出在官府大堂直接为当事人申辩的例子。

丁治棠在《仕隐斋涉笔》中记载了重庆江北县令福润田"痛恨讼棍，犯者例办无赦"的故事。有个涉及地界纠纷的案件，其中某甲的田塍（chéng）倒塌，倒在相邻的某乙的地面上，某甲就以倒塌后的边界为地界，因此多占了某乙宽约一丈的土地面积（清代一丈大约 3.2 米）。田塍也叫田埂，是地块之间修筑的分界线，也往往是农民下地干活可以行走的田间小路。乙不服，讼于官，福润田以为就堕处筑田塍，方便而且也有道理，反而怪罪某乙诬枉某甲，某乙差点受到责罚。

结案后，有讼师坚决要求复审，挺身而出为乙申冤，知县大怒，斥责讼师："案已了，尔敢翻案，真恶棍也！"讼师正气凛然答道："公断甚偏（大人您判得很不公平），小民实难心服。"知县问其缘故，讼师用比喻说："甲乙之间地界的事情，好比这官府大堂上公案（办公桌）占的那块地是甲地，我所跪（官府大堂上打官司的百姓要跪在地上）的这块地是乙地，如果公案倒了，就会占我所跪的地方；如将公案移到大堂外，那就会把大堂的地方都占去，有这样划地界的道理吗？应该是按原来的田埂划地界才算公平。"福润田恍然大悟，于是接受讼师的建议改判。丁治棠赞扬讼师，称"此亦讼师之有胆有舌（有口才）者"。

这位未曾留下姓名的讼师冒着被严惩的风险公然在大堂之上顶撞知县，为他人争取正当利益，若非正义感使然，很难解释。当然，此案也说明，只要能够把道理说得清楚明白，即使非法的讼师，也仍有机会在怀有偏见的法官那里赢得官司。毕竟，官府追求的是正确判案。积案压力之下，官员未必有时间对每个案件的事实进行充分调查、对其中的法律与法理深思熟虑，因此明晰的状词与得体的口头答辩非常必要，而当事人往往无法独立做到，这也正是需要有律师协助的缘故，况且，律师协助的不只是当事人，其实也是在帮法官做出合乎情、理、法的判决。

三、智能之士

当然，帝国政府允许官员聘请专职的法律顾问协助其办案，当时叫作幕友或师爷。乾隆三十六年（1771 年），王有孚在江苏武进县师从吴家桂学作幕友，他说自己每于午夜披览律书，始则茫（然），就像盲人听说太阳像铜盘，便通过敲打铜盘猜想太阳的样子，其实并不能真的了解太阳的样子。几个月中有疑必问，渐入佳境，就像从前是盲人，而今得知太阳在天上光芒四射的样子。一旦恍然大悟，感慨万千地说："甚矣哉！律之为书，范围天下而不过也。蚩蚩者何知？而圣王设大法以绳之，罔非辟以止辟之义，巨细弗遗矣。"[①] 王有孚惊叹的是法律的博大精深："了不起啊！要说法律囊括了整个天下的事情也不为过啊！老百姓懂什么？而圣王却为百姓设立了法律的准绳，无非是要通过使用刑罚达到不必用刑罚的目的，一切都在法律之中了。"王有孚学法过程中的了悟，可以帮助我们了解中华帝国法律的真谛。

作为给官员提供法律服务的合法幕友，王有孚的地位与疙瘩老娘和谢秀才等人不可同日而语。然而，他也理解人们为什么需要讼师。在其《一得偶谈》中，他提及法律对教唆词讼的讼师严令禁止，但问题是蒙冤的小民常因不会声辩而孤苦无告，官方认可的"代书"又往往写得不到位，无法让官员知道案件的症结所在，"于此而得一智能之士，为之代作词状，摘（tī）伏发奸（检举坏人坏事），惊心动魄，教令对簿当堂，理直气壮，要言不繁，卒至冤者得白，奸者坐诬，大快人心。是不惟无害于人，实有功

---

① 郭润涛：《官府、幕友与书生：绍兴师爷研究》，中国社会科学出版社 1996 年版，第 139 页。

于世"。王有孚站在有冤不得申的弱势群体的立场上，比较容易理解称职的讼师作为"智能之士"可以在两个方面帮助弱者，即代写有分量的状词，把欺压者的恶行说到位；同时指教当事人在官府大堂简明扼要地应对，从而使冤情大白，坏人受到惩罚。他认为，这样的人"不愧讼师之名"，理应受到肯定。上文那位帮助乙争回因田埂倒塌而被甲侵占的土地的无名讼师即其一例；而"彼拨弄乡愚，恐吓良善，从而取财者，乃讼棍耳，安得以'师'字加之？余谓讼棍必当惩而讼师不必禁"。王氏把挑拨人打官司从而骗财的人称为"讼棍"，与"讼师"区别开来，进而反对官府查禁讼师。其实，清律及官员实际上也默许大部分为百姓提供必要法律服务的讼师，疙瘩老娘与谢秀才即其显例。

梅利莎·麦考利（Melissa Macauley）在《社会权力与法律文化：中华帝国晚期的讼师》中用米歇尔·福柯的微观权力理论，即强调权力的网络性、多样性、分散性、流动性的理论来分析讼师群体，因此将其置于"帝国晚期官僚机构整顿、商业革命、城乡网络之间的文化互动以及基层文人地位日益走低的背景之中"予以考察，由此，她发现，"国家法律体制太弱小，不足以应对商业化区域正式诉讼产生的巨大压力，但（这个体制）却又显山露水，可供地方权力贩子将其转化为本地争竞和一味复仇的另类竞技场"。[1]

在这个权力竞技场上，麦考利独到地发现，讼师更多是弱女子特别是无依无靠的寡妇所仰仗的"男人"，他们以其才智和勇气为在家族受欺压的女人提供不可或缺的帮助，为其在官府赢得官

---

[1] Melissa Macauley, *Social Power and Legal Culture: Litigation Masters in Late Imperial China*, Stanford, 1998, p.2.

司。她指出："显然，寡妇的法律地位，特别是在财产纠纷中，尤其脆弱。根据法律规定，妇女不该出庭主张自己的利益；这种事情本该由男人来承担。然而妇女并不总有男人出庭保护其财产利益。她们离开父家，丈夫也已亡故。这一男性缺失的空隙步入讼师，在这些寡妇的生活中扮演'男人'的角色，保护她们的经济、法律以及道德利益。"①

如果我们根据本章的案例推进麦考利的性别论辩，那么，可以说，我们提到的那位无助的女子虽然不是寡妇，但其父亲陷害其未婚夫的情况使其处于比寡妇还要弱势的地位，谢秀才在此案"一词剖案，四语动情"的精彩表现，也可以说是麦考利所谓讼师填补男性空白的另类事例，而疙瘩老娘凭16字贴切的状词替19岁寡妇赢得改嫁的机会，也可以说是女人本身担当通常由男人扮演的角色的特例，让人看到作为女人因其身怀法律绝技亦可赢得男人的尊重。而且，进一步来说，男人角色的缺失，本来也可以由女人自己来弥补。在司法竞技场上，只要开放机会给女人，法律才艺本来无性别之分。

无论如何，我们都可以确认，正如王有孚作为服务于官员的刑名师爷（法律秘书）所称许的"智能之士"那样，民间讼师不可或缺，因为"社会环境如此，社会的需求就被忽视，阴险傲慢的官员无人挑战，寡妇被欺骗，弱者得不到保护。人们的财产或安全难免受到某种威胁"②。

那么，为什么官府要抹黑并遏制讼师？先就其形成过程而言，

---

① Melissa Macauley, *Social Power and Legal Culture: Litigation Masters in Late Imperial China*, Stanford, 1998, p.319.

② Melissa Macauley, *Social Power and Legal Culture: Litigation Masters in Late Imperial China*, Stanford, 1998, p.318.

"作为历史形成的角色同时也作为一个政治问题，讼师出现于南宋（1127—1279），那是一个社会、经济和政治沧桑巨变的时代。宋代以降，讼师从未消失，而在16世纪的所谓第二次商业革命中，作为一个深恶痛绝的社会问题再度出现于官员与'良善'的地方士绅的视野"①。这是因为，就像宋代以来的历代官员那样，"清代官员认定，积案不外乎两个原因：疏于职守的地方官与教唆'好讼之徒'兴讼、诬告和京控（到北京告御状）的讼师。江苏'省例'（清代以省为单位的地方性法规）劝谕地方官员清除讼案的方法即'查拿讼棍'。曾在台湾与广东任职的蓝鼎元（1680—1733）声称每日收到1800份词状，同时又说其中80%涉及讼师欺哄。湖北省督抚估计，嘉庆十二年（1807年），70%—80%诬枉不实的词讼涉及讼师。42年后，新一代湖北官员声称，查拿讼师乃是'根绝讼源'的不二法门"②。

官员对讼师的指控，夸张的成分较多，从实际情况看，清代人口从1679年1.6亿、1776年3.115亿最终增加到1910年4.36亿③，而其官员数额却基本没变，比如嘉庆《大清会典》（嘉庆十七年，1812年）核定的内外文武官员数目为2.7万多人。④而嘉庆皇帝却相信上级衙门的积案是由地方州县官员不称职所致。他在嘉庆二十三年（1818年）的一份诏令中要求，如州县官积压讼案超过40起，督抚应将这些违法者革职、充军（押送到边远地区屯种粮食或充实军伍，仅次于死刑）；少于40件积案则应

① Melissa Macauley, *Social Power and Legal Culture: Litigation Masters in Late Imperial China*, Stanford, 1998, p.2.
② Melissa Macauley, *Social Power and Legal Culture: Litigation Masters in Late Imperial China*, Stanford, 1998, p.87.
③ 曹树基：《中国人口史》第五卷，复旦大学出版社2001年版，第831-832页。
④ 林乾：《清代衙门图说》，中华书局2006年版，第6页。

被革职。比如，嘉庆二十四年（1819 年），湖南巡抚因浏阳县和湘阴县知县有 20 多起积案而提议将其革职。①

在如此严厉的考核与惩罚措施下，官员把自己的办案压力迁怒于帮助百姓打官司的讼师，而不能通过科举考试取得功名的下层书生，为了谋生，被动或主动地提供法律服务。

根据艾尔曼的估计，到 19 世纪中叶，"通晓经典的文人"总数也许达到 300 万。②虽然占当时总人口的比例不足 1%，但在这大约 300 万读书人中，通过最低一级考试，被府学、县学录取的人（俗称秀才）的比例是 1.5%；参加省级"乡试"的生员中，大约 5% 通过考试而获得举人头衔；大约 0.8% 的举人能够通过在京师举行的会试及殿试而成为进士，从而取得做官资格。也就是说，在所有通晓经典的文人中，每万人仅有 8 人能够成为进士。而在整个清代，在所有考生中，最后能从秀才、举人、进士连过三关的人比例为 0.1%。③

简言之，大约 300 万读书人通过激烈的竞争性考试争夺大约 3 万个官位，必将留下绝大部分书生去做合法的师爷、教书先生或冒险去做非法的讼师。本章的事例证明，讼师中的确有一些能为当事人排忧解难的佼佼者，因其大部分官司都是出色的代理而不是教唆词讼、唯利是图，因此得到了国法的默许和官员的容忍。

---

① Melissa Macauley, *Social Power and Legal Culture: Litigation Masters in Late Imperial China*, Stanford, 1998, p.90.

② Benjamin Elman, *A Cultural History of Civil Examinations in Late Imperial China*, Berkeley: University of California Press, 2000, p. 237.

③ Benjamin Elman, *A Cultural History of Civil Examinations in Late Imperial China*, Berkeley: University of California Press, 2000, pp.141-143, 662.

第十六章　中国话语

一、"必藉有例"

653 年颁布的《唐律疏议》是将"疏议"即立法解释与律文并行，以便执法官员准确理解律文的含义。到了 1740 年的《大清律例》，改为律例并行，即将相关例文附于律文之后。例文相当于相关律文的实施细则，不是立法解释。三泰为 1740 年颁行《大清律例》所写纪言为我们理解律例的性质及其相互关系提供了精练的解释："查律为一定不易之良法，例为因时制宜之良规。故凡律所不备，必藉有例，以权其大小轻重之衡，使之纤悉比附，归于至当。"[1]三泰认为律的特点是"一定不易"，例却要"因时制宜"。之所以如此，是因为法律既要有稳定性，又要有适应性，诚如庞德那句名言所说："法律必须稳定，但也不能停滞。"[2]仅当法律具有稳定性，才能给人的行为带来霍姆斯法官所说的"可预见性"。然而，也只有当法律具有适应性，才能经久不衰。《大清律例》正是通过律例的配合而得以同时实现法律的不变与可变。

就清代律例体系的实际情形而言，自 1725 年雍正皇帝将律文确定为 436 条之后，律文从此相沿不改，而与其配套的

---

[1] 马建石、杨育棠编：《大清律例通考校注》，中国政法大学出版社 1992 年版，第 14 页。

[2] Roscoe Pound, *New Paths of the Law*, University of Nebraska Press, 1950, p.1.

相关例文则通过适度的改动，即大约每五年修改一次的频率，使律文得到更恰当的适用。就这样，例因与时俱进的适应性而使律在应用中成为活法。下面以崔得溃案为例，说明例在司法实践中如何得到解释与更新。

河南汤阴县崔得溃与崔张城一起打死同是族人但出了五服的崔有年。[①] 根据档案记载，崔张城在崔有年脑后偏右的地方用利刃扎出两处伤痕。崔得溃用枪，即在长柄上装有锐利尖头的冷兵器，扎其左耳根，造成骨头损伤。崔张城于同治七年（1868年）六月十七日患病取保候审，至七月十二日在保店，即边治病边等候审判的旅店病死。河南巡抚及所属布政使司（主管一省民政，刑事案件通常由提刑按察使司负责）与刑部反复争论两件事情：该如何解释《大清律例》"斗殴及故杀人"条（第290条）的实施细则，即该条所附第12条例文的确切含义；崔张城刃扎崔有年脑后偏右的两处伤痕是否属于致命伤。之所以这样锱铢必较地争论，是因为该例文规定，在多人共殴一人致死的情况下，只应一人抵命，就是打出致死重伤或是最后下手造成重伤的人抵命；如果造成致命重伤的同案犯在监禁过程中死亡，则本应抵命的罪犯可以不必抵命，否则就等于两人为一人抵命。就此案而言，崔张城造成的损伤的性质，乃是决定崔得溃是否应该不必抵命并因此而减等拟流的关键。

刑部起初不同意认定崔张城所扎为致死重伤："崔张城刃

---

① 以下本案案情及引文均出自祝庆祺等编：《刑案汇览》三编（四），"殴有致死重伤之余人在保病故将下手绞抵人犯减流"，北京古籍出版社2004年版，第641-646页。

扎崔有年脑后偏右二伤，虽系致命部位，惟并未损骨，较之崔得溃枪扎左耳根一伤重至骨损者，大相悬绝，是崔有年死于左耳根一伤而不死于脑后偏右之伤，已属毫无疑义。"河南布政使司坚持认为："崔张城刃扎崔有年脑后偏右均系致命部位，伤至二处，均深至骨，其伤不为不重。崔得溃即不复扎亦难保其伤不致死，因崔得溃枪扎左耳根骨损，且系最后下手，是以将崔得溃论抵（抵命）。"刑部随后妥协，同意把崔张城造成的伤认定为致死重伤："本部查脑后偏右部位均系致命速死处所，崔张城金刃连扎崔有年脑后等处二伤，均深至骨，亦属致死重伤，即无崔得溃后扎之伤，亦难保其不死，既据该抚援案咨请声明崔张城业经提禁身死，其抵绞之崔得溃似可减等办理，核与例案尚属相符，自应将崔得溃一犯准其减等问拟。"河南布政使司与刑部最后达成共识，将崔张城造成的损伤视为致死重伤，由此认定其本来也属于应为崔有年抵命的人，他在保店候审期间的死亡，应视为下文提到的可以免除崔得溃死刑的情况。

虽然就案情而言，崔得溃因崔张城之死而不必为崔有年抵命，但刑部在与该案相关的例文解释上，坚决不同意河南巡抚及所属布政使司的意见。该例文规定：

> "凡审共殴案内下手应拟绞抵人犯，果于未经到官之前，遇有原谋（先出主意的人）及共殴余人（参与斗殴的其他人）内殴有致死重伤之人，实因本案畏罪自尽，及到官以后、未结（案）之前监毙在狱，与解审中途因而病故者，准其抵命，将下手应绞之人减

等拟流。若系配发事结之后身故，及事前在家病亡，或因他故自尽与本案全无干涉者，不得滥引此例，仍将下手之人依律拟抵。"

双方争论的焦点是对"因而"二字的解释。河南布政使司认为："如谓并非在监在途不准抵命，何以例内不仅云监毙在狱与解审中途病故，而独曰因而病故者？揆之'因而'二字之义，似不必在监在途，则凡到官以后未结之前因而病故者，皆可准其抵命，则'因而'二字系统承上文'到官（以后）未结（之前）'而言，似非衍文，亦难节（删）去。"

刑部则认为："查此条例文义分三层，原谋及殴有致死重伤之人，于未经到官之前畏罪自尽为一层，到官后未结之前监毙在狱为一层，解审中途病故为一层，因而二字系专指解审中途而言。盖以此等解审之犯，经过州县例应收监，或因收禁身死，或不及收监在途身死，情形不一，故载有因而二字。且例以'到官以后、未结之前监毙在狱'与'解审中途因而病故'两相对举，并不云'收禁在狱与解审中途因而病故'，其非统承（涵盖）上文，尤可概见。"也就是说，河南布政使司认为，"到官以后、未结之前监毙在狱，与解审中途"这句话都属于"因而"这个连词承接的上文；刑部认为"因而"二字仅系专指解审中途而言。按照河南官府的解释，其死亡可以免除本该抵命的罪犯死刑的人会比刑部认可的解释多出一些，这样就有可能使本该抵命的罪犯因同案犯在羁押、审判过程中死亡而侥幸免除本应执行的死刑。鉴于河南巡抚的误解，刑部"恐各省办理亦或不免歧异，相应通行各省督抚、将军、都统、府尹一体遵照，遇有此等殴有致死重伤之余人在保病故，将下手绞抵人犯减等拟流案件，均不得节删例内'监毙在狱'等字样，以归划一而符定例可也"。经过刑部与河南官员的反复交涉，崔得溃案得以形成"通行"[①]，以便全国各官府都能对第290条律文所附第12条例文有一致的解释。

由崔得溃案可知，在执法过程中，特别是涉及人命的案件，以刑部为中枢的政府部门会围绕案情与相关法条进行认真的研讨和辩驳，如果发现法律解释中存在普遍性问题，还会形成"通行"，直至成为新的条例。个案的审理不仅是在适用法律，也是在为法律更加完善的解释乃至必要时候制定新的"例"文打基础。

二、情理释法[②]

关于清代司法审判中民事司法的总体情况，上一章已引用寺田浩明的著作予以介绍。在刑事司法方面，寺田浩明指出："至于无法事后更正的死刑案件（清朝案件每年多达3000件），

[①] 胡震认为："在清代法律制度中，通行是一种重要的法律形式。它可以把临时性的重要成案上升为制定法，作为此后司法和行政活动中直接援用的法律根据。同时，通行又是清朝修例的重要参考来源，一些通行经过简单的编纂后上升为'例'。"胡震：《清代"通行"考论》，《比较法研究》2010年第5期，第1页。

[②] 本节关于"情理"是中华帝国法律解释的规则的论述以及下一节有关礼、律两个系统的论述，笔者曾以"传统中国法的话语与个性——以情理作为释法原则为例"为题，提交给2018年9月召开的中国政法大学法学院四十周年院庆学术论坛"面对西方法——东亚法的历史与现实"国际学术研讨会。

针对每一案件，从案件的始末及相关人员的口供陈述都要详细记载，将非常详细的案卷和判决书上呈皇帝，再由皇帝逐一做出最终判决（当然是借刑部之手）。"[①]

即便如此，滋贺秀三和寺田浩明仍然认定传统中国法与西方法存在"规范性原理上的差异"，因此"确实又很难把当时地方官进行的审判与法律的严格适用和判决的确定力等现在国家审判的特征联系起来"。[②] 这种差异在二位日本学者看来关键在于情理主导的价值观太抽象，其适用因此而缺乏西方法律那种实定性，据此做出的判决也没有西方法官判决的既判力，即比较容易被推倒重来，因为"当时（清代官府的）听讼意味着只有在当事人事实上已放弃而不再进行争执的情况下才可能真正终结"[③]。

其实，当事人满意才能息讼，这种制度一方面说明帝国政府还是给了臣民相当大的制度空间让百姓有机会申冤或争取自己认为应得的利益，另一方面意味着帝国政府承认其官员的裁判有可能存在问题，需要通过当事人再次提起诉讼而予以纠正。就像南宋范西堂在其关于"漕司送下互争田产"案的判词一开始就指出的那样："尝谓乡民持讼，或至更历年深，屡断不从，固多顽嚚（yín），意图终讼，亦有失在官府，适以起争。如事涉户婚，不照田令，不合人情，遍经诸司，乃

① ［日］寺田浩明：《权利与冤抑——寺田浩明中国法史论集》，清华大学出版社 2012 年版，第 437—438 页。
② ［日］寺田浩明：《权利与冤抑——寺田浩明中国法史论集》，清华大学出版社 2012 年版，第 304 页。
③ ［日］寺田浩明：《权利与冤抑——寺田浩明中国法史论集》，清华大学出版社 2012 年版，第 301 页。

情不获已，未可以一概论。"① 范西堂的态度可以说明，帝国政府一方面表示厌恶百姓缠讼，另一方面又积极处理民事纠纷，是因为承认问题有时候"失在官府"，需要纠正。一言以蔽之，法律的准确适用，始终是官府不能轻忽或推卸的责任。

　　然而，自从 1902 年清政府开始移植西方法律以来，传统中国法一直被当作与西方法律截然不同的另类。目前，寺田浩明仍在发挥滋贺秀三等人的结论，认为以清律为代表的传统中国法作为皇帝及其官僚实施的法律，因为以情理作为司法裁判的准据，因此不具有实定性："当时的官僚体制审判刑事案件的逻辑并没有把成文法作为审判的出发点和不可或缺的正当性基础。审判实务的整体，就是面对日常发生的一个个重罪案件，逐一个别地进行'情''法'之间如何匹配吻合的具体判断的工作。"②

　　滋贺秀三与寺田浩明对清代法律的研究确立了以下几个基本判断：①"拥挤电车"的社会状况：清代中国是平民及其家庭为生存而彼此竞争的社会，由于缺乏权利的明晰界定，人们像在拥挤的电车上那样推来挤去；②人们在推来挤去的过程中受到的侵害会被作为冤抑表达成为诉状，祈求官僚乃至皇帝以"公"的身份予以制止，让受欺压者获得最低限度的生存空间——滋贺秀三称之为父母官诉讼；③刚性法律规范的缺失。皇帝及其官僚的司法为的是赢得政权的正当性，司法的目的是获得"天下公论"的认可，而公论的认可取决于皇帝

① 《名公书判清明集》上册，中华书局 1987 年版，第 121 页。
② ［日］寺田浩明：《权利与冤抑——寺田浩明中国法史论集》，清华大学出版社 2012 年版，第 441 页。

及其官僚的司法裁判在多大程度上符合一般人依据情理进行的判断。因此，像清律这样的成文法并不是判决必须依据的先在条款，顶多只是提示了排忧解难的方向。寺田浩明认为："整个社会的'法'规范存在形态就是两种极端，一端是'情理'这样一个价值性的高度抽象的修辞，另一端就是具体内容表现了'情理'的无数个别的纠纷解决个案，其间不再存在其他规范形态。"① 在官僚集团依据情理为赢得天下的"公论"支持而进行司法审判这一意义上，寺田浩明这样来界定清政府的"律"：

> "出于汇总整理众多官员拟定判决草案的实务并尽量使其趋于统一的操作性需求，把历代皇帝和各级官员们处理'情'和'法'决定刑罚的实务经验加以总结，抽象出若干行为或'情'与刑罚或'法'一一对应的条文，以皇帝的名义昭示天下，就是作为成文法的律。"②

总之，在滋贺秀三与寺田浩明看来，为生存竞争而处于推来挤去状态的民众会因强者的欺压，而以冤抑的名义向以"公"的身份出现的官僚提出申冤的请求，官员在律文提示的规则基础上，依据情理蕴含的抽象价值进行判断，力求获得

---

① [日]寺田浩明：《权利与冤抑——寺田浩明中国法史论集》，清华大学出版社 2012 年版，第 435 页。
② [日]寺田浩明：《权利与冤抑——寺田浩明中国法史论集》，清华大学出版社 2012 年版，第 445 页。

公论的支持，从而为皇帝的统治赢得正当性，这就是传统中国的司法审判。皇帝为首的官僚司法用情理把律文相对化，这一基本判断乃是寺田浩明把传统中国法与西方法对立起来的基本原因。他认定，"传统中国的成文法虽然早就存在，而且类似于法律解释那样的实务也一直在进行，但却不可能出现与西方法学的'法源论'相对应的观念"。因为，"在西方的法律传统中作为规则而存在的法律规范当然必须以某种高度抽象的秩序价值理念作为背景或基础，但是在一般的审判实务中，只要有明文的规则可作为判决的依据，其结论就不会直接诉诸根本的秩序价值理念。结果是规则之间的空隙也总是以创制规则的方式予以弥合，从而形成整套的规则体系……所谓'法源论'讲的就是裁判能够依据哪个层面的规则，在什么情况下，才有可能诉诸根本价值理念的问题。如果说西方传统中的法律解释是特殊的话，则其特殊性并非系于解释本身，而体现在法律本身的存在方式之中"。[①]

也就是说，法律规范体系以不同的位阶（等级）存在，法官判案时对与案件相关的规则做出严格的解释，从而实现法律规则保障的相应权利，此乃西方司法及其所依据的法律规范的基本特征。中西法律传统因为这样的界定而最终被滋贺秀三和寺田浩明判定为不同的类别。

然而，从本书所使用的秦汉以来的案例来看，中华帝国一开始要求官员严格依法判决，并且要引用相关法条，遇到

---

① ［日］寺田浩明：《权利与冤抑——寺田浩明中国法史论集》，清华大学出版社 2012 年版，第 447—448 页。

疑难案件，需要逐级上报审核，仅皇帝可以适当地灵活执法。《唐律疏议》谨严的立法解释、《大清律例》字斟句酌的实施细则，都是在昭示中华帝国法律始终注意平衡法律的确定性与适应性，使其既传承久远，又与时俱进。无论是律文与注疏配合，还是律文与例文协调，都意味着有"明文的规则"与"整套的规则体系"。即使作为"礼"的原则在一般化与具体化两个方面引申而成的情与理，也是围绕律文或例文如何能够在个案中得到准确解释而运用的释法规则，并非为了替代法条，也不会造成法条"相对化"，只能说是为了使法条处境化、具体化。上一节讲述的崔得溃案，也是情理释法（例）的例证，其中分明可见依据"情"字解释例文、试图以此准确拿捏例文的意思：

> "若核其情节，与例尚有未符。"
> "与监毙在狱及解审中途病故者，情事迥殊。"
> "如伤非致命，遇有损折碎裂，殴情独重者，则谓之重伤。"
> "案情不一，难以概论。"
> "与仅止在保，并非监禁在狱因病取保者，情事迥殊。"
> "与广抚题准李庚孙之案其情亦属相仿。"
> "惟是案情百出不穷，例文亦屡经改易。"
> "是情伤较轻之案其拟罪反有严于伤多且重之案者，办理殊多窒碍。"
> "盖以此等解审之犯，经过州县例应收监，或因收禁身死，或不及收监在途身死，情形不一，故载有

'因而'二字。"

这些"情"字的用法，包括"情节""情事""案情""情形"，基本上是关乎案情与例文是否相符、此案与彼案是否案情相符。围绕"情"与例的吻合程度展开的锱铢必较的仔细推敲绝对不是以抽象的情理替代明晰的法条，恰恰是为了使法条的适用更准确到位而反复进行的对焦。在清代的法律环境中，"情"的斟酌乃是法正确适用的必要途径。

相对于"情"字的大量使用，除了"办理"一词多次用到，本案只有一处使用"理"字："缘奉部驳饬妥拟理合声叙例文查照成案……"此"理"字只是本案程序上"理合声叙例文查照成案"的一个步骤，与案件本身的推敲没有关系。也许，本案的问题主要在于以"情"释"例"，理在此情此例中。本来，"揆（推测）诸天理，准诸人情，一本于至公而归于至当"，乃是乾隆皇帝在1740年《大清律例》的序言中申明的立法原则。此外，关于情理在司法实践中的释法作用，我们在本书第十一章"法官朱熹"有关朱熹执法注重"公共道理"的叙述及第十二章"准情酌理"有关宋代的案例讨论中已有充分的介绍。本章以清朝案例进一步说明情理释法，为的是通过南宋以来官府执法时一以贯之的情理释法回应日本学者滋贺秀三与寺田浩明在情理角色方面存在的误解。

虽然二位日本学者对清代中国法的论述细致绵密，结论也显示出相当的洞察力，而中西法律及其实践不用说存在语言与规范间的距离，但对于为什么传统中国法用情理作为判断的准据并因此对法律规则的实际应用产生了怎样的影响，以及中西法律的异同究竟在哪里，我不得不提出自己的异议。除了本书所引宋代以来的判例可以证明情理是释法规则而非架空法律的抽象价值之外，我们还需要回顾中国历史上两个成熟的规则系统，以便说明情理释法的制度背景。

三、二元规则

我认为中国历史上前后形成两个迥然有别但同样成熟的规则系统，第一个是礼，第二个是律。前者以周礼为代表，后者以唐律为圭臬，都达到了登峰造极的规范化与系统性。这两个规范系统都在其成熟以后遇到了危机：孔子悲叹自己的时代"礼坏乐崩"，而"援礼入法""礼律合一"的纯熟唐律则面临如何贯彻执行的难题。

先谈礼的危机。如果把礼学二分为礼法与礼义，那么，从儒家的传统经典《仪礼》可知，礼法（仪）是人在特定时间和空间应该采用的肢体语言与口头语言。因此，《仪礼》详细规定了冠、婚、丧、祭、乡、射、朝、聘等礼仪制度。比如，婚礼环节的"纳征"，即向女方家长送订婚礼物，其礼仪是："纳征时的辞令说：'您有美好的命令，把妻室赐给某某。某某依先辈传授的礼节，备下两张鹿皮和五匹帛，派某人前来，请求纳征。'致辞的辞令说：'某某斗胆献上礼物。'主人一方的答辞是：'您遵循先辈的常法，赐某某以重礼，某某未得到您准予推辞的命令，岂能不服从？'"在这一礼仪场合，礼物和辞令都有相应的规则，照办就是。

如果说礼仪是规则，那么忠恕之道就是指导规则的原则。

孔子的文化贡献就在于他从近乎刻板的礼仪规则中演绎出了一生中可以一以贯之的忠恕之道，以此作为待人接物的伦理依据。礼仪具体适用于特定时空的人际交往，忠恕则是任何时候都应该遵循的基本原则。在具体的礼仪场合，孔子坚持"席不正，不坐"，以便给他人营造良好的交谈氛围；而在所有的地方，孔子都以忠恕之道严以律己，宽以待人。

孔子在后礼仪时代对礼的发扬光大给我们的启示是，一方面，礼法本身并不是礼法得以实践的可靠依据，只有忠恕之道之类的个人美德才是践行礼法最可靠的资源；另一方面，礼法可以因时因地而有变化，但礼义作为体现人际关系中的敬、爱等原则的精神以及诸如孔子实践的忠、恕等美德却可以历久弥新。夏商周三代陈陈相因的礼仪规则到了孔子时代已经烂熟到人们不是不知道礼仪是什么，而是懒得遵守甚至带有蔑视的态度。孔子正是在这样的历史背景下认识到克己的道德修养功夫、忠恕的美德才是礼仪得以进行下去的精神资源。

礼仪之后，唐律成为中国文明史上另一种成熟的规范体系。比如，它规定："谋杀人（已行）者，徒三年；已伤者，绞；已杀者，斩。"根据谋杀的后果，唐律赋予相应的刑罚；在一般的斗殴情况下给人造成伤，顶多杖一百，而此处判绞刑，是因为唐律既考虑后果，也计较犯罪的主观方面，即动机。犯罪动机和后果综合运用，就成了唐律定罪量刑的基本原理，在此基础上再把身份考虑进来作为定罪量刑的变量，唐律的基本结构就形成了。唐律用简练的文字、明晰的结构，把各种的罪与相应的刑罚匹配起来，再用"不应得为而为（不该做而做），笞四十；事理重者（情节严重的情况），杖八十"

来兜底其他恶行。同时，也在以事理轻重作为量刑标准，以杖八十封顶，借以限制官员处罚法无明文的行为的自由裁量权。此外，"断罪俱引律令格式正条"（定罪量刑必须引用相关法条）更是明确把官员的责任限定为严格依法办事。至于"断罪无正条"（没有直接相关的法条）仍然可以定罪量刑的情况，唐律与后来的明清律采取了不完全相似的两种策略。唐律以"举重以明轻，举轻以明重"为原则，主要是为了在立法技术上简化法条，其意思是：同类行为中，如果轻微的行为都认为是犯罪，严重的行为当然更是；同理，如果严重的行为都不认为是犯罪，轻微的行为当然更不是。其实罪之有无、轻重，已蕴含于已有的法条之内，只需以已明确列举的罪状为依据，即可推知未经明言的行为是否有罪及罪的轻重。就是说，某具体法条已提示了对某具体行为定罪量刑的标准，只是需要法官把规则欲以"明"示的行为纳入该规则的范围即可。因此，唐律并未为超出法条断案提供依据。明、清法律则明确允许"引律比附"，但也限定于"议定奏闻"，即在相关部门确认该引用的法条后，报皇帝批准——这种通过特殊程序限定"引律比附"的适用方法，使法官不能擅自陷人于罪。

唐律及此后效法唐律的法典为官员执法提供了严谨的法条依据，即使需要超越法条的明示来定罪量刑，法律也施加了严格的限制，只允许皇帝享有一定的灵活性。在法律是天下公器、司法裁判需要赢得公论支持从而增进君主制正当性的认识及共识的基础上，君主个人在多大程度上超出律及作为其释法规则的情理，可想而知。一般情况下，君主只是同意各级官僚层层把关过的执法建议罢了。像西周伯扬父那样自行其是的审判方式，在秦汉以后的帝制时代再也不可能了。

　　如果把礼、律比较起来看，可以说礼是自律的世界，律（法）是他律的世界。在中国历史上，礼、律成熟后面临一个共同问题：无论是自律还是他律的世界都需要人自觉遵守规则。成熟的规则有赖于成熟的人，而人的成熟在于品格的建造。孔子重视君子的道德自觉恰恰不是因为他轻视规则，而在于规则的遵守需要人格、品格的培养和支撑。孔子以无讼（没有诉讼）为目标，是因为他相信人格、品格修养支撑的礼仪自律更能建造和维持和谐社会。总有一批人值得培养和信赖，他们是社会秩序的中流砥柱。在孔子看来，礼的世界只和君子这样的人联系在一起。对小人只能报之以刑的暴力惩罚。在德礼的一元视野中，礼和刑分别是自律、他律的二元世界，一如君子和小人属于两个世界。

　　孔子等儒家学者心中的理想世界既是贵族一元化的礼仪共同体，也是君子与小人分野的礼、刑二元世界。孔子未能预见一个礼融于律的"礼律（法）"世界。法家的世界则是君臣相对的一元世界：君以法约束所有的臣民。汉朝以后的儒教中国逐步把法家的一元君臣世界与儒家的君子、小人相对的二元世界合二为一，形成独特的礼律世界。法以礼为原则，以刑为工具。以礼为体、以刑为用的礼律规范把西周时代礼、刑二元的世界合二为一，使刑上大夫、礼下小人。君子和小人同时都受礼、刑的约束，形成以礼为经、以刑为纬的法秩序。

　　礼刑合一的律作为规则体系在执行中存在两个问题。一是具体案件中适用律的时候如何才能既公平又仁恕？这是法律解释与执行中的双重难题。二是官府执法总有局限：疑难案件可以逐级上报皇帝特批，因种种原因而逍遥法外的歹徒又如何能受到追究？关于第二个问题的解决，中华帝国是通过司法正义之神的塑造予以解决，参见本书第十三章"阴阳太守"。中国古代法律对第一个问题的回应是在唐代以后逐渐形成天理、人情的释法原则，分别为法律解释提供一般化的原则和具体化的路径，使个案的刑罚或财产归属与左右个案判决结果的理、情相匹配。天理、国法、人情三位一体的匹配才是律得到妥当执行的完美结构。情理的介入不是在模糊法的确定性和可预见性，而是实现法律公平用刑、物归其主的宗旨的必要路径。任何案件中法律的适用都需要法律的准确解释。而理、情正是法律解释的两个基本原则：案件适用哪个律条才合理？与个案有关的具体案情、人情又如何决定律条的应用倾向？如果说法条隐含的理为该案的解释提供了大致的律意，那么案件具体的"情"就为法条的解释提供了所要索解的具体含义。本书第十二章的宋代民事案件和本章清代的刑事案件，说明传统中国法无论是面对刑事案件还是民事案件都在依法办事，为了更好地依法办事，形成情、理为路径的释法准则，而不是以情理取代法律规则。在每一个具体案件中，围绕律文的白纸黑字，执法官吏在其理、情之间反复推敲、斟酌，直到找出顺情当理的解决方案。这就是中国古代法律解释的基本路径。因为情理的介入而否定中国古代法律缺乏真正实定的法律规则，完全是误解。恰恰是在律文的公平和明晰已经登峰造极后，古代中国法的制定者和执行者更加深刻地认识到徒法不足以自行，才日渐成熟且明确地为法的具体适用确立了理的头与情的足，使其既能举头仰望天理的星空，又能脚踏实地体味芸芸众生的人间烟火——律文经由司法解释而被"情""理"世界渗透，三位一体的情理法才使中国的法律帝国能够从宋、元走到明、清。

总之，滋贺秀三与寺田浩明坚持把传统中国法归入与西方法不同的另类，主要依据之一是他们认为情理因素是抽象的价值观，不具有法的实定性，而中国官府的审判却主要是依据情理进行的判断。本章不是想要说明两种法律属于同一类型，只是要阐明二位日本学者据以判断中西法律类型差异的依据存在不小的问题。我的判断是，情理不是取代成文法而作为帝国司法的抽象价值观，而是成文法的释法原则与规范，是法律的中国话语，为的是使成文法的适用既符合天理的普世原则，又匹配具体案件的案情与人情。也许，以情理作为释法规则并由此形成独特的法律话语系统，这正是传统中国法的个性。

四、赦过宥罪

君主为首的帝国司法系统一方面以情理释法实施罪刑相应的报应正义，另一方面也时常通过赦免实施法外开恩，以怜悯的柔性平衡正义的刚性，从而实现正义与怜悯的互补，这是法律的中国话语的另一面。十恶不赦的成语正说明赦免的广泛存在，只是个别罪行不赦而已。如果说情理是释法规则，那么赦免则是执法规则，即通过严格的司法程序做出的有效判决未必都得到一丝不苟的执行，而是在罪行相应的报应正义得到确认的前提下不予执行或减少执行实际的刑罚，使怜悯在执行阶段得到体现，这就使赦免也成为传统法律的中国话语的通用语汇。①

《易经》作为儒家哲学的根基，为儒家的政治、文化提供基本的思维框架，法律也不例外。在本书第二章第四部分讲过的六卦之外，第四十卦"解（xiè）卦（䷧）"也与法律有关，因为它为赦免提供了自然法的理由。解卦上卦为震为雷，下卦为坎为水，打雷下雨便是解卦的卦象，亦即"雷水解"。雷声与雨水意味着冬去春来，也可理解为天降恩泽，这就是解卦的含义。解卦上震为雷，下坎为雨之象，此即《象传》"天地解而雷雨作"之义，言万物当春，因雷雨而舒发生机，为"舒解"之象。解释《易经》六十四卦卦名、卦辞的意义"彖辞"，用于判断一卦的卦象、卦德和六爻的排列。与《象传》一样作为解释《易经》的《十翼》，即十种解释方案的《象传》，分为《大象传》《小象传》两部分，前者主要从卦象来阐释伦理道德意义。解卦的《大象传》曰："雷雨作，解。君子以赦过宥罪。"根据《周易正义》："'赦'谓放免，'过'谓误失；'宥'谓宽宥，'罪'谓故犯。过轻则赦，罪重则宥，皆'解缓'之义也。"赦过宥罪，是说君子效法"解"象，以"赦过宥罪"实施缓解、开释的"仁政"。

为了回应天地自然通过雷雨彰显的宽大为怀，也为了塑造法外开恩的仁政形象，从汉朝到清代，儒家帝国始终在坚持

---

① 关于古代中国的赦免制度的概况，参见《钦定古今图书集成·经济汇编·祥刑典·赦宥部》。

执行罪刑相应的报应正义的同时，实行各种不同层次的赦免。仅就其中最为彻底的大赦而言，据统计，秦朝至清代大赦1200多次，平均两三年会有一次大赦。据《史记·秦始皇本纪》记载："二世乃大赦天下，使章邯将，击破周章军而走。"一般认为，公元前209年，秦二世这次兵临城下之时被迫赦免囚徒以抵抗起义军，乃是中国历史上第一次大赦。董念清依据沈家本统计的数据制成汉代至明朝的大赦数据表（表16-1）：①

表16-1　两汉、唐、宋、元、明各朝大赦表

西汉											
赦免数与皇帝在位时间之比	高祖	惠帝	吕后	文帝	景帝	武帝	昭帝	宣帝	元帝	成帝	哀帝	平帝
	9/12	1/7	3/8	4/23	6/16	18/55	7/13	11/25	10/15	9/26	4/6	4/5
平均次数	2.45年一次											

东汉											
赦免数与皇帝在位时间之比	光武	明帝	章帝	和帝	殇帝	安帝	少帝	顺帝	质帝	桓帝	灵帝	少帝	献帝
	10/33	3/18	3/13	5/17	1/8（月）	8/19	1/8（月）	8/19	2/2	14/21	20/22	2/6（月）	11/31
平均次数	2.24年一次												

唐										
赦免数与皇帝在位时间之比	高祖	太宗	高宗	武后	中宗	睿宗	玄宗	肃宗	代宗	德宗
	4/9	6/23	17/34	29/21	6/6	8/3	20/44	10/7	7/17	8/25
	顺宗	宪宗	穆宗	敬宗	文宗	武宗	宣宗	懿宗	僖宗	昭宗
	1/1	5/15	3/4	3/2	2/14	4/6	6/13	7/14	7/15	12/16
平均次数	1.75年一次									

---

① 董念清：《论中国古代的赦免制度》，《兰州大学学报》（社会科学版）1996年第3期，第96页。

宋											
赦免数与皇帝在位时间之比	太祖	太宗	真宗	仁宗	英宗	神宗	哲宗	徽宗			
	9/17	11/20	16/26	20/42	3/4	11/19	2/15	3/25			
	钦宗	高宗	孝宗	光宗	宁宗	理宗	度宗	恭宗			
	2/2	21/36	14/27	1/5	13/30	21/40	3/10	1/2			
平均次数	2.13 年一次										

元											
赦免数与皇帝在位时间之比	太宗	宪宗	世祖	成宗	武宗	仁宗	英宗	泰定帝	文宗	宁宗	惠宗
	1/13	1/9	2/35	1/13	4/5	1/10	2/3	1/5	3/5	1/1	6/36
平均次数	5.87 年一次										

明											
赦免数与皇帝在位时间之比	太祖	惠宗	成祖	仁宗	宣宗	英宗	代宗	英宗	宪宗		
	3/31	1/4	2/22	1/1	2/10	2/14	3/8	2/8	3/23		
	孝宗	武宗	世宗	穆宗	神宗	光宗	熹宗	思宗			
	2/18	1/16	3/45	2/6	6/28	1/1（月）	3/7	2/17			
平均次数	7.13 年一次										

注：上表根据先辈沈家本先生的《历代刑法考》制成，赦免次数均指大赦，不包括一般的赦免、曲赦、别赦和赦徒的次数。

另据统计，两汉包括新朝在内 425 年间有 186 次大赦，平均 2.28 年大赦一次；三国两晋南北朝时期的 369 年间共有 428 次，平均 0.86 年一次；唐朝的 289 年中有 184 次大赦，平均 1.57 年一次；两宋的 319 年里有 203 次，与唐代平均值一致；元朝的 97 年中大赦 45 次，平均 2.16 年一次；明朝的 276 年里有 55 次大赦，平均 5.02 年一次；清朝的 267 年间有 19 次大赦，平均 14.05 年一次。[①]光绪三十四年（1908 年），宣统皇帝溥仪登基，按照惯例大赦，这也是中华帝国历史上最后一次大赦。

历代赦免体制以宋代最为突出。历朝历代的赦宥种类也在《宋史·刑法志》中得到简明扼要的介绍："恩宥之制，凡大赦及天下，释杂犯死罪以下，其则常赦所不原罪，皆除之。凡曲赦惟一路或一州，或别京，或畿内。凡德音，则死及流罪降等，余罪释之，间亦释流罪。所被广狭无常。又，天子岁自录京师系囚（即录囚，皇帝本人或派人提审囚犯），畿内则遣使，往往杂犯死罪以下第降等，杖、笞释之，或徒罪亦得释。若并及诸路，则命监司录焉。"由此可知，赦免共分四类：大赦、曲赦、德音、录囚。其间的差别，可见于南宋王应麟编纂的类书《玉海》卷六七："复有递减其罪，谓之德音者，比曲赦恩及天下，比大赦则罪不尽除。"就是说，通常情况下，大赦意味着免除全部刑罚，曲赦是指针对部分地区或部分人的赦免，而德音介于二者之间，赦免范围比曲赦更广，但又不像大赦那样免除全部刑罚。

赦免的实际情况以宋神宗为例，他 1067 年 1 月 25 日到 1085 年 4 月 1 日在位。根据《文献通考》记载："神宗大赦凡十一：即位覃恩一，南郊四，明堂二，星变一，景灵宫成，奉安一，帝不豫祈福一，立皇太子一。曲赦凡十一：两京、郑州、河阳以山陵毕功，河北诸州以水灾、地震，西京以奉

---

① 《古今中外的大赦与特赦：古代大赦与特赦有本质不同》，《燕赵晚报》2015-09-01。

安二后神御，河东、陕西以师旅，熙河、秦凤以恢复而熙河独再，广东、西、湖南以交趾平，颍昌府以帝藩邸受封，梓州路以夷人平。德音凡八：以冬无雪，以皇子生，以日食正阳之月者再，以奉安中太一，以慈圣光献皇后弗豫，以山陵复土，以四后升祔。亲录在京系囚凡十五，及诸路者一，及西京者二。"

宋代赦免的总体情况可参见郭东旭《论宋代赦降制度》中的数据表（表16-2）：[1]

表 16-2　宋代赦降次数表

类别 朝代	在位年限	大赦次数		曲赦次数		德音	录囚	合计
		大赦	郊赦	曲赦	特赦			
宋太祖	17	5	4	7	4	2	2	24
宋太宗	20	9	5	8	3	2	13	40
宋真宗	26	19	8	14	4	5	22	72
宋仁宗	42	11	13	11	3	12	50	100
宋英宗	4	3	1	1		1	5	11
宋神宗	19	6	6	11	4	11	18	56
宋哲宗	15	4	5	6		11	18	44
宋徽宗	25	16	10	18	1	27	24	96
宋钦宗	2	1		1			1	3
宋高宗	36	14	12	16	4	1	38	85
宋孝宗	27	7	9	6			24	46
宋光宗	5	2	1	3			8	14
宋宁宗	30	13	11	25			19	68
宋理宗	40	7	13	3			2	25
宋度宗	10	1	3					4
宋恭宗	2		1	2			2	5
宋端宗	1		1					1
综　计	321	118	103	132	23	72	246	694

---

① 郭东旭：《论宋代赦降制度》，漆侠、王天顺主编：《宋史研究论文集》，宁夏人民出版社1999年版，第43页。

　　宋朝第四位皇帝仁宗，从 1022 年 3 月 23 日到 1063 年 4 月 30 日在位，共 42 年，其间各种赦免 100 次，次数为南北两宋皇帝之最。嘉祐六年（1061 年），负责给皇帝提意见的知谏院司马光上书批评滥赦《论赦及疏决状》："臣窃以赦者，害多而利少，非国家之善政也……无辜则赦，有罪则诛，使久系之人，一朝而决，故能消释沴气，迎致太和。非谓不问是非，一切纵之也。"司马光认为，滥赦害多利少的主要表现在于"愿悫之民愤悒惴恐，凶狡之群志满气扬"，就是说，赦免有罪之人，会使因犯罪而受害的老实人愤怒而又害怕，作恶多端的人却因免于惩罚而有恃无恐。

　　宋神宗在位 19 年，各种赦免有 56 次之多。熙宁七年（1074 年），天大旱，神宗"欲降赦"。这一年已有两次赦免，在"阿云之狱"中主张从轻处罚的王安石也不同意皇帝一赦再赦："汤旱，以六事自责，曰政不节欤？若一岁三赦，是政不节，非所以弭灾也。"王氏引用商汤的先例劝谏，说商汤遇到旱灾的时候不是靠赦免罪犯应对，而是就六件事情反躬自问，其中一项是，政务是否处理得当？如果一年之内三次赦免，本身就属于该自我省察的"政不节"，怎么可能靠政务不当消除旱灾呢？神宗无言以对，只好作罢。

　　从整个中华帝国历史的宏观角度看，关于赦免制度的利弊，自春秋战国至明代，匡衡、吴汉、王符、孟光、胡寅、王安石、马端临、丘濬等人反对大赦，[①]认为滥赦既纵容犯罪

---

① 董念清：《论中国古代的赦免制度》，《兰州大学学报》（社会科学版）1996 年第 3 期，第 96 页。

且伤及良民，他们的观点基本上与司马光一致。汉代思想家匡衡指出，滥赦会纵容犯罪："赦之后，奸邪不为衰止，今日大赦明日犯法，相随入狱。"（《汉书·匡衡传》）明代丘濬在《大学衍义补》中总结历代赦免制度，发现滥赦的结果是"人可揣摩以需其期，非独刑法不足以致人惧，而赦令不足以致人感也"。汉代的王符认为滥赦伤及良民，其在《潜夫论·述赦》中写道："今日贼良民之甚者，莫大于数赦。赦赎数，则恶人昌而善人伤矣。"根据《贞观政要·卷八·论赦令》记载，贞观七年，即633年，唐太宗跟大臣说的话集中反映了反对滥赦的古人认为滥赦纵容犯罪且伤及良民的观点："天下愚人者多，智人者少，智者不肯为恶，愚人好犯宪章。凡赦宥之恩，惟及不轨之辈。古语云：'小人之幸，君子之不幸''一岁再赦，善人喑哑'。"

再就司马光与王安石这对政坛劲敌而言，他们在"阿云之狱"因对自首法律的适用有不同的理解而增加了裂痕，但他们也一致反对滥赦，这也从侧面说明，帝国的司法判决固然严厉，但刑罚的执行却总伴随着赦免的恩典，在司法之严与执法之宽间试图达成某种平衡，只是宽严相济、恩威并施的刑事司法政策的执行并不那么容易把握而已。司马光认为，赦免与否的标准应该是"无辜则赦，有罪则诛"，即区分罪之有无以为赦之当否的标准，而王安石则主张自然灾害不应成为滥赦的理由，只应成为君主反省政务是否处理得当的机会，他们的争辩都是历代君臣斟酌赦免如何才能恰到好处的司法正义的话语部分，丰富传统中国法律叙事中法言法语的内容。

礼律合一，律例并行，情理释法，杀、赦结合，乃是传统中国法的基本内容。在近代，涉外执法使法律的中国话语受到了挑战，同时也为反思传统中国法提供了机会。下一章以林则徐与英国驻华商务监督义律围绕一场人命案展开的交涉，为传统中国法叙事增添比较法的内容。

第十七章　法辨中外

一、尖沙命案

大清道光十九年五月二十七日，即公历 1839 年 7 月 7 日，星期日，在香港尖沙嘴村附近，有一群醉醺醺的外国水手登上海滩，与村民打斗。被打的若干村民中有位叫林维喜，受伤严重，次日死亡。英国驻华商务监督义律上校当晚在澳门收到报告，于 10 日早上赶往香港调查。[①] 经查证，参与冲突的外国人中有来自英船"卡纳蒂克"（Carnatic）号和"曼格洛尔"（Mangalore）号的水手。为了补偿死者家属遭受的惨重损失，义律拿出当时在广东流行的墨西哥银币 1500 元作为抚恤金；外加 400 元，以便在本地官吏盘剥家属得到的抚恤金时派得上用场。对于蒙受损失的其他村民，义律给予 100 元赔偿。在 7 月 15 日写给这两只船的船主怡和洋行与颠地洋行负责人的信中，义律希望他们承担他垫付的这些费用。[②] 此外，义律还提到，死者家属写信给他说林维喜的死亡是意外事件，不是哪个人故意造成的。[③] 该信全文如下：

立遵依人林伏超、母张氏、马氏、弟伏华、叔奕禧

---

① "义律海军上校致钦差大臣所派官员函"，1839 年 7 月 13 日，《英国档案有关鸦片战争资料选译》上册，胡滨译，中华书局 1993 年版，436 页。

② "义律海军上校致怡和洋行和颠地洋行函"，1839 年 7 月 15 日，《英国档案有关鸦片战争资料选译》上册，胡滨译，中华书局 1993 年版，428–429 页。

③ "义律海军上校致怡和洋行和颠地洋行函"，1839 年 7 月 15 日，《英国档案有关鸦片战争资料选译》上册，胡滨译，中华书局 1993 年版，第 429 页。

及伯叔房族亲人等，缘因父亲维喜在于九龙贸易生意，于五月二十八（七）日出外讨账而回，由官涌经过，被夷人身挨失足跌地，撞石毙命。此安于天命，不关夷人之事。林伏超母子甘心向夷人哀求，幸夷人心行恻隐，帮回丧费银些少与伏超母子并亲人等，搬父亲维喜回家，殡葬妥息。此乃二家允肯情愿，日后伏超母子兄弟并叔伯房亲等，不得生端图赖夷人。各表良心，恐口无凭，故立遵依一纸，与夷人收执存照。

道光十九年五月二十九日　立尊依人男林伏超。①

义律认为："他们作这个说明的目的，完全是为了保护他们因接受外国人的金钱而免受惩罚；我肯定不打算放弃在那一基础上进行进一步的最严密的调查。"② 就是说，义律不相信家属关于林维喜之死属于意外事件的说法，他表示会继续追查林维喜的死因。在同一封信中，义律说："我已建议由女王陛下政府方面悬赏二百元给提供证据的人或人们，那些证据将证明任何其他的人或人们（女王陛下的臣民）犯了杀害那个人的罪行。我还建议悬赏一百元给任何提供证据的人或人们，那些证据将证明任何其他的人或人们（女王陛下的臣民）系本月七日骚乱的煽动者或罪魁祸首。"③

在 7 月 13 日，义律向林则徐派去调查该案的中方官员介绍情况的信函中，强调了自己出钱为的是弥补家属失去亲人而造成的

---

① ［日］佐佐木正哉编：《鸦片战争前中英交涉文书》，文海出版社 1976 年版，道光十九年第 85 件，第 218 页。

② "义律海军上校致怡和洋行和颠地洋行函"，1839 年 7 月 13 日，《英国档案有关鸦片战争资料选译》上册，胡滨译，中华书局 1993 年版，第 429 页。

③ "义律海军上校致怡和洋行和颠地洋行函"，1839 年 7 月 15 日，《英国档案有关鸦片战争资料选译》上册，胡滨译，中华书局 1993 年版，第 428 页。

生活困难:"无论是意外事故或故意杀害,他(林维喜)不再在这里照料他们(家属);因此,义律认为应当对他们提供援助。"① 同时,在这封信中,义律指出,当时获准上岸洗澡和在海滩上锻炼身体的水手,除了英国人,还有美国人。② 义律在两个月后写给英国外交大臣巴麦尊的报告中也说,他有证据表明美国水手也参加了与村民的打斗。③

林则徐接到命案报告是在林维喜死亡四天后。林则徐在《日记》中写道:"六月初二日(1839 年 7 月 12 日)……闻尖沙嘴夷船水手有殴伤华民身死之事,拟委员往办。"次日,林则徐去广东巡抚衙门商讨查办外国凶手的事:"早晨赴抚署会商委员验讯命案、缉拿凶夷事。"④ 经新安县知县梁星源和署理澳门同知蒋立昂等人调查,林则徐向道光皇帝报告:"民人林维喜,被夷人酒醉行凶,棍殴毙命。经新安县梁星源验明,顶心(头顶的中央)及左乳下各受木棍重伤。讯据见证乡邻,佥称系英吉利国船上夷人所殴,众供甚为确凿。"⑤

梁星源等人审讯了刘亚三,是他帮助死者家属为义律出具字句以表示林维喜死于意外。据其供词,林则徐认为死者家属证明林维喜死于意外的字句系义律"诱骗"所得。林则徐贴于澳门码

---

① "义律上校致钦差大臣所派官员函",1839 年 7 月 13 日,《英国档案有关鸦片战争资料选译》上册,胡滨译,中华书局 1993 年版,第 437 页。

② "义律上校致钦差大臣所派官员函",1839 年 7 月 13 日,《英国档案有关鸦片战争资料选译》上册,胡滨译,中华书局 1993 年版,第 436 页。

③ "义律海军上校致巴麦尊子爵函",《英国档案有关鸦片战争资料选译》上册,胡滨译,中华书局 1993 年版,第 432 页。

④ 《林则徐全集·日记卷》,海峡文艺出版社 2002 年版,第 347 页。

⑤ 《钦差大臣林则徐等为义律抗不交凶已严断接济勒兵分堵海口折》,中国第一历史档案馆编:《鸦片战争档案史料》第一册,天津古籍出版社 1992 年版,第 671 页。

头的告示指出："新安知县对林维喜之尸首经切实验明，是多处受棍殴伤，在其禀报中已详述，同时会同当地武官，拿获从事收买尸亲以图掩饰真相之刘亚三。滋事当日，若干水手上岸？彼等属何船只？彼等用以打伤林维喜至其倒下之棍棒从何而来？何时，某船长带一夷医去看望救治伤者？何时彼等将林维喜移至海滩？何时断气？何人嘱咐用钱收买尸亲以掩饰真相？当场付钱若干？何人诱骗死者亲属出具字据，证明林维喜乃死于意外？何人签写未付余款支付约据？其中全部应付尾数多少？凡此每一详情细节，刘亚三一一供认，历历如绘。再则，死者亲属业已交出约定付款字据，该字据已译成中文，其中记下船长姓名、船名、金额、应付款日期、何人担保，均与刘亚三之供词完全符合。"①可惜，我们现在看不到当时案卷中的审讯笔录，无以得知供词详情。

义律自称其款项系救助死者家属，并不妨碍他进一步调查真凶，而林则徐认为，义律的做法显然是为了掩盖真相，开脱凶手。

中英两国官员对于如何处理林维喜案产生诸多分歧。作为分歧的一部分，命案是否涉及美国水手，林则徐和邓廷桢亦曾要求美国领事吐哪（Warren Delano Jr.）查证："义律至今尚称米国（即美国）人一同在场，本大臣、部堂均未接据吐哪查禀，此一节关系紧要，亦应令其确切禀复，以凭立案。"美国领事随即回复，否认其事："七月十一日（公历 1839 年 8 月 19 日），领事在澳门得接余、李二委员札一道，办理此事，领事即付信下尖沙嘴，查问米国船主等殴毙人之事，十五日即以回覆委员毙人命之事，是时本国人并无登岸，亦与本国人无涉，彼时委员察看，亦已知

---

① 《钦差大臣关于林维喜被杀案的告示》，广东省文史研究馆编：《鸦片战争与林则徐史料选译》，广东人民出版社 1986 年版，第 100 页。

之。"[1] 美国领事并未像义律那样亲赴现场调查，只凭写信给本国船主过问，而林则徐为何深信不疑，至今无从得知，或许是因为他从美国领事提到的余、李二位官员那里得到报告，证实领事所言"委员察看，亦已知之"，并非虚谎。可惜我们现在没有资料显示，义律给英国首相巴麦尊的信中所说的美国领事在场的证据究竟是什么。

如果说家属关于林维喜死于"失足跌地"的意外事件有什么蛛丝马迹的证据，而义律声称美国人当时在场也并非捕风捉影的话，那么侨居中国多年的英国东印度公司雇员休·汉密尔顿·林赛（Hugh Hamilton Lindsay）于 1840 年在伦敦出版的著述，对林维喜事件给出的两种说法分别提供了些许佐证。当然，本章第三部分会讲述义律本人开庭认定的情节，主要是说英国人进村寻找烈酒时与村民发生纠纷，那应该更接近于事实。此处先将林赛提供的两种说法作为旁证。他的第一个版本："一名水手正横躺于地上，似是刚打斗过后等待恢复元气又或是喝醉后正在休息，他察觉到两名持着长刀的中国人站于他的身旁，这名水手只好仍保持他的睡姿，并假装死亡，但他仍张开半只眼睛张望，他发现这两名中国人正准备向他的咽喉随意地刺过来，这名水手立即跳起，并抢去其中一把刀，他因此被敌人追逐，直至他爬上一道墙。林维喜就是在爬过这道墙时，失足跌下而被打伤致命。"[2]

林赛提到的另一说法，与下文义律本人开庭认定的情节相似：

---

① 《林则徐全集·文录卷》，海峡文艺出版社 2002 年版，第 2555 页。

② Hugh Hamilton Lindsay, *Remarks on Occurrences, in China Since the Opium Seizure in March 1839 to the Latest Date*, London: Sherwood, Gilbert, and Piper, 1840, p.7. 转引自林启彦、林锦源：《论中英两国政府处理林维喜事件的手法与态度》，《历史研究》2000 年第 2 期，第 99-100 页。

"这些人（曾在林维喜案中受审的英国水手）断言当日登岸时遇到一群美国人，这些美国人曾经与附近村落的村民发生争吵，且进入过一间供奉神像的屋宇或寺庙，并且粗暴地触摸这些木制的神像，大概还将装饰在神像头上的金叶拿走。由于村民误将英国人当作捣乱的美国人，以致鲁莽地对漫步经过的英国水手施以木棍和石块的袭击，从而爆发了一场激烈的冲突，结果是中国人输了，奄奄一息的林维喜被运送至海滩，并搁在那里。"①

无论如何，林维喜无疑是死于村民与英国水手之间的冲突，这一点义律并不怀疑，所以他希望通过悬赏找到人证，以便法办凶手。只不过他从未想要把嫌疑人交给林则徐，他坚持自己开庭依据英国法审理此案。而林则徐始终坚持要求义律交出嫌疑人，由大清国的官员依照清律审理。

住在澳门的美国人在其《中国丛报》1839 年 8 月号即已详细报道林维喜案，并预料该案将引起重大历史影响。在提到中英两国官员开始调查此案后，该报指出："本案因其触发中国刑法要求一命一抵的条款而非同寻常，其重要性会在后续事件中看出来……目前发生的事情看来乃是正在天朝南国边陲上演的一出大戏中新的一幕的序曲。"② 事实的确如此，此案是中英"鸦片战争"中带有标志性的穿鼻之战的直接原因。为什么围绕交出凶手的斗争会导致战争？为什么穿鼻之战发生于 1839 年 11 月 3 日，而美国人在 8 月份的杂志就预言到"一命一抵"的条款会使林维喜命

---

① Hugh Hamilton Lindsay, *Remarks on Occurrences, in China Since the Opium Seizure in March 1839 to the Latest Date*, London: Sherwood, Gilbert, and Piper, 1840, pp.8-9. 转引自林启彦、林锦源：《论中英两国政府处理林维喜事件的手法与态度》，《历史研究》2000 年第 2 期，第 100 页。

② *Chinese Repository*, August 1839, p.180.

案成为一出大戏的序幕？以下先从我称之为"乾隆规则"的"一命一抵"规则在乾隆年间的兴废说起。

二、"乾隆规则"

乾隆年间，清政府前后在械斗案件和涉外案件中确立"一命一抵"的规则。此规则在械斗案件中从 1753 年执行到 1767 年，只有 14 年时间；而其中涉外案件中的执行，则从 1743 年到鸦片战争前都未曾中断，尽管由于英国人的抵制而未能全面执行。

械斗中一度适用此规则是因为"清中叶以后，民间的乡族械斗之风愈演愈烈，尤其严重的是东南沿海的闽、粤二省。这里的'械斗案件'……特指一类有计划、有组织、具有相当规模的武装冲突，且往往伴随着掠夺人口、财产的行为。械斗盛行的原因比较复杂，在械斗盛行的时代，尸横遍地、流血漂橹的场景屡见不鲜"①。据《钦定四库全书·皇朝文献通考》，为制止械斗，乾隆皇帝于乾隆十八年（1753 年）九月，制定"聚众械斗一命一抵"条例："凡聚众械斗互杀多命，审系各下手致死之人一命一抵，俱列入秋审情实册内请旨勾决。""秋审"是指清朝每年秋季由中央司法部门会同其他政府部门的主要负责人一起，审定各省报上来的死刑案件。"情实"是案情符合执行死刑标准，且皇帝用红笔在此类罪犯的名字上画钩，即"勾决"后，死刑才能执行。械斗案件一命一抵，指参与械斗的一方有几人死亡，另一方即以等额人犯以"情实"问拟死刑。由于实际办案中常有滥用此规则的情况发生，而

---

① 唐伟华：《试论清代涉外司法中的"一命一抵"》，《清史研究》2009 年第 2 期，第 68 页。

且也未能达到制止械斗的目的，乾隆只好于 1767 年将其废止。[①]

鸦片战争前涉外案件中的"一命一抵"，则由乾隆皇帝在乾隆八年（1743 年）的"陈辉千"命案中确立。当年阴历八月十八日，广州府香山县澳门城内，华人陈辉千酒醉后在路上撞到葡萄牙人晏些卢，双方口角引起斗殴，陈辉千被晏些卢用小刀戳伤后死亡。代理两广总督的广州将军策楞，得到地方官报说："西洋夷人犯罪，向不出澳赴审，是以凶犯于讯供之后，夷目（葡萄牙官员）自行收管，至今抗不交出。"[②]葡萄牙人自称，一百多年来从未将罪犯交给中国政府处置，因为那样做违反葡萄牙法律，但表示愿意依照中国法律让罪犯抵命。在地方官"将凶犯应行绞抵之处（应处绞刑的法律规定）明白示知"之后，"各夷目（指外国官员）遂自行限日，眼同尸亲将凶犯晏些卢于本月初三日用绳勒毙"，即由葡萄牙官员自定日期，在受害人家属见证下将罪犯用绳子勒死。

在此前涉及华人的犯罪中，地方官无力迫使澳门葡萄牙人交出凶犯，而地方官怕无法向上级交差，所以地方卷宗从无葡萄牙人抵命的案件记载，都被地方官大事化小、小事化了。考虑到这些情况，在葡萄牙人表示愿意依照清律自行处罚本国犯人的前提下，策楞向皇帝建议，凡涉及外国人应判死刑的案件，都由地方官依抵命规则会同葡萄牙官员审理，然后由广东省的总督、巡抚奏报皇帝，并由刑部备案，不必将外国人罪犯交给清政府收押、

---

① 唐伟华：《试论清代涉外司法中的"一命一抵"》，《清史研究》2009 年第 2 期，第 68 页。

② "广州将军策楞等奏报办理晏些卢扎伤商人陈辉千致死案缘由折"，乾隆九年正月十五日（1744 年 2 月 27 日），载《明清时期澳门问题档案文献汇编》（一），人民出版社 1999 年版，第 198-199 页。

行刑。乾隆的谕旨完全采纳了策楞的建议："嗣后在澳民、蕃（外国人），有交涉谋害斗殴等案，其罪在民者，照例遵行外；若夷人罪应斩绞者，该县于相验之时讯明确切，通报督抚详加覆核。如果案情允当，该督抚即行批饬地方官，同该夷目将该犯依法办理，免其交禁解勘。仍一面据实奏明，并将招供报部存案。"①

　　陈辉千案从此成为先例，"'一命一抵'除了在澳门华、葡命案中被沿用外，在省城的华洋命案中也得以适用"②。然而，1784 年的"休斯夫人"（Lady Hughes）号英船事件后，英国人再也不肯把犯罪嫌疑人交给清政府了。事发时，停在广州黄埔的"休斯夫人"号驳船"因送洋船出口，在舱眼放炮，轰伤内地民船水手吴亚科、王运发身死"。广东巡抚孙士毅派出中军参将王林、右营游击张朝龙，会同署广州府知府张道源等前赴负责与洋人通商的中国商人所在地"十三行"调查。随后孙士毅奏报皇帝，称嫌疑人"哪哗哗（外国嫌犯）系无心毙命，可否发还该国自行惩治"。乾隆认为："所办甚属错谬，寻常斗殴毙命案犯尚应拟抵，此案哪哗哗放炮致毙二命，况现在正当查办西洋人传教之时，尤当法在必惩，示以严肃。"当时，乾隆正在查办从澳门赴内地秘密传教的天主教传教士的案件，希望震慑违法的外国人。所以，他下令处死嫌疑人，即使"哪哗哗亦未必果系应抵正凶"，仍"应传集该国人众，将该犯勒毙正法，俾共知惩儆"。不过，孙士毅答复乾隆说，从嫌疑人身上搜出船长写给大班的一封信，说"哪哗哗系穷苦夷人，放炮毙命实出无心"，并请求大班从经济上资助他，孙士毅由

---

① 印光任、张汝霖：《澳门纪略》，卷上，官守篇，第 36 页。
② 唐伟华：《试论清代涉外司法中的"一命一抵"》，《清史研究》2009 年第 2 期，第 64—66 页。

此认为此人"系毙命正凶似无疑义"。①

从乾隆的批示可见，他要求处死英国炮手的理由有二：首先"示（外国人）以严肃""俾共知惩儆"，即杀一儆百。斗殴杀人本应拟抵，为此，在他并不确信英国人交出的嫌疑人确系凶手本人的情况下仍然要求将其当众处死。其次，两人死于非命的后果或许也是乾隆坚持让炮手抵命的原因之一。该炮手于 1785 年 1 月 8 日被执行绞刑。

从陈辉千案到啲噒哗案，"乾隆规则"并不是对外国人有意歧视，因为本来就像乾隆皇帝所言，"寻常斗殴毙命案犯尚应拟抵"，何况为了制止福建与广东盛行的械斗，乾隆也强调"一命一抵"。其实，1785 年至 1828 年，在乾隆及其儿孙的掌权时代，广州一带曾发生过至少 5 起华人杀死西方人案件，皇帝一律适用"一命一抵"。② 也就是说，涉外案件中不仅外国人杀死华人适用"乾隆规则"，该规则也一视同仁地用到华人头上。清政府并不偏袒本国百姓。抵命的法律规则显然受"人命关天"的信念影响，强调受害人的生命只有在加害人抵偿的情况下才算得到尊重。荀子与刘邦都曾以"杀人者死"为最基本的法律规则。当然，历代帝王对这一规则的执行有张有弛，但从未有人质疑它的正当性。乾隆皇帝只是不想让"夷人"例外罢了。他能容许的例外是，为了"俯顺夷情"，允许外国人自行收押其本国嫌疑人并允许其在清帝国官员监督下自行执行死刑。

美国学者爱德华早在 1980 年写的论文中就注意到了帝国政

---

① 该案以上引文均出自"广东巡抚孙士毅奏报行至新淦县奉旨回粤查办英船放炮伤人等案折"，乾隆四十九年十一月十九日（1784 年 12 月 30 日），https://www.macaudata.com/macaubook/book252/html/045901.htm。

② 唐伟华：《试论清代涉外司法中的"一命一抵"》，《清史研究》2009 年第 2 期，第 67 页。

府对涉外刑事案件中的华人与洋人采取的不偏不倚的态度："与在 19 世纪中叶'不平等条约'强加给中国以前许多生活于中国的欧洲人所表明的意见相反，那时处理涉及外国人严重犯罪的案件，并非由广东地方官员根据幻想和偏见而任意处置。事实上，早在 1744 年，乾隆皇帝就宣布了一项'俯顺夷情'的政策，确定只有当案件涉及杀害中国臣民时，才对外国人主张刑事管辖权。"[①]

　　爷爷乾隆皇帝的规则，在孙子道光皇帝那里继续执行。"休斯夫人"号事件后，过了 37 年。道光元年（1821 年）八月二十八日，美国商船"爱米莉"号事件又引发"乾隆规则"的执行。该船意大利水手德兰诺瓦（Francis Terranova）在船上向驾驶小船在附近海面兜售水果的民妇郭梁氏买香蕉、橙子。德兰诺瓦用水桶从其大船将五十文钱卸下到郭梁氏的小船，她给了香蕉、橙子各十几枚，水手嫌少，想多要，民妇要求加价。二人相持不下，民妇高声吵嚷，水手怕被船主听见斥骂，因为清政府禁止外国人向民妇私下里购买货物。情急之下，水手从船上取瓦坛砸下，击中民妇头部，致其落水后淹死。

　　由于船主不肯将水手交出，两广总督阮元下令禁止所有美国人的贸易，并将负责为该船担保的中国商人黎光远和参与此案调查的翻译蔡懋关到香山县监狱。为继续贸易，美国人不得不交出德兰诺瓦，但他们没想到的是，在他们自己看来，这起应算是过失杀人的案件竟导致该水手在当年十一月三日被清政府绞死。

　　对"乾隆规则"的执行，就清政府自身的认识而言，并不存在对外国人的歧视，因为它对华人也是如此执行。但外国人自有不同的理解。"乾隆规则"留给涉外执法的教训是，对内对外执法的公平，

---

① ［美］爱德华：《清朝对外国人的司法管辖》，高道蕴、高鸿钧、贺卫方编：《美国学者论中国法律传统》增订版，清华大学出版社 2004 年，第 451 页。

不仅要自己认为公平，也要让外国执法对象感觉到公平。清政府与外国人之间对中国法律的不同理解，充分表现在长期供职于清帝国海关的美国人马士 1910 年的著述中。马士首先将中帝国法律中的谋杀、故杀、斗杀、误杀、戏杀、过失杀等"六杀"归纳为四种：

　　一、故意和预谋杀人判处斩首（清律：凡谋杀人造意者，斩监候；凡斗殴杀人者……故杀者，斩监候）；

　　二、纵无杀害的明白意图而在斗殴中杀人，或者因怀疑盗窃而杀人，或者是谋杀的从犯，都判处绞刑；

　　三、纯粹由于过失而杀人或伤人（即在事先无法提出充分警告的情况下），得用付给死者家属或受伤者以一种赔偿费方式赎罪（赔偿死者家属丧葬费 12.42 两白银）；

　　四、由于合法的自卫而杀人是正当的，不受惩处（比如"夜无故入人家""杀死奸夫"及"父祖被殴"等条款）。①

　　马士接着说："这种法律如果公正地执行，英国人是很情愿服从的。"② 在罗列了英国同一时期严苛的法律后，马士指出："除了中国法律显出对于一种侵害的结果予以更多的考虑，而英国法律却着重考虑动机以外，其距离并不算远。"③ 马士认为，那些导致外国人质疑中国法律对他们存有歧视的案件，基本上都是因为清政

---

① ［美］马士：《中华帝国对外关系史》卷一，张汇文等译，上海书店出版社 2000 年版，第 127 页。

② ［美］马士：《中华帝国对外关系史》卷一，张汇文等译，上海书店出版社 2000 年版，第 127 页。

③ ［美］马士：《中华帝国对外关系史》卷一，张汇文等译，上海书店出版社 2000 年版，第 128 页。

府按上述四类法律中的第二类处理，而外国人认为那些案件本来应按第三类即过失杀人或第四类自卫杀人判决。①

的确，对"乾隆规则"的执行有时会在"未必果系应抵正凶"的情况下照杀不误。1834年5月号的英文版《中国丛报》，有专门讲"中国的杀人罪"的短文。美国人在文中抱怨，依据"六杀"的杀人案件分类，中国被告能够以"过失杀人"轻判的案件，对外国人往往要求抵命，并引用陈辉千案确立的抵命条例（"乾隆规则"）加以证明。如果这种对外国人和中国人适用"六杀"时区别对待的情况的确时有存在的话，那么这应该是对外国人实行防范的"羁縻（防控）"政策所致，为的是避免外国人在边境任意作奸犯科，危害帝国的边境安全。清政府的政治考量的确会影响执法的宽严程度，而外国人对这种受政治影响的执法，自然会仅从法律规定本身的角度加以衡量。这应该是双方分歧的主要原因所在。

该文接着说："在中国发生的（涉外）杀人案件必将长久成为外国人与本地（中国）政府之间难以协调的课题。"② 因此，如果说"由于中国刑律的某些原则和刑事诉讼的某些方面令英国人反感，从1784年起，他们拒绝服从中国的刑事管辖权"，那么，"爱米莉"号事件就使更多国家的在中国商人不愿服从清政府的司法管辖。诚如爱德华所言："随后发生的中国人和英国人就英国水手交由中国人审判的争执，造成了长期的误解、猜疑和怨恨，这又在很大程度上导致了1839年武装冲突的爆发，导致了随后的不平等

---

① ［美］马士：《中华帝国对外关系史》卷一，张汇文等译，上海书店出版社2000年版，第128页。

② "Homicides in China", in "Chinese Repository", vol.III, May, 1834, p.39.

条约制度的建立。"①林维喜案，正是多年来中英间围绕如何正确执行"六杀"及"一命一抵"的"乾隆规则"最后一场法律战，或者，按照林启彦、林锦源的说法，此案也是英国靠武力在中国获得"治外法权"，即其公民在中国犯罪由英国领事或法官依据英国法审理之前最后一次涉及英国凶手的命案，且是首次依据英国国会与内阁的法律与指示设立的英国法庭在中国首次开庭。②

三、"法官"义律

林维喜命案发生后，林则徐始终坚持要义律交出嫌疑人，义律则坚持不交，他的方案是自己开庭审理此案。

7月26日，作为英国驻华首席商务监督，义律在澳门向英国臣民发布公告，宣称他遵照英王政府1833年12月9日颁布的命令，制定实施办法和程序的规章，用于他设立的"刑事与海事法庭"，审理英国臣民在中华帝国领土、口岸、港口和距中国海岸100英里以内的公海所犯罪行。③义律提到的政府令的法律依据是英国议会同年8月28日通过的《中国和印度贸易法案》。该法案第6款明确规定，英国政府"得组织具有刑事及海军（事）裁判权之公堂一所，以审理英国人民在中国领土、口岸、海港及在中国海岸30（原文为100）英里内之公海所犯各案；又得于上开各（商务）

---

① ［美］爱德华：《清朝对外国人的司法管辖》，高道蕴、高鸿钧、贺卫方编：《美国学者论中国法律传统》增订版，清华大学出版社2004年，第451-452页。
② 林启彦、林锦源：《论中英两国政府处理林维喜事件的手法与态度》，《历史研究》2000年第2期，第97-98页。
③ Chinese Repository, August 1839, p.181.

监督中指派一人为该公堂审判官，其余为执行审判之官"①。

　　该告示还公布了刑事与海事法庭规则与程序，正文共 9 个部分，另有 7 个附件。②正文为：逮捕（3 条）、监禁（5 条）、保释（3 条）、起诉（5 条）、程序（4 条）、抗辩（3 条），庭审（9 条）、参加大小陪审团与作证的义务（4 条）、缓刑与判决（1 条）。附件是传票、陪审团员誓词等法律文书的格式。比如，其中译员的誓词格式是："你（译者，宣誓时应为'我'）将在法庭（即法官）、陪审团、在押人员之间竭尽全力以我的技能与悟性对证词做出确切的翻译。愿上帝帮助我。"③

　　8 月 3 日，义律通知广州知府，表示他要审判林维喜案嫌疑人，"以便对那些被证明有罪的人可以给予应得的惩罚，无辜的人则可以获准释放。如果（中国）高级官员们愿意命令贵官员中的任何人出席审判，义律将注意使他们受到符合他们官阶的尊重"④。

　　当然，清政府绝对不会派人参加。为了知己知彼，林则徐委托曾给他治好疝气病的美国医生伯驾（Peter Parker，1804—1888）和自己的翻译袁德辉前去。袁德辉和林则徐曾选译瑞士国际法学家瓦特尔（M.D. Vattel，1714—1767）的《万国律例（*The Law of Nations*）》英文版中与战争及封锁、禁运、驱逐外商、没收走私物品有关的内容。节译的内容曾以《滑达尔各国律例》为题收入魏源的《海国图志》。其中有"自法制一定，普天之下莫不遵守，故

① 顾维钧：《外国人在华之地位》，吉林出版集团有限公司 2010 年版，第 52—53 页。"上开各（商务）监督"指《中国和印度贸易法案》第 5 款中英国政府在中国指派的三位商务监督。

② Chinese Repository, August 1839, pp.181−187.

③ Chinese Repository, August 1839, p. 186.

④ 《英国档案有关鸦片战争资料选译》上册，胡滨译，中华书局 1993 年版，第 438 页。

外国有犯者，即各按各犯事国中律例治罪"的属地管辖权表述，被标为"第一七二条"，实际上是袁德辉从英文版第172页编译而来，属于原著第二卷第八章第101—102节。[①]

林则徐很可能是从译文得知属地管辖权的国际法原则，所以此次开庭后在8月17日给义律的批复中，他义正词严地说："犯罪若在伊国地方，自听伊国办理，而在天朝地方，岂得不交官宪审办！"[②]因义律坚称查不出林维喜命案凶手，且拒绝按照林则徐要求的格式签写"货即没官，人即正法"的甘结，林则徐封港断绝英商贸易。之后，义律写信给林则徐希望恢复贸易。林则徐的复函也再次显示他了解国际法："既有命案，即须交凶，此是古今中外通例，岂能因尔而废法律？"[③]

虽然清政府无人参加，但义律还是于1839年8月12日在香港海面的英国战船"威廉要塞"号上开庭。由于义律希望由熟悉中国习俗和当时英国人在华处境的人来组成陪审团，以便做出他认为合乎"正义与和平目的"的判决，所以本来应有24人的大陪审团只找到17位合格人选。他在向陪审团解释与本案相关的法律前，承认清政府从来没有在未经英国官方认可的情况下逮捕、处死英国人。他还解释了为什么当时清政府坚持让英国商人立下"甘结"，即以书面形式保证以后不带鸦片来华贸易，否则"货即没官，人即正法"。就是说，货物被没收，人被判死刑。本章第四部分会专门讲为什么林则徐坚持让包括英国商人在内的外商立下甘结。

---

① 袁德辉的译文参见《林则徐全集·译编卷》，海峡文艺出版社2002年版，第5134页。

② 《会批澳门厅转禀义律说帖·己亥七月初九日》，《林则徐全集·文录卷》，海峡文艺出版社2002年版，第226页。

③ 《英夷义律于封港后递禀求诚由·己亥十一月十一日·附钦差总督会批》，《林则徐全集·文录卷》，海峡文艺出版社2002年版，第296页。

义律给陪审员解释说，清政府要求写甘结的原因是出于正义与政策的双重考虑：一方面，为了让英国人可以接受无论在精神上还是形式上都与英国法律大相径庭的中国法律的审判，来获取英国人自己的同意，这是合理的举措；另一方面，在获得英国人自己签下的甘结后，对英国人执行中国法律，英国政府就不可能出面干涉。

义律向大陪审团表示，他会尽力满足清政府对正义的诉求及其他合理要求，在不交人的前提下邀请清政府派人出席案件审理现场，并且要像受害人是英国人且是在英国海岸犯罪那样审判对中国人犯下严重罪行的英国人。为让大陪审团正确裁定被指控杀害林维喜的嫌疑人构成谋杀罪的证据是否充分，义律以他认为最权威的法律定义，告诉陪审员如何区分谋杀罪（murder）与"一般（非预谋）杀人罪"（manslaughter）。他引用《权利法案》起草人爱德华·科克（Edward Coke，1552—1634）关于谋杀罪的定义，以心智健全的当事人本人明示的或法律默示的恶意预谋（malice prepense or aforethought）为定罪标准。他又引证以《英国法律释义》名垂青史的布莱克斯通（William Blackstone，1723—1780）和曾任英格兰及威尔士首席法官的马修·黑尔（Matthew Hale，1609—1676）等权威人士的著述为"一般（非预谋）杀人罪"下定义。他指出，一般杀人罪的特征就是当事人自己并无明示的或法律默示的恶意，但确是一时冲动的情况下有意（voluntary）杀人，或是在从事某种非法活动时的无意（involuntary）杀人。

义律还引用布莱克斯通的论述，希望陪审团明白，在具体案件中认定无意杀人罪时很难把握好分寸的一个问题：从事非法活动时如果造成无意杀人的后果，那么这种无意杀人究竟该定谋杀罪还是一般杀人罪，取决于非法行为本身的性质。就是说，如果实施不法行为时具有犯重罪的故意，比如强奸等暴力犯罪属于英国法中的重罪（felony），其与轻罪（misdemeanor）形成对比，或者该不法行为自然会造成流血的后果，即是谋杀；如果实施不法行为的意图仅在于民事侵权（civil trespass），则属于一般杀人罪。

针对林维喜案本身的情况，义律特意告诉陪审团有关斗殴导致死亡时如何区分谋杀罪与一般杀人罪的法律问题。他说，根据英国法中对杀人（homicide）案一律先按"有初步证据的谋杀罪（prima facie murder）"认定原则，一旦杀人的事实成立，即推定为属于有犯重罪的意图（felonious）、有恶意的（malicious）杀人罪，除非案犯证明杀人行为非自己所为，或因存在"充分（严重）挑衅（adequate provocation）"而可使罪过减轻至"一般杀人罪"。

随后，义律引用英国著名法学家约瑟夫·基蒂（Joseph Chitty，1775—1841）的《实用刑法专论（*A Practical Treatise on the Criminal Law*）》帮助陪审员进一步区分斗殴过程中的杀人应判定为谋杀罪还是一般杀人罪：如果挑衅并不严重，如果挑衅引起的怨恨不足以引起杀人，如果防卫（correction）本身合法，却以防卫为借口使用危险的工具，或者无论挑衅的程度如何，被挑衅者当时有足够的时间冷静下来；如果可以证明杀人者事先存有恶意，如果有迹象表明杀人者出于某种原因而怀有置人于死地的敌意，即为谋杀罪。倘若杀人的原因仅是一时激情（sudden passion）失控；或确是出于自卫，尽管手段过当；或出于一时激愤，尽管不无盲目，那么，该犯罪即属一般杀人罪。

最后，义律说："提交给你们的几件有关骚乱（riot）与人身侵害（assault）的案件不难判断。它们只是妨害治安（offenses against the peace）的犯罪。然而，依据（证人）可信的陈述，我必须羞愧地承认，这些犯罪伴有（被告）既非（村民）挑衅所致又有失身份的恼怒。"①

法庭提交给大陪审团两份起诉书（indictment），一份指控"曼格洛尔"号水手托马斯·梯德尔（Thomas Tidder）蓄意谋杀（willful murder）林维喜，结果被陪审团驳回；另一份指控"卡纳蒂克"号水手詹姆士·斯比陶尔（James Spittal）、约瑟夫·泰勒（Joseph Taylor）、亨利·劳伦斯（Henry Lawrence）、约翰·迈登（John Madden）和"曼格洛尔"号水手托马斯·莱恩福德（Thomas Rainford）等五名水手非法闯入尖沙嘴村几所民宅，寻找烈酒，在那里与居民刀砍棍打，并且以危险方式虐待居民。另外，他们还损坏了村子附近一座庙宇。对此，大陪审团做出"准予起诉"的决定（a true bill was found）。在开示充分的证据后，小陪审团裁定被告罪名成立。

次日，义律依据小陪审团的有罪判决做出量刑裁定。宣布裁定前，义律对各位被告训话，大意为：你们为获取烈酒而制造可耻的骚乱，引起无辜生命的损失，由此对广泛的公共利益、私人利益可能带来的损害的程度，目前还无人有能力预见。我急切地寻求能够减轻你们严重罪行的情节，但我不得不很不情愿地承认，无论作为基督徒还是英国人，这样的情节都不存在。但是，我仍然感到有责任本着一丝不苟的公正态度对你们做出轻判，这根本不是对你们严重罪行的宽大，而主要是因为在当前这种（中英冲突的）严峻形势下，你们这么多人获准上岸，批准你们上岸的人未曾考虑到你们不够稳重且没有官员在身边管束等情况，这样的许可既不慎重，也有悖于我近期的指令，因此许可你们上岸乃是

---

① 义律给陪审团的指示编译自 Chinese Repository, August 1839, pp. 187–192. 陪审团指示与英国法有关的部分的编译曾请全宗锦博士审核，特此致谢。译文如有任何错误由本书作者负责。

无可辩解的疏忽。

义律随后宣布了量刑：詹姆士·斯比陶尔和约瑟夫·泰勒2人被判处苦役3个月，并处罚金15英镑；亨利·劳伦斯、约翰·迈登和托马斯·莱恩福德3人服苦役6个月，罚金20英镑。[①]

林则徐当然不承认义律的审判结果，他在8月22日重申一命一抵的"乾隆规则"，继续催促义律把被告交出来："夫杀人者死，天理昭彰，无论中国、外夷，一命总须一抵，若凶手得以庇匿，谁不可以杀人？"[②]十天之后，林则徐再次督促义律，提到英国人不服从中国法律将导致清政府无以约束中外人民的严重后果："窃思人命至重，若因英夷而废法律，则不但无以驭他国，更何以治华民。"[③]

义律一再表示自己未能查出凶手，于是林则徐表示，清政府可代为查明，他把人交出来即可："查义律已将登岸酗酒在场滋事夷人数名，拘禁在船，若此数人之中，不能审定正凶，何妨送请天朝官宪，代为审明。只留一个应抵之人，其余仍即发回。此系天朝办理命案定例，无枉无纵。"[④]

义律自然还是照常不交，于是林则徐下了最后通牒："林维喜命案内行凶之水手，系在何船，本大臣本部堂早已查讯明确，一经提质，不难得实。前谕该领事限十日内送官，今所覆仍系空言，

---

① 义律对被告的训话及判决参见 Chinese Repository, Volume VIII, No. IV, August 1839, pp.193-194.

② 《会谕同知再行谕饬义律缴土交凶稿·己亥七月十四日》，《林则徐全集·文录卷》，海峡文艺出版社2002年版，第238页。

③ 《钦差大臣林则徐等为义律抗不交凶已严断接济勒兵分堵海口折（七月二十四日军录）》，中国第一历史档案馆编：《鸦片战争档案史料》第一册，天津古籍出版社1992年版，第671页。

④ 《札澳门厅传谕英夷条款由·八月十三日会行》，《林则徐全集·文录卷》，海峡文艺出版社2002年版，第2532页。

殊属有心延玩。惟念前数日在洋阻风，姑再展限十日。如再空言回覆，本大臣本部堂定即派遣舟师指明凶手所在之船，将其船主商伙水手人等全行提来审讯，仍只以正凶一名抵偿，余犯发还，不必与该领事再费唇舌也。"[1]

林则徐在步步紧逼义律交凶的同时，也在前面提及的"甘结"一事上与义律一再交涉。交凶与"甘结"这两件事情成了中英两国官员斗争的焦点，也是武装冲突不可避免的两条导火线，而这两件事情都是法律问题，凸显了两个帝国的法律在当年日渐加深的差别。

四、甘结难结

道光十八年（1838 年）十一月十五日，道光皇帝任命林则徐为钦差大臣到广东禁烟。作为杰出的封疆大吏与朝廷使者，林则徐与指派他的皇帝都希望一劳永逸解决鸦片走私这个既损害健康又流失银钱的帝国痼疾："若鸦片一日未绝，本大臣一日不回，誓与此事相始终，断无中止之理。"在义律交出 200293 箱鸦片后，林则徐还要求所有外国商人签一份保证书，即"甘结"。甘结本是宋朝以来官府判决后要求被告人所写的服从判决的文书，或是与案件相关的人所写的保证文书，也就是情甘遵命的字据，并签字画押。林则徐以履行这一法律手续作为杜绝今后鸦片走私的手段。据凌兴珍的研究，林则徐先后以五种内容略有差异的甘结形式要求外商签署。1839 年 6 月 23 日，清政府颁布《洋人携带鸦片入

---

[1] 《会谕义律分别准驳事宜由·己亥九月初二日》，《林则徐全集·文录卷》，海峡文艺出版社 2002 年版，第 2545 页。

口治罪专条》，对贩卖鸦片的商人适用死刑。同年 10 月 1 日，林则徐按禁烟新例拟具新结式，凌兴珍称其为第四个结式[1]，贯彻了没收货物、处死烟贩的政策。《林则徐全集·文录卷》记载：

> 具切结英吉利国货船主＿＿＿夷商＿＿＿率伙计及雇佣人等今赴天朝大宪台前，结得本船装载＿＿＿等货来广贸易，懔遵钦定新例，不敢夹带鸦片。倘查出本船有一两鸦片，愿将夹带之犯，听凭天朝官宪即行正法，船货全行没官。若查无夹带鸦片，应求恩准照常进埔贸易。良歹分明，情甘帖服。所具切结是实。
>
> 道光＿＿＿年＿＿月＿＿日　具切结英夷船主＿＿＿夷商＿＿＿

在此格式颁发前后，义律一直向林则徐建议：是否可以由中英两国官员派人上船搜查，若查出鸦片，即将货物没收，另外由各船自行签写永远不作鸦片贸易的甘结，以此为条件，恢复英船贸易。比如，1939 年 9 月 25 日，义律向林则徐表示："官宪每时有疑，要往查验英国有无装载，或验各船，或查某只，本领事自当派令属官，同行搜检，倘若查得实有，即将货物尽行没官，本领事亦不敢辩驳相阻。盖大皇帝所禁之货，英吉利官断不保护也……嗣后每遇英船来到，应须即日由该船主及经纪商人出结明言'并未夹带鸦片，现时亦无装载，将来正在内海之际，又不肯载鸦片'等意……如未出结，则不应准其开舱也。"

在同一封信中，对于林维喜案的凶手，义律也委婉表示："请

---

① 凌兴珍：《论鸦片战争前夕美国"具结"问题》，《西南民族学院学报》（哲学社会科学版）2000 年第 11 期，第 134 页。

贵员无庸怀疑，远职自必仍然勉力察究殴毙林维喜之凶手，实系何人。一俟回至尖沙嘴洋面之日，即当示知各人等，如能报知何人殴伤致毙，实有凭据，果系英国人民，即将二千大圆赏给报情之人。"①

经过几个回合的交涉，林则徐在 10 月 9 日批复义律："其照式具结者，即准照常贸易，不必再行搜查。若不具结，则须将该船提至沙角搜检……如有鸦片，即将夹带本犯照例正法，船货全行入官……即命案亦已查明，责成义律止究正凶，于别船全无干涉。如此分别办理，实属格外通融。"②

有鉴于此，义律通过他的秘书埃尔姆斯利于 10 月 20 日在澳门向英国人发布公告称："以钦差大臣和两广总督为一方，以英国臣民的首席商务监督为另一方，已商定在目前情况下，英国贸易可以在虎门外进行，不必签署同意中国法规的保证书（甘结）给中国官员们，但以那些船只接受检查为条件……"③

林则徐与义律两位能干且愿意互相让步的官员，朝协调解决问题的方向取得了可喜的进展。然而，恰在此时，却又节外生枝。10 月 15 日，先期从新加坡运载棉花、纱藤、胡椒等物驶抵虎门的英国商人弯喇，在这一天按照林则徐提供的第四种样式具结。他在孟买从律师那里得知，义律没有法律依据禁止英商签署甘结。

其实，林则徐只是通融英商，暂时放松甘结的签署，好让他

① 《澳同知抄呈义律遵奉款条说帖·己亥八月二十一日》，中国第一历史档案馆编：《鸦片战争档案史料》第一册，天津古籍出版社 1992 年版，第 689 页。
② 《会谕尖沙嘴英夷各船货具结进埔告示稿·己亥九月初二日》，《林则徐全集·文录卷》，海峡文艺出版社 2002 年版，第 2550 页。
③ 《英国档案有关鸦片战争资料选译》上册，胡滨译，中华书局 1993 年版，第467 页。

们先把船上的存货卖掉，以免腐烂，但终究还是要恢复甘结的签署。在 10 月 6 日向道光皇帝解释为什么一定要英商签甘结时，林则徐就已表示他会将这件事进行到底："夷人最重然诺，一旦议定事情，订下期限，从不违约。其视出结之事，绝无仅有，不似内地公牍，结多而滥，以致视为泛常。彼愈不肯轻易具结，即愈知其结可靠，亦愈不能不向其饬取。"[1] 英商讲信用这件事情，成了林则徐坚信甘结有效的原因。林则徐有自己的逻辑：杜绝鸦片走私，最简便的办法就是截断进口的源头，而截断源头，最省事的办法就是让讲信用的英商承诺不再运来鸦片。

如果说英商的信用让林则徐相信甘结可信，那么弯喇的签署也让他相信甘结可行。因为林则徐有一个简单明了的推理：既然人家弯喇可以签署"货即没官，人即正法"的甘结，其他商人为什么不能签？于是，10 月 21 日，林则徐严令义律，不得阻挠英商签署，且必须交出命案凶手："伊既首先遵式具结，断无众夷转有不为之理，如义律胆敢从中把持播弄，以图遂其私心，自当严拿惩办，不能再予姑容也。至命案凶犯，前据义律称拘五人，已经本大臣奏闻，总在此五人中审一正犯抵命，应催令将五人送出听审。若义律私将此五人释放，即将义律拿究。"[2]

虽然个别英商愿意签署甘结，但是英商委员会与义律的态度一致，不同意签署弯喇那种甘结。他们担心弯喇的举措会导致义律达成的贸易条件被搁置。事实也正是如此，林则徐再次要求签

---

[1] 《钦差大臣林则徐等奏为仍须责令英人出结片·道光十九年八月二十九日》，中国第一历史档案馆编：《鸦片战争档案史料》第一册，天津古籍出版社 1992 年版，第 702 页。

[2] 《批余守到澳会饬洋商转谕义律遵式具结禀由·己亥九月十四日》，《林则徐全集·文录卷》，海峡文艺出版社 2002 年版，第 273 页。

署第四种样式的甘结。但与林则徐的预期不同，大部分英商不签是出于自愿，并非义律阻挠。

其实，在禁烟伊始，四十二家洋行便以"所有各国驻广州商人"的名义于 1839 年 3 月 25 日致函钦差大臣："特此保证不经营鸦片，也不试图把鸦片输入中华帝国。"[①] 至于"货即没官，人即正法"的甘结，就像英商在 1839 年 5 月 29 日给英国外交大臣巴麦尊的请愿书所言，他们"不能够提供钦差大臣所要求的保证书（甘结）。"[②] 个中原因，就像义律在 1839 年 5 月 11 日给英国人发布的公告所言："事实上，该项法律（甘结中的'货即没官，人即正法'）把住在此地的全体外国人士的生命、自由和财产置于海上的任何轻举妄动的外国人的摆布之下，而且更直接地由那些行商、通事、买办及其仆役们任意处置。"[③] 义律这样说是因为英商签署这样的甘结就意味着他们必须对来华商船上的众多水手（比如弯喇的船上就有 100 名水手）及其他杂役的行为负责，他们中任何人的不轨行为都可能给签署甘结的商人带来人财两空的灭顶之灾。

甘结应用于英商的时候，引出了连坐这种集体责任制度。商鞅率先实施连坐以来的两千年里，儒法两家学派都赞同这一制度。马士在其关于鸦片战争的名著中专门讨论过这种制度。他指出，这是中英两国法律制度的巨大差异之一，也是英国人不认同的责任方式，并且是义律和英商（个别英商除外）不签带有"货即没官，

---

① "各国商人给钦差大臣的呈文"，《英国档案有关鸦片战争资料选译》上册，胡滨译，中华书局 1993 年版，第 401 页。

② "女王陛下臣民递交巴麦尊子爵的请愿书"，《英国档案有关鸦片战争资料选译》上册，胡滨译，中华书局 1993 年版，第 421 页。

③ "给女王陛下臣民的公告"，《英国档案有关鸦片战争资料选译》上册，胡滨译，中华书局 1993 年版，第 416 页。

人即正法"内容的甘结的重要原因之一。①

此外，还有别的原因使义律和英商不肯俯就大清帝国的法制，尽管就实体法本身而言，从本章第三部分的叙述也可以看到，当时英国的刑法中有关谋杀罪与一般杀人罪的划分其实并不比清律的"六杀"更合理。英国人质疑的是，"乾隆规则"中的抵命制度适用于外国人时，可能把本该按清律的过失杀人或类似于"正当防卫"的行为，也按斗殴杀人或故意杀人判死刑。此外，就程序而言，英国人已习惯由富于常识的多人组成的陪审团确定被告是否有罪的审判方式，义律就是通过陪审团来确定林维喜案六名被告的罪名是否成立，然后由他自己决定刑罚的适用。英国人不愿接受仅由一位法官说了算的一言堂审判。

不仅如此，英国人还始终认为自己的案件没有亲自到北京向皇帝上诉的机会，而是由广东地方官员自行决定，然后通过欺瞒的方式获得皇帝批准。在1839年12月6日写给巴麦尊的信中，义律还说："我们不能同意接受中国审判方式的保证书……如果我们可以掌握在北京提出申诉的手段，那末，我们可能总是有把握受到公正的对待。"②

有鉴于此，义律要求英商不要签署甘结。在答复林则徐的质询，即为什么禁止英商签署甘结时，义律一再声明，他需要等到本国政府明确的指示。那时，从义律有关甘结内容的报告寄出到从英国外交部收到是否可以签署的指示，前后大约需要九个月时间。林则徐希望尽快结束禁烟大业，不愿等那么久。上文提到林

① ［美］马士：《中华帝国对外关系史》卷一，张汇文等译，上海书店出版社，第132-133、279-280页。
② "义律海军上校致巴麦尊子爵函"，《英国档案有关鸦片战争资料选译》上册，胡滨译，中华书局1993年版，第510页。

则徐的最后通牒，他也是说到做到。

1839 年 11 月 3 日上午 11 点 45 分左右，一名翻译给停泊在穿鼻洋面"窝拉疑"号军舰上的义律送去水师提督关天培的信："本提督想要得到的是那名杀害林维喜的凶恶的外国人。如果义律指定一个期限交出那名凶手，绝不必担心本提督有什么要求。在指定的时间内一旦交出凶手，部队便能够立即撤回虎门，否则本提督绝不同意任何事情。"[①]

此时，关天培带着 29 只战船从虎门驶来。一旦义律拒绝，关天培随时会派人去英国军舰上抓捕监押在那里已被义律判刑的五名水手。义律答复说："义律多次庄严地重申他不知道那个杀害中国人林维喜的凶手；如果该凶手已被发现，他必定已受到惩罚；如果他将被捕获，他将会受到惩罚。"[②]舰长士密告诉义律："女王陛下的船舰在一支明显抱着恫吓意图开出来的部队面前撤退，是不符合英国国旗的荣誉的，所以他应立即努力强迫它们驶回它们以前的锚地（虎门）。"同时，义律认为自己"已经尽力做了一切事情以满足中国官员们的正当要求，而且感觉到必须制止他们的敌对行动的时刻已经到来"，于是同意了士密舰长的意见。[③]

大约中午时分，英舰发出作战信号，然后向大清水师开炮。在给皇帝的奏折中，林则徐说当时关天培是在查究为什么英舰"华伦"号阻挡当时已签署甘结正在做报关手续、打算进入黄埔贸

---

① 《英国档案有关鸦片战争资料选译》上册，胡滨译，中华书局 1993 年版，第 479 页。

② 《英国档案有关鸦片战争资料选译》上册，胡滨译，中华书局 1993 年版，第 479 页。

③ "义律海军上校致巴麦尊子爵函"，《英国档案有关鸦片战争资料选译》上册，胡滨译，中华书局 1993 年版，第 473 页。

易的"嘁唓"号英船①。"窝拉疑"号军舰开炮后，林则徐的奏折说："该提督亲自挺立桅前（道光在此处有朱批：可嘉之至），自拔腰刀，执持督阵，厉声喝称：敢退后者立斩！适有夷船炮子飞过桅边，剥落桅木一片，由该提督手边擦过，皮破见红。关天培奋不顾身，仍复持刀屹立，又取银锭先置案上，有击中夷船一炮者，立刻赏银两锭。"②最后，英舰损失轻微，而大清损失四艘战船。这次穿鼻海战乃是围绕交凶与甘结这两件与法律有关的事情所引起的武装冲突，也是英帝国派军队专程前来逼清帝国就范之前最具象征意义的对决，可看作鸦片战争的开端。大清与大英两个帝国的法律差异，因着大清帝国大刀阔斧的禁烟政策的实施而凸显出来，最终把两个帝国推到海上决战的地步。

五、治外法权

义律于 1839 年 8 月 27 日写信给英国外交大臣巴麦尊报告林维喜案审判结果。③1840 年 4 月 25 日，白厅官员正式通知外交部，撤销义律的判决，一旦 5 名海员到达英国，就将其释放。白厅的函件未说明撤销判决的原因。④马士的解释是"因为英国政府认定

① "嘁唓"号因船长 Dannel 而得名，该船英文船号为 Royal Saxon（皇家萨克森）。参见季平子：《从鸦片战争到甲午战争：1839 年至 1895 年间的中国对外关系史》，华东师范大学出版社 1998 年版，第 150 页。
② 《钦差大臣等奏为英兵船阻挠该国商船具结并到处滋扰叠被击退折》，中国第一历史档案馆编：《鸦片战争档案史料》第一册，天津古籍出版社 1992 年版，第 731 页。
③ "义律海军上校致巴麦尊子爵函"，《英国档案有关鸦片战争资料选译》上册，胡滨译，中华书局 1993 年版，第 429-432 页。
④ 林义雄：《鸦片战争前英国在华治外法权之酝酿与尝试》，《历史研究》2006 年第 4 期，第 87 页。

该监督（即义律）保有的权力并不赋予他以对于英国臣民的身体和自由的管辖权"。① 义律设立法庭的依据是《中国与印度贸易法案》以及 1833 年 12 月 9 日的英王政府敕令。但巴麦尊在 1834 年 1 月 25 日写给首任驻华商务监督律劳卑的信中却说："虽然敕令认为立即组成法庭是可取的，可是，英王陛下的旨意是：在您把整个问题作了最认真的考虑之前，除非遇有绝对必要的情况，您不应根据该敕令开始采取任何行动。"② 此后，英国政府也从未发出建立在华法庭的正式指令。③ 或许，这一方面是因为巴麦尊本人希望在拟议的法庭权限中加入民事案件裁判权的法案在议会中未能通过，从而使英国政府迟迟未再明确授权义律组建法庭；另一方面，英国政府担心，未经清政府同意而设立法庭，会引起武装冲突。英帝国在中国设法庭应获得清政府同意，也许就是为什么巴麦尊在 1840 年 2 月 20 日写给义律的信中把设立法庭当作中英条约应有的条款："英国商务监督或总领事有权为管理在华英国臣民而制定规章制度并建立法庭，如果他本国政府命令他这样做的话；而且，如果任何英国臣民被人指控有任何犯法或犯罪行为，他应由商务监督或总领事为此项目的设立的法庭审判；如果他被认为有罪，应留待英国政府或它的官员们对他进行惩罚。"④

英国政府最终在武力获胜的情况下通过条约取得了清政府

---

① ［美］马士：《中华帝国对外关系史》卷一，张汇文等译，上海书店出版社 2000
　　年版，第 269 页，注 3。

② "巴麦尊子爵致律劳卑勋爵函"，《英国档案有关鸦片战争资料选译》上册，胡
　　滨译，中华书局 1993 年版，第 4 页。

③ 林义雄：《鸦片战争前英国在华治外法权之酝酿与尝试》，《历史研究》2006 年
　　第 4 期，第 87 页。

④ "巴麦尊子爵致女王陛下驻华的两位全权大臣、尊敬的海军少将懿律和皇家海
　　军上校义律函（第 1 号）"，《英国档案有关鸦片战争资料选译》下册，胡滨译，
　　中华书局 1993 年版，第 535 页。

的"同意",由其驻华领事审理英国人在中国作为被告的案件,这叫领事裁判权,是治外法权的一部分。治外法权(extraterritoriality)从广义上说是指作为外国人不受其所居留国法律的管辖。[1] 英国公民在中国领土上享有领事裁判权,最早见于《五口通商章程》中的《海关税则》,该章程是《虎门条约》的一部分,由钦差大臣耆英与英国驻华公使璞鼎查爵士议定。《虎门条约》又是《南京条约》的善后条款。《五口通商章程》于 1843 年 7 月 22 日在香港公布,10 月 8 日在虎门正式签订。其《海关税则》有关于"英人华民交涉词讼"的一个条款:"其英人如何科罪,由英国议定章程、法律发给管事官(即领事)照办。华民如何科罪,应治以中国之法。"这个条款实行"被告主义"原则,即中英人民之间的案件,哪方是被告,就由哪方官员依其本国法审理。林则徐与义律之间关于抵命与甘结的法律纠葛,由此尘埃落定。最终,有 19 个国家先后在中国取得"治外法权",美国等国还在中国组建了法庭。1943 年 1 月到 1944 年 4 月,美国、英国、比利时、卢森堡、挪威、加拿大等六国与中国政府签订条约,取消在华治外法权及有关特权。1946 年 2 月 28 日《中法关于法国放弃在华治外法权及其有关特权条约》签署,[2] 治外法权在中国成为历史。

[1] 参见李洋:《从词义到语境:"治外法权"误读、误用及误会》,《社会科学》2015 年第 2 期,第 152—163 页。
[2] 参见李育民:《中国废约史》,中华书局 2005 年版,第 915—936 页。

第十八章　中华法统

本章作为本书终章，旨在概括并引申本书各章的主题与内容，以期为传统中国法展示一个相对完整的图景。

一、礼、法叠兴

本书开篇伊始以孟子、朱熹与各自的弟子探讨皋陶执法为线索，借以寻求早期中国法的蛛丝马迹。孟子与朱熹位居中国史上最具影响力的学者之列，他们的观点可以在很大程度上代表儒家的法律立场。二人都承认皋陶的执法权，即使天子的父亲也不能游离法外，因为他们都认可法律作为天下公器的地位，天子也必须服从。当然，儒家也注重孝子的伦理角色，为了尽孝，儿子甚至应当放弃天子的权力，除非天下人为挽留天子而一致同意不追究天子之父杀人的责任。皋陶执法的假想案例凸显儒家对法律公共性的共识，也为依法限制君主的立法权和执法权提供了依据。汉代大法官张释之正是以此为由劝阻汉文帝族诛偷盗汉高祖墓地玉环的罪犯，[①] 根

---

① "有人盗高庙坐前玉环，捕得，文帝怒，下廷尉治。释之案律盗宗庙服御物者为奏，奏当弃市。上大怒曰：'人之无道，乃盗先帝庙器，吾属廷尉者，欲致之族，而君以法奏之，非吾所以共承宗庙意也。'释之免冠顿首谢曰：'法如是足也。且罪等，然以逆顺为差。今盗宗庙器而族之，有如万分之一，假令愚民取长陵一抔土，陛下何以加其法乎？'久之，文帝与太后言之，乃许廷尉当。"《史记·张释之冯唐列传》。

据《旧唐书·刑法志》记载，唐高宗也是以律令格式作为"天下通规"为由而承认自己的"庸虚"。

同时，儒家也把一个人对父亲的伦理责任置于政治权力之上。在孟子与朱熹理想的生活世界，舜在孝子与明君的两个角色间理应选择前者。按照孟子与朱熹的观点，舜不得阻止皋陶执法，但可以为了父亲而让一个杀人犯（其父）逃避法律的惩罚，代价是牺牲自己作为君主的大权。伦理优先于政治，政治体现伦理，这是儒家思想的基本格调。

中国第一个成熟的规则体系是礼。孔子把国王的婚姻当作建立两个家族之间的联盟且是传宗接代因而使祖宗在世世代代有人祭祀的礼仪中获得永恒的途径，因此国王的婚礼必须慎重，不得敷衍了事。孔子注重礼的历史演变，他从夏商周三代的历史轨迹看到礼既有陈陈相因的传承，又伴随着增减的"损益"。他认为人生就是礼的实践活动，视、听、言、动均需礼的规则指导，即"非礼勿视，非礼勿听，非礼勿言，非礼勿动"。有鉴于"礼坏乐崩"的时代危机，他为礼的存续找到"仁"的道德动力。在传承中有更新的礼仪规则与仁德的道德修养相结合，使他得以在乱世为"君君、臣臣、父父、子子"的家国天下秩序重建确立行为规则与践行规则的美德。或许这就是为什么孔子能够成为儒家时代的中华帝国的楷模，即圣人。他守护的礼仪，也成为直到帝国终结都还有效的上位法，不少学者也因此而称礼为传统中国的宪法。

与礼治相伴的是以"誓"为中心的审判程序。牧牛案为我们管窥周天子时代贵族内部纠纷解决机制提供了不可多得的个案。誓言的关键地位意味着贵族社会礼治这一自律秩序的存在。牧牛案在为我们彰显自律时代纠纷解决机制鲜明特征的同时，更显出秦帝国法制以刑讯替代誓言所具有的他律性质。

我们也从法官"喜"的个人经历看到秦国到秦朝的沧桑巨变。中华帝国的崛起既是武力的征服，也伴随着法制的推进。商鞅、韩非等法家人物既为富国强兵提供变革措施，也为帝王的绝对权威找到法、术、势的手段。金字塔式的权力结构保障君主的至高无上，严格的办案程序、字斟句酌的法条规定又将官员的司法裁量权限定于最低水平。然而，暴君的专横与刑罚的苛刻使秦朝在短期内土崩瓦解，使秦版"法治国"在中国历史上颇受诟病，从而为汉代"以孝治天下"的道德转轨提供了契机。

二、礼律合一

董仲舒等人的"春秋决狱"是通过司法解释的方式为法家的成文法体系嫁接儒家传统的道德与行为规则。他对父亲角色的司法界定为家族的重建带来父慈子孝的行为标准，从而为社会秩序的稳定提供家族这个可靠的细胞组织。董仲舒对君权的神学论证将君主权力的正当性与天道挂钩，因此也为限制君主的权力提供了"天人感应"的依据，使天灾成为大赦天下或清理冤狱的正当理由，为正义与怜悯的交替使用提供政治神学的依据，并使法家的酷法之治失去理论支撑。

汉文帝废肉刑是儒家思想影响汉代法律的另一重要反映。本来，法家视严刑峻法为理所当然，他们甚至认为重刑轻罪才能以刑止刑，但儒家思想使文帝从父母官的角色审视自己的责任，认为百姓犯罪是因自己未能尽教化的职责所致，而且使用酷刑与其说是因为罪犯的败坏，还不如说是实施刑罚者缺德。这种反躬自问的精神不可能在法家君主中存在，完全是儒家影响的结果。儒家使皇帝也需要从自己身上找问题，为皇权这匹烈马套上了道德的辔勒，即驾驭牲口用的缰绳和带嚼子的笼头。如果说"春秋决狱"是董仲舒通过司法解释为汉代民间建构符合儒家理想的家族制度铺平道路，那么文帝废肉刑在使刑罚不再以切割肢体为己任的同时，更使皇帝承担自省及教化等道德使命。

西晋《泰始律》因其贯彻五服制罪的理念而使其成为儒家化的法典。"五服制罪"将儒家身份制度应用于定罪量刑，使得"亲亲相隐"互不告发的责任外增添了互不侵犯人身的义务。"亲亲相隐"与"五服制罪"鲜明体现儒家对家族的呵护，即国法尽量不干涉家族自治，并强化亲人相互尊重，特别是卑幼敬重尊长的伦理责任。五服制罪正是陈寅恪将《泰始律》视为"华夏刑统"之"正统"的主要原因，而"华夏刑统"也是我在本书关于传统中国法叙事所要归纳的"中华法统"的近义词。

张斐的《律注表》反映晋律法律术语的精准以及晋代律学的成就。他的法律有机体理论说明晋代不仅有成熟的儒家化法律，更有法律的整体性与一致性思维。就是说，那个时代的法律不仅有成熟的规则，也有规则的彼此协调与配合。成熟的法律与精深的律学为《唐律疏议》的模范法典与贴切的立法解释奠定了坚实基础。

其实，律学从未止步不前。明清时期"例分八字"代表了中国律学的最高水平。以、准、皆、各、其、及、即、若八字的提炼，不只是律文常用字的筛选，更是法律整体上如何彼此关联、相互照应的关键所在。吴坛对"正律为体，八字为用"的体用关系的哲学思考，特别是他对八字内部体用关系的推敲，即认为前四个字为体、后四个字为用的分解，更是律学登峰造极的体现。从张斐对谋、故等二十个字的精练解说到吴坛对"例分八字"的体用关系分析，中国律学始终在为法律表述的精准提炼遣词造句的语义关联、为法律体系的严谨提供谋篇布局的恰当方案。

《唐律疏议》因其传承历世历代以来的中国法制而得以登峰造极。如果法制是一个跨越王朝变迁的建筑工程，那么唐律正是在历朝历代翻修、改建、扩建的基础上使法律的大厦美轮美奂，从而使正义得以登堂入室。唐律以其治官进而治民的政治策略、加重五服以内家人之间互不侵犯的伦理责任、保护人身各部位不受他人侵害的详细罚则等方式，使个体、家族、社会与国家各得其所，相互支撑，从而营造和谐的社会秩序。以小注、疏议（含议曰、问答）等细密的解释层次展现的精准的立法解释更为官员严格司法提供清晰的字词释义与上文下理。当然，人性的弱点以及制度无可避免的疏漏使健全的法律也会被滥用，就像南宋朱熹在其司法实践中见证的那样。不过，法律的滥用并非法律本身所能完全避免。

自从汉代"独尊儒术""以孝治天下"，报杀父之仇的风气逐渐靡然成风。不用说，这与秦朝那种"皆有法式""一断于法"的法治国理念相悖。即使是儒家，也赞成"杀人者死"的正义通则，何况法律作为"天下公共"的性质，也可以从孟子与朱熹关于皋陶杀人的假想案例得到印证。如何协调父仇必报与杀人者死，成了儒家帝国时代传统中国法始终未曾真正解决的难题。道德与法律间的这一张力，凸显孝子在家仇之私与国法之公间难以兼顾的困境。唐宋士大夫如陈子昂、韩愈、柳宗元、王安石等曾试图予以解决，均未成功。价值观的冲突，有时难以兼顾，就像现代社会中的自由与平等关系一样，报仇成了传统中国法内部最大的难题。法律只好任凭孝子自冒风险，然后由皇帝临时斟酌，或杀或赦，并无一定之规。

三、情理释法

北宋的"阿云之狱"让我们看到唐以后的朝代在传承唐律的同时也通过各自的方式加以调适。宋代是以皇帝敕令进行司法解释，就像明清是以例文等实施细则补充或者规避古老的律文。王安石注重法律本身的逻辑演绎，以便让法律的逻辑得到最大限度的运用，通过法律逻辑而将自首减罪的刑事司法政策运用到极致，从而使法律的报应正义与悔过（自首）减罪的怜悯并行不悖。司马光固然不拒绝具体法律问题的字斟句酌与逻辑演绎，但他在王安石执着于自首减罪的地方更不忘站在礼的高度俯视法律之路的蜿蜒曲折。他并不反对阿云因与阿大的婚姻在法律意义上无效而获得免死的机会，但他可能还是觉得阿云毕竟是阿大事实上的妻子，如果为给阿云开脱罪责还要像王安石那样在法律上破天荒将"谋"视为"杀"的"原因之罪"，那就属于"破析律文"而完全迷失法意与法理。他们谁是谁非固然可以见仁见智，但其争论本身已能例证帝国的司法中法律往往得到认真的解释与推敲，阿云和阿大这样的小人物的案件也会牵动整个帝国的官僚系统，其程序从县经州到宫廷，最优秀的官员参与了旷日持久的研讨。

朱熹理学为在内忧外患的南宋王朝生活的中国人特别是为知识精英提供了安身立命的理论依据。他从《礼记》的经典中摘取《大学》与《中庸》，借以强调人生在世自应以其与生俱来的资质做与自己身份相称的事情，即辨明"性分之所固有"，承担"职分之所当为"，从而使儒家的传世经典以崭新的面貌为儒者自身的美德建造、为改善民众的生活世界、为人类能通达至善的境界提供立己立人的路线图。

为将"明明德、亲民、止于至善"等立德、合群的大学之道通过司法途径落实到平民的日常生活，朱熹一方面以"公共道理"整合自己的法理，另一方面以"民胞物与"的同情心态视小民为兄弟，在其司法实践中抑制豪强、扶助弱势群体，既维护礼的等级身份，又注重辨明是非曲直，为孤儿寡妇申冤。就这样，朱熹将古老的大学之道与他"格物致知""穷尽万物之理"的理学结合起来，并将个体对真理的认知与集体的道德完善联系在一起，使知识精英不至囿于"往来无白丁"的孤芳自赏，而是成为"己欲立而立人，己欲达而达人"（《论语·雍也》）的人类命运共同体的建造者，此乃朱熹等儒家学者作为士大夫将自己安身立命的哲学与替百姓设身处地着想的司法实践融会贯通的可贵之处，这也是朱熹等人能够成为赫拉克勒斯式或皋陶式超级法官的原因所在。也就是说，中华帝国的儒家官员为了实现至善的社会生活共同体而将公共道理、天理人情的原则持之以恒地适用于司法，既使传统中国的法统在司法实践层面有其自成一格的传统，也因其司法解释上的一以贯之而成为德沃金针对英美法官的司法实践演绎的"整全法"法理学的历史先声。

进一步来说，如果我们把西方的自然法传统的主流理解为理性法、良心法，我们也就可以从本书所阐明的朱熹与王阳明等主流儒家学者的哲学与法理中发现可与西方相提并论的自然法传统，因此，受儒家思想影响至深的传统中国法也就可以在自然法维度上与西方法律传统进行比较研究。[①] 中西之间基于自然法的比较研究所达成的共识，当然会加深中西之间的相互理解，这种理解必将有助于中国参与建构人类命运共同体，也就是本书前言所引安守廉教授期待的那种"新的和更人道的社会共同体"。

就南宋官员的总体情况而言，他们与朱熹类似。《名公书判清明集》中的法官在执法中本着"原情定罪"的原则，将百

---

① 在中西自然法传统的比较研究中，艾伦·伍德的研究是一个显著的例子。他认为朱熹的"理"就是自然法："程颐和胡安国，当然还有朱熹以及后来程朱学派所有的思想家，都把哲学观念建立在这一假设的基础之上：存有绝对的自然法，他们将这些自然法合称为理或天理。他们还进一步假设，这些自然法的范围与应用是普遍的。"Alan T. Wood, *Limits to Autocracy: From Sung Neo-Confucianism to a Doctrine of Political Rights*, Honolulu: University of Hawaii Press, 1995, p.132. 而且，艾伦·伍德还认为中西自然法传统有许多共同的特征："两个传统都相信政府的终极目标是道德；两个传统的导向既在于这样的意识：自然秩序表面上纷繁多样但背后隐含着一致性；也在于这样的信念：人的秩序与普遍秩序的和谐，而这种和谐与差序格局并行不悖；两个传统都相信世界赖以发生变化的原则都是理性可以认知的；并且相信世俗政权负有重大道义责任，在人们普遍假设践踏绝对的道德标准必然受罚的氛围中，这一责任成为任意行使尘世权力的制约因素。"*Ibid*, pp.143-144.

姓的纠纷置于其生活世界去考察，使当事人的实际处境得到充分考虑，进而使法律的通行规则所蕴含的道理与个案中当事人彼此的利益、关系等情景、情节、人情恰当匹配，然后做出准情酌理的司法裁判。这种熔个案之情与普适之理于司法之一炉的正义艺术，形成了情理法这个偏正词组，从宋至清，一直是中华法统的活法之血脉。

四、多维正义

总体上看，"一准乎礼"的法规体系、字斟句酌的立法解释、情理释法的司法路径、科举取士的精英执法、自州县至皇帝的完整程序，为中华帝国的司法正义提供了完善的制度保障。然而，人在道德与智力上不可避免的局限，特别是人性难以遏制的败坏，使任何法制体系都难免存在欠缺乃至腐败。因此不难理解，正是在法典登峰造极的唐代，中华帝国开始司法造神。

在《周易》即已现身的城隍，起初只是城防工事，南北朝时逐渐转型成为城市守护神，到唐代开始转向司法正义之神，明清时期得到官方正式认可与推行，地方官到任必拜，另需按时致祭，于是官员遇到疑难案件到城隍庙托梦或开庭的故事屡见不鲜。作为司法正义之神的城隍往往由已故的贤明官员充任，更使城隍的神格具有人性的光辉。他们可以跨越阴阳两界执法，使罪人无可逃避，又有阴律突破礼教的界限从而提供超越尘世的众生平等，终使人世有限的法制得到神圣正义的救赎。有鉴于城隍等神灵对司法制度的深刻影响，康豹认为中国的司法存在调解—官审—神判构成的"连续统"，即一个多元整体。康豹所说的这个连续统应该说是本书所称"中华法统"的一个重要组成部分。

如果我们同情地理解传统中国法，那么，在某种意义上，我们不妨说，若无城隍神的神圣之维，传统中国法的形象难免苍白。因为，司法正义之神的塑造在凸显人间正义不足的同时，也为人们仍然相信正义的实现平添超人的助力，反过来又得以增强人们对法律的信仰。

在引入正义的神圣维度时，我们可以看到中华帝国司法图景存在一个三元连续统。如果撇开神圣之维，我们可以注意到"两个领域"。这与中华帝国的案件被分为"命盗重案"与"财产细故"有关。蔡世德案带给我们兼具这两类案件特征的个案。在该案，通过契约进行的土地买卖造成当事人自杀的人命案，为我们了解这两类案件的关联提供了方便，也有助于我们理解黄宗智界定的"第三领域"与步德茂描述的"第四领域"。这两个领域所凸显的中华帝国司法中的矛盾冲突，也正是我们关于传统中国法叙事中戏剧冲突的高潮所在。

黄宗智通过对四川巴县，河北宝坻，台湾淡水、新竹档案的研究，指出中华帝国官府实际上有很多民事案件都是依法裁定，尽管也有一些案件是通过民事调解结案。此外，他认为在官府的正式审判与民间的调解之间存在"第三领域"，即在告官之后，当事人出于节省继续打官司的费用等原因，在民间力量的参与下，按照官府当初接案时的批示所提示的法律线索，加上民间习惯的考量，而调解结案。黄宗智的研究使帝国的民事司法状况更加清晰，也回应了日本学者认为帝国民事司法主要是依据情理调解结案而非依法裁决的误解。

步德茂描述的"第四领域"让我们看到，即使是称职的官员对涉及财产细故案件做出公正的裁决，也不能完全防止财产细故的纠纷引出人命案，就像蔡世德案证实的那样。步德茂的研究表明，18世纪中国社会经济变迁在经济生活中给人们造成的心理失衡难以从官府的司法正义获得满足。对于公平的执着追求往往会使当事人因房地产买卖中经济利益的分配而产生与人拼命的冲动。蔡世德案虽然发生在19世纪，也在一定程度上印证了第四领域所凸显的问题：只有还原社会经济变迁的大背景，才能恰当解释、理解司法正义与百姓的正义感之间何以存在冲突并由此引起人命案。

"第四领域"显示的法律与经济的关系，正如唐律通过治官来治民的政治设计所见证的法律与政治关系、报仇问题示范的法律与道德关系、城隍神的正义神格昭示的法律与信仰关系一样，都是解释与理解传统中国法的意义之网的组成部分，只有在政治、经济、道德、信仰等因素编织的意义之网中，传统中国法才能获得恰当的文化解释。

从黄宗智和步德茂等人的研究可见，财产细故在官府其实亦曾得到认真的审判或调解。不过，比起官府对房地产等交易的介入，民间自身在财产交易中遵循的契约制度，必定已在很大程度上避免了纠纷的产生。"官从政法，民有私契"的说法，颇能说明私契在民间交易中的普遍程度。而民间契约中成熟的中保制度，在避免因交易而打官司方面，扮演着最重要的角色。在传统中国法秩序中，早在西周即有"以质剂结信而止讼"的制度，就是通过书面契约的方式建立信用从而防止诉讼发生。汉唐以来，民间逐渐形成以中人为立约见证人与一旦发生违约即以中人为调解人的契约制度。中人往往是立约当事人的亲人或地方领袖。当事人为了照顾这些人的情面通常不会违约，也就大大节省了交易成本。

契约在记载交易内容与过程的同时，也充当房屋或土地来历与归属的证明，相当于房地产的身份证。特别是连契，有时会清楚显示两三百年的历史岁月中同一地块的经手过程。如果以契约为媒介的交易在官府交过税，那么官府会以官方印制并填写交易价格与税银的"契尾"的一半与契约粘在一起，交给买主，另一半"契尾"留在官府当作存根，成为房地产归属的官方佐证。就这样，产权流转与归属都在契约中得到实现与确认。虽然经过王朝变迁，战火洗礼，但明清时期保留到今天的民间契约文书不下一千万件，这些契约文书见证了传统中国社会民间活跃且有序的交易以及由此形成和维持的财产秩序。

在中华帝国的多维正义中，无论是城隍神代表的神圣之维，还是官府执法的政治维度，抑或以中人的见证与调解保障的契约关系这一民间自发秩序，都是重要的组成部分。此外，还有民间讼师参与其中的诉状撰写与法理咨询。

隋唐以后，科举考试逐渐成为帝国选拔官员的标准路径，到明清时期，科举更是入仕的主要途径，而且，那时大约一半的进士来自平民。科举为帝国造就了高质量的官员，也为平民成为精英铺平了道路。隋唐到明清帝国政府大约有一万到三万官职，未能考中进士因而很难谋到官职的书生往往"入幕"成为官员的司法助理，即"师爷"，或者充当非法的讼师，为平民提供法律服务，从事随时面临打压然而收入颇丰的"执业"。帝国依靠明晰的律例与精通儒家经典的官员为百姓提供司法正义，又以官方认可的司法正义之神即城隍为司法提供阴助及庇佑，但因害怕讼师纯为谋利而教唆人们参与不必要的争讼或缠讼，或帮助人们在诉讼中颠倒是非，因而设立专门的法条打压非法讼师。不过，律文的字里行间仍可读出打压的重点在于故意歪曲事实或曲解法条，反过来可以说，官府对于帮助不识字的百姓撰写符合事实的诉状或指教当事人依法争辩其实还是网开一面。因此，除了考到代写状词资格的人士即"代书"可以合法执业，中华帝国的其他民间法律服务从未合法，然而也并非一定遭到惩罚，本书第十五章的几个非法讼师并未受到追究，就是其中的成功事例。

五、情通中外

从唐律将律文配以注疏当作立法解释，到宋代以敕释例，直至清代律例合编，中华帝国在以传承久远的律文实现法律稳定性的同时，也以立法解释、司法解释、实施细则使律文得到明确界定、保持柔性且具有与时俱进的可操作性。清代崔得溃案件为我们了解例文作为实施细则如何在司法实践中得到解释与应用提供了佳例。该案也使我们进一步加深理解例文如何沿着情理的线索得以在具体案件中恰当运用。情理释法自南宋以来不断使帝国法律的执行兼顾理的原则性与情的个案性，从而使古老的律文赢得活法的生命力。就像宋代的敕令不是在取代法律而是在解释法律一样，情理也是释法规则而不是取代法律、使法律成为具文的工具。实际上，法条的骨架因情理的血肉而获得丰盈的生命。

如果霍姆斯法官的名言"法律的生命力向来不在于逻辑，而在于经验"①所言不虚，那么，在中华帝国的历史上，法官主要是通过在运用情理释法中积累的经验而使法律（包括律、例）获得生命力。就像在崔得溃案，刑部与河南巡抚之间对如何解释"因而"二字在相关例文中涵盖的情形发生争论，结果则是使该例文的确切含义得以被确定，并由刑部建议制成"通行"，指导全国官员在随后相似案件的司法中对该条例文做出正确解释。由此可见，情理是中华帝国法律适切的释法话语，是传统中国法推敲出来的别具一格的法言法语，也是自曹刿启发鲁庄公说出"小大之狱，虽不能察，必以情"以来，中国法逐步确立的关键词，为正确解释律文与恰当体会律义与法意提供可靠的凭据。我们也不妨用形象的语言说，正是情理的经纬线，编织出传统中国法的意义之网。

然而，成熟的中国法在近代涉外执法中遇到前所未有的挑战。林则徐与英国驻华商务监督义律在鸦片贸易战中所争论的法律问题主要表现在两个方面，即林维喜案的抵命问题与鸦片贸易中"货即没官，人即正法"的甘结手续。作为报应正义重要组成部分的抵命规则，与鸦片贸易甘结格式所提示的无须经审判即可处决鸦片贩子的规则，乃是林则徐认为是他在与义律交涉时不可妥协的两个原则。他断绝鸦片贸易的决心赢得普遍赞誉，但是令人遗憾的是，中英法律及背后理念

① Holmes, Jr., O.W., *The Common Law (1 ed.)*, London: Macmillan, 1882, p.1.

之间的差异，使得事情未能按林则徐的意愿发展下去。

其实，就实体法层面，当时中国法比如"六杀"的规定并不落后，甚至可以说比仅区别谋杀与过失杀的英国刑法更先进。然而，令人扼腕叹息的是，中英战争及随后西方国家在中国影响力的加剧，终使清政府不得不在1902年开始仿照西方法律变法，导致传统中国法此后逐渐淡出历史舞台。近现代中国政府的变法日渐深入，致使传统中国法的法统无以为继，这是近代中西冲突给中国造成的最大损失之一。

虽然传统中国法的法统已经中断，但传统中国法却是一个永远不会终结的叙事。未来不可知，因此历史是我们面对现实与展望未来唯一可靠的资源。我们需要不断省察传统以便从中获得取之不尽、用之不竭的灵感。每一个人、每一个时代都可以从传统中国法获得自己的理解与灵感，正是在这一解释学的意义上，传统中国法是一个始终不会完结的叙事，中华法统（华夏刑统）也因此而有可能从过去走向未来，帮助这个"最古老的自由与正义国度"① 成为人类命运共同体中力行自由与正义的主体。作为解读、叙述并由此而期待传统中国法得以传承的众多学者中的一员，我期待着自己这个朴实的叙事能够得到读者的批评，以便完善这个博采他人成果但毕竟又带有我个人理解因而需要批评与改进的文本。

---

① John Wu, Reading from Ancient Chinese Codes and Other Sources of Chinese Law and Legal Ideas, 19 Mich. L. Rev. 504 (1921).

后 记

终于可以把自己多年阅读并讲授中国法史的一点心得体会与读者分享了。在期待大家给这个文本提供批评与建议的同时，我要用写后记的机会感谢许剑秋先生，正是他作为大编辑与出版家的卓见与宽容，才使这篇别具一格的叙事得以面世。也同时感谢我和剑秋共同的老朋友韩加龙先生，他一直关心此书的出版。本书责任编辑马旭为此书的版式设计与内容审核校对付出许多的辛劳，在此一并致谢。我还要特别感谢郭锐博士，是他最早提议把本书的内容形诸文字，也作为第一读者为本书的初稿修改提出了宝贵的建议。

这本书虽然这两年才写出来，但它却是我多年研究与教学的体悟。在此期间，林中、杨鹤皋、张令杰、舒国滢、方流芳、梁治平、陈丽君、王引淑等师长助益良多，在此一并鸣谢。

我不能在这里一一列举执教生涯中所有那些与我教学相长的同学，但不能不提到边慧、李佳琛、沈嫒嫒、张日华、郭烁、毛国权、王裕安、潘利侠、王亚敏、张文波、赵颖、王懿奇、董士琪、刘燚、李雪晴以及中国政法大学经济法系1993级5班、2017级至今西班牙语实验班的各位同学。我曾两次由学生投票当选学校2002年第一届十佳教师与学生社团"沧海云帆论坛"十佳教师。以上各位同学的支持与鼓励，是我在教学中精益求精的动力所在，而讲课过程中的阅读与思考，正是本书部分素材的来源。

当然，讲课与写作是两种大不相同的思考与表述方式，这就是为什么此书的大部分内容并未在我的课堂上出现。为此，愿这个文本的出版，在为各界读者提供传统中国法概览的同时，也使上过我法史课的同学仍有兴趣阅读。

我有幸在教学与科研过程中参与国际学术交流，这也是我的这本《传统中国法叙事》得以具有比较法视角的原因。在此，我衷心感谢哈佛大学法学院东亚法研究中心主任安守廉教授（Professor William Alford)。他使我有机会在 2006 年秋季学期在哈佛大学法学院研究美国宪法，那时我听了一学期他的中国法课程和劳伦斯·特里伯教授（Professor Lawrence Tribe）的宪法课。他们的课程对我如何在课堂上与学生更有效地互动以及如何处理法律史与当代法律包括宪法的关系，大有裨益。同时，安教授总是慷慨奖掖学术后进，慨然允诺为本书作序，使拙作为之生辉。

哥伦比亚大学法学院中国法研究中心主任李本教授（Professor Benjamin Liebman) 是郦飒同学介绍我在 20 世纪 90 年代初认识的老朋友。感谢他为我争取到 2007 年春季学期的 Edwards Fellow 项目，使我有机会在哥大继续研究美国宪法。当然，也要特别感谢 Randel Edwards 教授，以他的名字命名的项目，使我能在哥大法学院有足够的经费做研究。因当时他的课与我想听的宪法课冲突，所以未能听他的中国法律课，至今我仍然为此感到遗憾。在哥大期间，李本教授为我介绍哥大的知名政治学与宪法学教授，指导我的学术演讲，为我提供了很多帮助，使我在哥大听课和研究都很有成效。哥大的经验，也是我这本《传统中国法叙事》得以成书的重要学术支撑。

多年来，我在美国先后多次的学术交流还得益于 Rollin van Broekhoven 法官、Georgetown Law School 的 John S. Baker 教授、University of Pennsylvania Law School 的 Stephanos Bibas 教授的指导与支持。此外，哈佛大学毕业的 Dan Cho 与 Emily Kao 等朋友也多有帮助。在此向他们一并致谢。

在我的学术交流中，韩国 Handong International Law School（HILS）的院长 Lynn R. Buzzard、Eric Enlow、Hee Eun Lee 给我提供的授课与交流机会使我受益匪浅。给韩国学生讲解中国法律概论，就像给中国政法大学中欧法学院的欧洲留学生讲古代中国法，为我站在比较法的立场上反思中国法律传统提供了有益的视角。

美国学者及韩国 HILS 的几位院长对中国的浓厚兴趣及对中国传统的热爱，使我更加努力正面理解传统中国法的智慧。在某种程度上，正是这些外国朋友对中国传统的善意与敬意促使我对法律的中国传统经验信心倍增。为此，我要向所有这些外国师友致谢。

崔林林、姜晓敏诸君及我在法律史研究所的其他同事，苦心经营，使我们有一个相安无事的工作环境，这也是我要特别致谢的地方。此外，齐红博士与牛玥博士多年来在图书资料方面多有帮助，在此一并鸣谢。

当然，我要特别感谢妻子，感谢她宽容我固执地按照自己的节奏与偏好求学问道，不为时势与潮流所动，为此她伴我度过许多寂寥与艰辛的岁月。我上初中的女儿对我这本书究竟写什么很好奇，希望她会有阅读的兴趣。

最后，我要解释一下为什么要将本书献给我的父母与岳父母。他们几位的一生都是饱经沧桑，历尽磨难。作为沧海桑田中的小人物，他们默默按照良心生活，拒绝与世俗同流合污。因此，古往今来，像他们这样的中国平民可以说是本书叙事中力行正义与怜悯的历代先哲在民间的底色与基调。如果法律意味着公平正义、赏善罚恶，那么民间虽非圣贤但也尽力持守良知与道义的芸芸众生如我父母与岳父母者，亦是贤哲关于正义与道义的宏大叙事中不可或缺的呼应与伴奏。因此，把此书题献给他们，或许是对本书主题一个恰当的注解。

张守东

2022 年中秋

图书在版编目（CIP）数据

传统中国法叙事 / 张守东 著 . —北京：东方出版社，2023.3
ISBN 978-7-5207-3251-2

Ⅰ . ①传…　Ⅱ . ①张…　Ⅲ . ①法制史—研究—中国—古代
Ⅳ . ① D929

中国国家版本馆 CIP 数据核字（2023）第 018224 号

传统中国法叙事

（ CHUANTONG ZHONGGUOFA XUSHI ）

作　　者：张守东
责任编辑：刘　峥　马　旭
出　　版：东方出版社
发　　行：人民东方出版传媒有限公司
地　　址：北京市东城区朝阳门内大街 166 号
邮　　编：100010
印　　刷：北京联兴盛业印刷股份有限公司
版　　次：2023 年 3 月第 1 版
印　　次：2023 年 3 月第 1 次印刷
开　　本：880 毫米 × 1230 毫米　1/32
印　　张：11.75
字　　数：226 千字
书　　号：ISBN 978-7-5207-3251-2
定　　价：61.00 元
发行电话：（010）85924663　　85924644　　85924641